Sofie Meys

Deko aus Beton

stv

Sofie Meys

Deko aus Beton

Schönes für Garten & Haus selbst gemacht!

Für meine Mutter

Leopold Stocker Verlag
Graz – Stuttgart

Umschlaggestaltung:
DSR Werbeagentur Rypka GmbH, 8143 Dobl/Graz, www.rypka.at
Titelbild: Sofie Meys

Bildnachweis:
Abteil Fulda: S. 86; „Jane's Zuhause": S. 65; Corina Meys: Grafiken auf S. 130. Alle übrigen Bilder wurden dem Verlag freundlicherweise von der Autorin zur Verfügung gestellt.

Technischer Berater:
Sascha Michel

Bibliografische Information der Deutschen Nationalbibliothek
Die Deutsche Nationalbibliothek verzeichnet diese Publikation in der Deutschen Nationalbibliografie; detaillierte bibliografische Daten sind im Internet unter http://dnb.d-nb.de abrufbar.

Hinweis: Dieses Buch wurde auf chlorfrei gebleichtem Papier gedruckt. Die zum Schutz vor Verschmutzung verwendete Einschweißfolie ist aus Polyethylen chlor- und schwefelfrei hergestellt. Diese umweltfreundliche Folie verhält sich grundwasserneutral, ist voll recyclingfähig und verbrennt in Müllverbrennungsanlagen völlig ungiftig.

Auf Wunsch senden wir Ihnen gerne kostenlos unser Verlagsverzeichnis zu:
Leopold Stocker Verlag GmbH
Hofgasse 5 / Postfach 438
A-8011 Graz
Tel.: +43 (0)316/82 16 36
Fax: +43 (0)316/83 56 12
E-Mail: stocker-verlag@stocker-verlag.com
www.stocker-verlag.com

ISBN 978-3-7020-1408-7

Layout und Repro: DSR Werbeagentur Rypka GmbH, 8143 Dobl/Graz
Druck: Finidr, s.r.o., Tschechische Republik

Inhalt

Vorwort 11
Dank 13
Beton-Kunst! 15
Fehler vermeiden! 16
Was genau ist Beton eigentlich? 17
Warum wird Beton so hart? 17
Eigenschaften von Beton 18
Wenn Beton Geschichte(n) schreibt 19
Seit wann wird Beton schon verarbeitet? 20
„Graffiti" liebt Untergründe aus Beton 21
Wie entstand die Bezeichnung „Beton"? 22
Die Entwicklung des Betons in der Neuzeit 22
Betonbestandteile und -zusammensetzung: Welcher Beton eignet sich für welche Verarbeitung? 23
Zusammensetzung von Beton der Festigkeitsklasse C20/25 27
Weitere Zusatzmittel und -stoffe 28
Von „guten" und „schlechten" Poren im Beton 29
Richtig verdichten! – Was kann ich gegen unschöne Poren auf der Betonoberfläche tun? 31
Wie verdichte ich? 32
Frostfestigkeit von Werken aus Beton 34
Handelsübliche Bezeichnungen für Zement 34
Was ist beim 1. Einkauf zu besorgen? 36
Die Gießformen 36
Oberflächen strukturieren! 38
Woher bekomme ich meine Arbeitsmaterialien? 40
Welches Werkzeug und weitere Arbeitsmittel benötige ich? 40
Der Arbeitsplatz 43
Die verschiedenen Methoden Beton in Form zu bringen 45
Wie löse ich das Gewichtsproblem? 45

Arbeitsanleitungen 47
Das Trennmittel 47
Zubehör, welches immer benötigt wird! 48
Anmachen des Zementleims – Das Grundrezept 48
Beim Anmachen des Zementleims gehen wir wie folgt vor: 49
Töpfe, Vasen, Schalen und Tröge mit glatten Außenwänden – Einfach! 50
Benötigtes Material 50
Arbeitsmethode 50
Schritt für Schritt 50
Fixieren und beschweren für die perfekte Symmetrie 50
Rundherum den Abstand wahren 53
Verwendung 54
Kurzanleitung: Gestaltung einer Grabvase 55
Verwendung 56
Das Herauslösen aus der Form 56
Nachbehandlung 57
Wie lange muss der Beton aushärten? 58
Flache Teller, Untersetzer – Einfach! 58
Benötigtes Material 58
Arbeitsmethode 58
Schritt für Schritt 58
Verwendung 59
Blatt-Applikationen 59
Mittelgroße Schale mit Applikationen von Blättern 61
Benötigtes Material 61
Arbeitsmethode 61
Schritt für Schritt 61
Verwendung 62
Kurzanleitung: Kleine Trittsteine mit Blatt-Applikationen 63
Verwendung 63
Kurzanleitung: Rhabarberblätter aus Beton 64
Kurzanleitung: Flache Schale mit Rhabarberblätter-Relief 65
Wetterfeste Tischdekorationen für den schön gedeckten Gartentisch 66
Teelichter mit verschiedenen Einsätzen – Einfach! 66
Benötigtes Material 66
Arbeitsmethode 66
Schritt für Schritt 66
Kerzenuntersetzer – Einfach! 67
Benötigtes Material 67
Arbeitsmethode 67
Schritt für Schritt 67
Verwendung 68
Aschenbecher für draußen 68
Benötigtes Material 68
Arbeitsmethode 68

Schritt für Schritt ... 68
Verwendung ... 70
Selbst gegossene Steine als Wegbelag oder Beeteinfassung – Einfach! ... 71
Benötigtes Material ... 71
Arbeitsmethode ... 71
Schritt für Schritt ... 71
Verwendung ... 71
Verlegen eines einfachen kleinen Beton-Steinweges: Schritt für Schritt... 72
Verwendung ... 73
Färben des Zements ... 73
Flache Platten ... 75
Abdruck einer Reliefform aus Kunststoff – Einfach! ... 75
Benötigtes Material ... 75
Arbeitsmethode ... 75
Schritt für Schritt ... 75
Verwendung ... 76
Trittstein mit aufgesetzten Motiven ... 76
Benötigtes Material ... 76
Arbeitsmethode ... 76
Schritt für Schritt ... 76
Verwendung ... 77
Trittstein in Herzform – Einfach ... 78
Benötigtes Material ... 78
Arbeitsmethode ... 78
Schritt für Schritt ... 78
Verwendung ... 78
Tröge nach alter Tradition ... 79
Großer Trog für Blumen oder als Wasserreservoir ... 79
Benötigtes Material ... 79
Arbeitsmethode ... 79
Schritt für Schritt ... 80
Vorzeitiges Altern ist ausdrücklich erwünscht! ... 83
Alt, älter, am schönsten! – Torfbeton! ... 83
Kurzanleitung: Torfbeton-Trog ... 83
Manuell bearbeiten – Der Zahn der Zeit ... 85
Schleifen und schmirgeln für den äußeren Verfall ... 85
Verwendung ... 86
Schriftzeichen eingravieren ... 86
„Anno MMXIII“ alias „im Jahr 2013“ – so wird's gemacht ... 86
Maschinell gravieren! ... 87
Schöne Skulpturen ... 89
Madonna in fertiger Gießform – Einfach! ... 89
Benötigtes Material ... 89
Arbeitsmethode ... 89
Schritt für Schritt ... 89
Verwendung ... 90
Mit Latex abformen – die schönsten Skulpturen schlechthin! ... 90

„Meditation in Beton" – Buddha-Skulptur ... 91
Benötigtes Material ... 91
Arbeitsmethode ... 91
Schritt für Schritt ... 92
Kürbisse aus Beton ... 94
Benötigtes Material ... 94
Arbeitsmethode ... 94
Schritt für Schritt ... 95
Verwendung ... 95
Alternative zu Latex: „Silikon" ... 96
Ein eigenes Familienwappen adelt den Garten ... 97
Benötigtes Material ... 97
Arbeitsmethode ... 97
Schritt für Schritt ... 97
Verwendung ... 99
Kurzanleitung: Wandmaske als Betontafel ... 100
Verwendung ... 102
Betontafel „Yin & Yang" ... 102
Benötigtes Material ... 103
Benötigtes Werkzeug ... 103
Arbeitsmethode ... 103
Schritt für Schritt ... 103
Kurzanleitung: „Yin & Yang" alternativ als Mosaik gelegt! ... 107
Verwendung ... 107
Alginat ... 108
Abformen einer menschlichen Hand mit Alginat ... 108
Benötigtes Material ... 108
Arbeitsmethode ... 108
Schritt für Schritt ... 108
Verwendung ... 112
Nisthilfen aus Beton ... 113
Insekten ... 113
Grundrezept für Nisthilfen-Beton ... 113
Schritt für Schritt ... 114
Behausung für solitäre Wildbienen und Wespen ... 114
Benötigtes Material ... 114
Arbeitsmethode ... 114
Schritt für Schritt ... 114
Verwendung ... 117
... oder wahlweise als Quartier für Ohrwürmer, Marienkäfer und Florfliegen ... 117
Verwendung ... 117
Massive Igelburg aus Beton ... 118
Benötigtes Material ... 118
Arbeitsmethode ... 118
Schritt für Schritt ... 118
Verwendung ... 119
Ergänzung zur Igelburg: Igelfigur aus Beton ... 120

Eine ganz und gar „runde“ Sache: Gartenkugeln aus Beton 120
Benötigtes Material 120
Arbeitsmethode 120
Schritt für Schritt 120
Verwendung 123
Kurzanleitung: Gartenkugeln mit Relief 123
Mit Zuschlägen den Beton „verzaubern“ 124
Papier und Splitt als Zuschlagsstoffe 124
Schöne Schale aus „Papierzement“ – Einfach! 125
Benötigtes Material 125
Arbeitsmethode 125
Schritt für Schritt 125
Verwendung 126
Kurzanleitung: Schwarze große Schale aus Konkretbeton – Einfach! 126
Verwendung 127
Blauer Beton 127
Motive in Beton manuell gestalten 127
Symbole und deren Bedeutung 128
Kurzanleitung: Runde Betonplatte mit dem Motiv einer vorchristlichen Menschengestalt (Felsritzung) 128
Rustikale Gartenbank aus Beton 130
Wo rohe (Zug-)Kräfte sinnlos walten 130
Benötigtes Material 131
Benötigtes Werkzeug 131
Arbeitsmethode 131
Schritt für Schritt 131
Verwendung 135
Material-Kombinationen mit Beton 137
Schale mit Applikationen und einem Einsatz aus Keramik 137
Benötigtes Material 137
Arbeitsmethode 137
Schritt für Schritt 138
Verwendung 139
Kurzanleitung: Schale mit Fisch-Applikationen und einem Einsatz aus Glas... 139
Verwendung 139
Schale einfärben 140
Hohe Säule mit Elfe und Blüte aus Kunststein 140
Benötigtes Material 140
Arbeitsmethode 140
Schritt für Schritt 140
Verwendung 141
Sockel und Säulen 141
Runde Säule mit Applikation – Einfach! 142
Benötigtes Material 142
Arbeitsmethode 142
Schritt für Schritt 142
Verwendung 143
Kurzanleitung: Extra dicke Säule – Einfach! 143

Vogel- oder Insektentränken ... 144
Kurzanleitung: Tränke „Mühlstein" – Einfach! ... 144
Verwendung ... 145
Kurzanleitung: ... 145
Tränke im Antik-Look ... 145
Kurzanleitung: Tränke mit wasserdichtem Einsatz – Einfach! ... 146
Verwendung ... 147
Ausbesserungsarbeiten an fehlerhaften Oberflächen ... 147
Frostfeste Advents-Deko für draußen ... 148
Vier Stern-Teelichter in unterschiedlichen Größen – Einfach! ... 148
Benötigtes Material ... 148
Arbeitsmethode ... 148
Schritt für Schritt ... 148
Verwendung ... 148
Kurzanleitung: Sternteller für den Advent – Einfach! ... 148
Beton bemalen – nicht nur im Advent! ... 151
Beton-Projekte mit Kindern ... 152
Lustige (Tier-)Figuren aus Kuchenbackformen – Einfach! ... 152
Benötigtes Material ... 152
Arbeitsmethode ... 152
Schritt für Schritt ... 152
Verwendung ... 152
Mosaike ... 154
Fisch-Mosaik auf einem runden Trittstein ... 154
Benötigtes Material ... 154
Arbeitsmethode ... 154
Schritt für Schritt ... 154
Verwendung ... 157
Beton-Objekte für das schöne Heim ... 157
Vasen, Kerzenteller und Deko-Schalen ... 157
Kurzanleitung: Dekorativer Ast als Ständer für Schmuck ... 158
Bad-Deko aus Beton: Schlicht und zeitgemäß! ... 159
Benötigtes Material ... 160
Arbeitsmethode ... 160
Schritt für Schritt ... 160
Verwendung ... 161
Gartengestaltung mit Beton ... 162
Betonschalen mit Frühblühern ... 162
Eine flache Schale mit Abzugslöchern wird mit Hauswurz bepflanzt ... 164
Schritt für Schritt ... 165
Pflege der Beton-Kunstwerke ... 167
Haltbarkeit der Betonobjekte ... 167

Weiterführende Literatur ... 168

Bezugsquellen ... 168

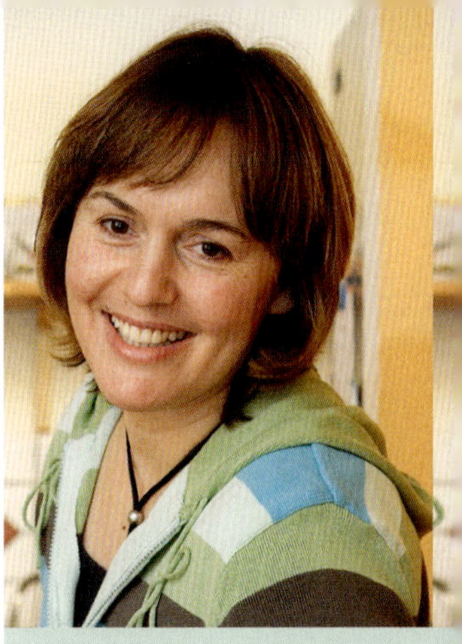

Sofie Meys

Vorwort

Wie kommt es nur, dass mein Herz jedes Mal beginnt, vor Freude schneller zu schlagen, sobald ich ein selbstgestaltetes dekoratives Werk aus Beton betrachte, welches meinen Garten mit kühler Sachlichkeit oder auch mit romantischer Verspieltheit so überaus beeindruckend verziert?

Ist es allein seine recht schlichte Farbgebung, die ihr direktes Umfeld so prächtig leuchten lässt oder gefallen in erster Linie die extrem festen Oberflächen der Betonobjekte mit dem Flair eines soliden Felsens oder Steines?

Irgendwie war „grau“ schon immer meine Lieblingsfarbe gewesen und nie war es mir bewusst, dass ich in den recht farblosen Kleidungsstücken tatsächlich wie eine „graue Maus“ ausgesehen haben muss.

Zwar variiere ich inzwischen die Farbe meiner Kleidung, doch wenn es um ansprechende Gartendekorationen geht, bevorzuge ich eindeutig die unauffälligeren Farben, wie Grau, Schwarz, Weiß oder die ganze Palette von Braun über Cremefarben bis Terrakotta.

Die schillernd leuchtende Farbigkeit überlasse ich gerne den Gewächsen drum herum, die sich ebenfalls über ihre schlicht grauen oder mit Pigmenten zart eingefärbten Begleiter zu freuen scheinen.

Sie strahlen umso fröhlicher in einem dauerhaften Topf aus Beton und schieben ihre grünen und blühenden Polster doch am allerliebsten über den schweren Rand einer aus Beton gegossenen Pflanzschale.

Es darf hier auch ruhig etwas größer sein, denn Zement kostet ja nicht viel!

Es geht doch nichts über einen schicken selbst gegossenen Trog aus bescheidenem grauen Beton, in den man ein paar Abzugslöcher gebohrt hat, wenn dort bunte Geranien oder üppige Petunien wuchern dürfen. Oder man freut sich Tag für Tag an einem selbst gefertigten Sockel aus Beton, den man der Jahreszeit entsprechend mit den Lieblingspflanzen oder ei-

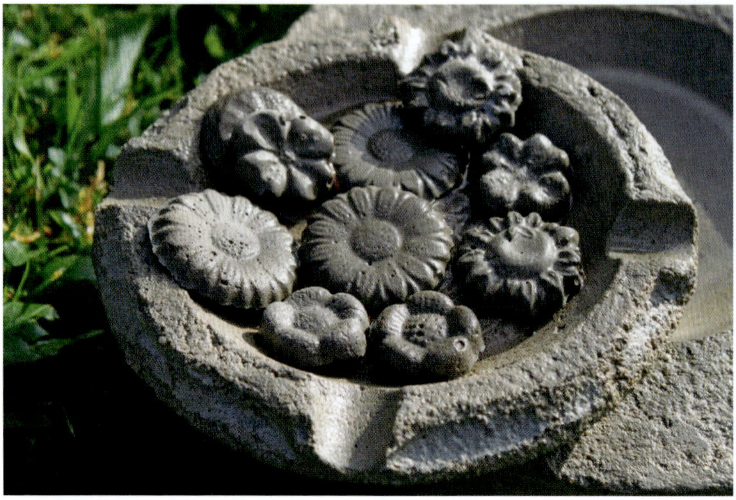

Betonblüten-Potpourri

ner Vogeltränke dekoriert. Instinktiv weiß man doch, dass man hier etwas geschaffen hat, dass Wind und Wetter sowie der Zeit trotzen wird und an dem vermutlich noch unsere Nachkommen ihre Freude haben werden.

Wetterfeste Gegenstände aus Beton sind vielleicht auch wegen ihrer Beständigkeit so beliebt: Wenn sich um uns herum alles rapide im Wandel befindet und nichts zu bleiben scheint, wie es einmal war, steigt die Sehnsucht nach Dingen, die uns im Alltag dauerhaft und solide begleiten!

Dekorative Objekte aus haltbarem Beton vermitteln auch ein Gefühl der Unvergänglichkeit. Verändert sich ihre Umgebung auch noch so schnell, scheint sie jede Art von Wandlung nicht groß zu berühren.

Erst mit den Jahren scheinen die Werke aus Beton überaus reizvoll mit ihrer Umgebung zu verwachsen, sodass wir es niemals leid werden, sie zu betrachten.

Als besonders spannend empfinde ich es, bei der Auswahl der Motive auf krasse Gegensätze zu setzen: Das zarte Blatt als sichere Vogeltränke, der Abguss eines frisch geernteten Kürbisses als ewig haltbarer Blickfang im Beet oder die zierliche Madonna als gewichtige Skulptur vor der dunklen Eibenhecke.

Und da der Umgang mit dem Baustoff Beton so kinderleicht ist, werden wir es auch nicht müde, zu probieren, zu variieren und unserer Kreativität freien Lauf beim Gestalten der robusten Kunstwerke zu lassen. Ob Vogeltränke, Pflanztrog, Gehwegplatte, Willkommensgruß oder bezaubernde Büste, es gibt praktisch nichts, was es nicht auch aus oder unter Beteiligung des Baustoffes Beton geben könnte! Und so legen wir doch einfach gleich heute schon los und besorgen uns die ersten Säcke Zement ...

Sofie Meys

Dank

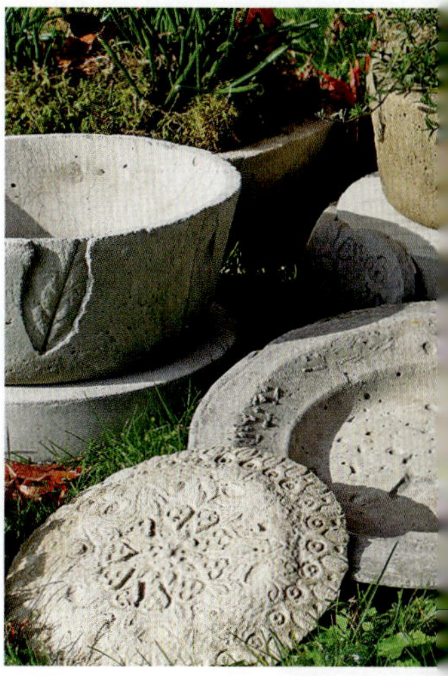

Beton-Schalen und Teller zieren den Garten.

Bedanken möchte ich mich an dieser Stelle für die großartige Unterstützung, die mir während der Realisation dieses schönen Buchprojektes entgegengebracht wurde.

Natürlich muss ich hier wieder meine Mutter besonders hervorheben, da sie selbst mit 80 Jahren noch so wunderbar kreativ ist. Auf sie kann ich immer bauen!

Sascha danke ich für seinen handwerklichen Einsatz und die gute Beratung bei allen technischen Details und vielen anderen aufkommenden Problemen. Was hätte ich nur ohne seinen Zuspruch gemacht und ohne die Ruhe, die er gerade auch dann immer ausgestrahlt hat, wenn es bei der Umsetzung unserer Projekte auch schon mal hektisch wurde!

Und natürlich sind da wieder so viele liebe Menschen, ohne die es nicht funktioniert hätte oder zumindest doch viel viel schwieriger geworden wäre. Bei ihnen allen möchte ich mich von Herzen bedanken und hier besonders bei:

meinen Kindern Christian, Andrea, Corinna und Lisa, meinen Schwestern Beate, Brigitte und Monika und weiterhin auch bei Reinhard, Rainer, Florian, Jonas, Felix, Timo, Dana, Dimi, Peter, Martina und Mira, Jane, Gabi, Karin, Alf, Kwame, Nick, Tim, Moritz und Lisa-Marie.

Ein ganz großes „Dankeschön" möchte ich an dieser Stelle auch an Familie Vogel richten, in deren wunderschönen Garten ich Fotos machen durfte und die mich so überaus offen und herzlich an meinem neuen Wohnort im Windecker Ländchen als neue Nachbarin aufgenommen haben!

Und natürlich bin ich auch dankbar dafür, einen großartigen Verlag gefunden zu haben, der es mir ermöglicht hat, das spannende Thema „Beton" in Form eines schönen Buches weiter zu vertiefen.

Die nun schon zweite Zusammenarbeit mit dem Leopold Stocker Verlag hat mir wiederum sehr viel Freude bereitet!

Doch kann jedes Buch immer nur so gut gelingen, wie die vielen Helfer im Verlag es ermöglichen. Daher möchte ich mich bei allen, die zum Gelingen des schönen Buchprojektes in irgendeiner Weise beigetragen haben, ganz herzlich bedanken!

Unvergessen und jeden Tag in meinen Gedanken bei mir ist auch mein im Oktober 2011 verstorbener Vater, von dem ich so viel übers Gärtnern gelernt habe und der die Saat für meine Gartenleidenschaft vor allzu langer Zeit gesät hat. Dafür bin ich ihm unendlich dankbar!

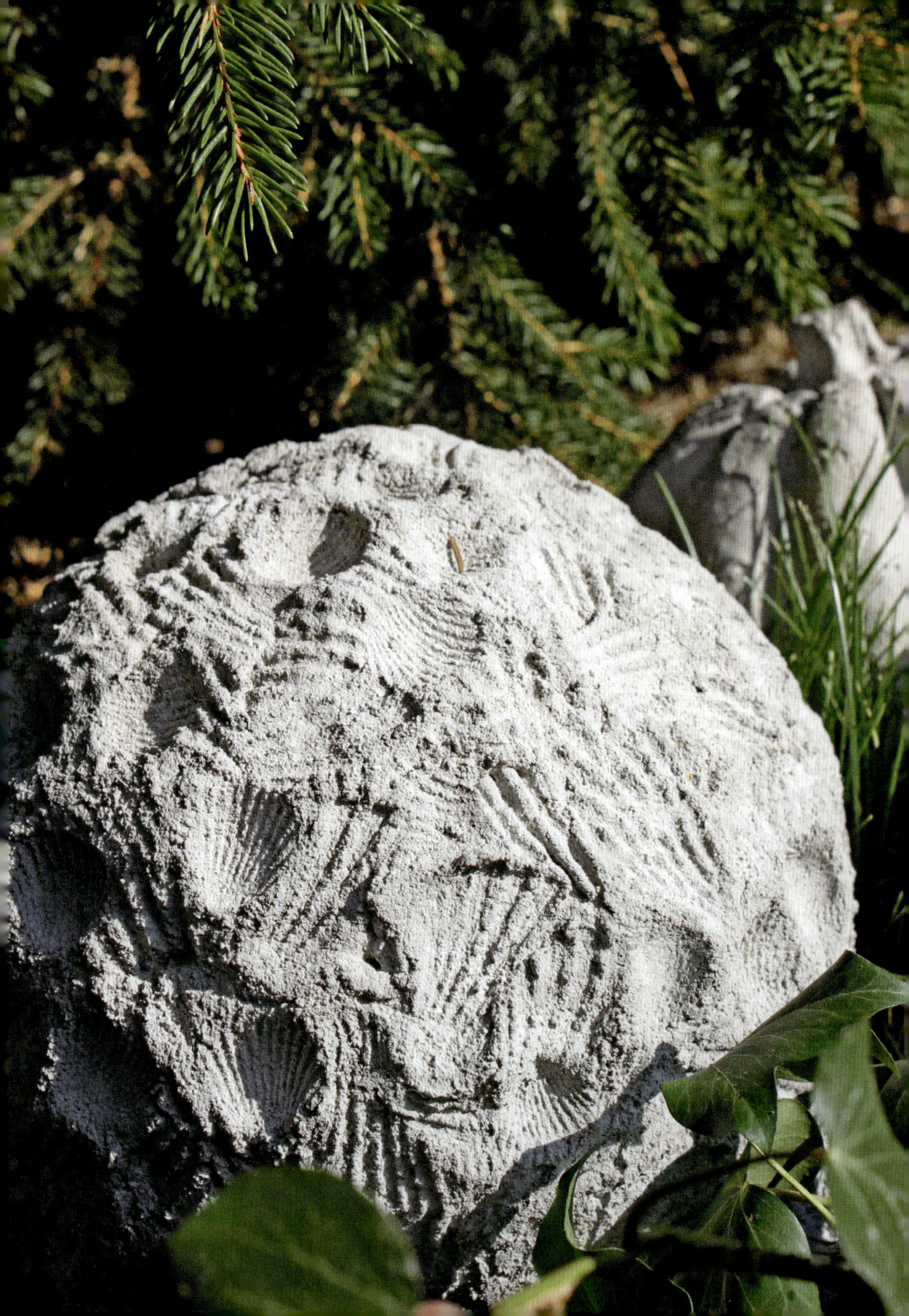

Beton-Kunst!

Sobald ich an meinen Arbeitstisch trete und mir Gedanken über ein neues Werk aus Beton mache, fühle ich mich sogleich immer auch als Künstlerin!

Zur „Betonkünstlerin“ werde ich tatsächlich schon, bevor ich eine Masse aus Zement, Sand und Wasser angerührt habe, um daraus ausgefallene Objekte für den Garten zu kreieren.

Meine Erfahrungen haben gezeigt, dass selbst diejenigen, die ganz „harmlos“ mit dem Befüllen einer einfachen Plastikform begonnen haben, schon in kürzester Zeit vom „Beton-Virus“ befallen werden und mehr wollen, als lediglich ein vorgegebenes Motiv in Beton zu gießen. Und so sollte es tatsächlich jedem gehen, der in Eigenregie Objekte aus Beton für den Garten gestalten möchte.

Schnell entdecken die frisch gebackenen „Beton-Artisten“, wie einfach das Gestalten mit Beton einerseits zwar ist, aber wie andererseits unsere Fantasie und unser Einfallsreichtum angeregt werden, während wir individuelle Einzelstücke erschaffen, welche in unserem Garten entweder durch ihre herbe Schönheit, durch rustikalen Flair oder auch durch kühle Sachlichkeit die Aufmerksamkeit auf sich ziehen, je nachdem welchen „Style“ wir im Garten bevorzugen!

Ohne Kreativität funktioniert das Gestalten dekorativer, individueller Werke aus beständigem Beton nicht!

Bevor ein rundum gelungenes Beton-Kunstwerk entstehen kann, müssen viele Entscheidungen schon im Vorfeld getroffen werden: Von der Auswahl eines Motivs und entsprechender Gießformen, bis zur Beschaffung weiteren Zubehörs will alles gut vorbereitet sein!

Fehler vermeiden

Was genau ist Beton eigentlich?

Wenn Beton Geschichten schreibt

Betonbestandteile und -zusammensetzung

Von „guten“ und „schlechten“ Poren

Frostfestigkeit von Werken aus Beton

Handelsübliche Bezeichnungen für Zement

Die Gießformen

Oberflächen strukturieren!

Welches Werkzeug?

Der Arbeitsplatz

Die verschiedenen Methoden Beton in Form zu bringen …

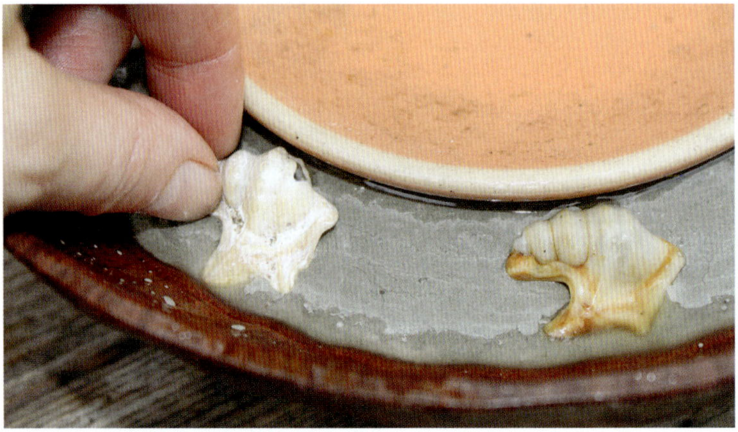

Mit Schneckenhäusern dekorieren

Je nach Schwierigkeitsgrad des gewünschten Ergebnisses ist auch ein gewisses handwerkliches Geschick gefragt sowie ein gutes Auge für eine geschmackvolle Platzierung des fertigen Objekts in sein Umfeld, welches im Garten aus dem individuellen Gartenthema schlechthin besteht, sowie im Einzelnen aus den darin befindlichen Pflanzen, dem Mobiliar und sämtlichen Strukturen, wie Wegen, Flächen, Gebäuden und vielem mehr.

Fehler vermeiden!

Fehlproduktionen sind zu Anfang leider niemals gänzlich zu vermeiden. Mal wurde die Zementmasse zu dick oder zu dünn angemischt oder aber es befinden sich zu viele und große Luftblasen im fertigen Objekt. Die verwendete Gießform stellte sich als ungeeignet heraus, die Witterung spielte uns einen Streich und so weiter und so fort.

Eigene Entwürfe

Zwar möchte das Buch ausdrücklich auch zum eigenen Experimentieren anregen und motivieren und enthält daher auch viele allgemeine Tipps zum besseren Verständnis der möglichen Techniken und zum effektiveren Umgang mit dem verwendeten Material und Zubehör.

Doch ist es ausdrücklich erwünscht und dabei spannend zugleich, auch oder ausschließlich die hier vorgestellten Werkstücke für den Garten oder das Haus nachzuarbeiten.

Von der einfachen Schale, dem Teelicht, einer Vase oder einer nostalgischen Wappentafel bis zum raffinierten Brunnen oder einer lauschigen Gartenbank, auf der es sich wunderbar „warm“ sitzen lässt, wurde in jedem Fall besonders viel Wert auf detaillierte Anleitungen gelegt.

Detaillierte Anleitungen

Exakte Beschreibungen kombiniert mit vielen Fotos machen die Arbeitsschritte sehr leicht nachvollziehbar, sodass Erfolgserlebnisse gleich von Beginn an garantiert sind!

Wer noch nie mit dem Baustoff Beton gearbeitet hat, dem seien als guter Einstieg die besonders leicht nachzuarbeitenden Werke ans Herz gelegt, die zu Beginn der jeweiligen Anleitung als „Einfach" deklariert wurden.

Dadurch bekommen Anfänger die nötige Übung, um sich sodann an anspruchsvollere Objekte oder gar an eigene Entwürfe zu wagen.

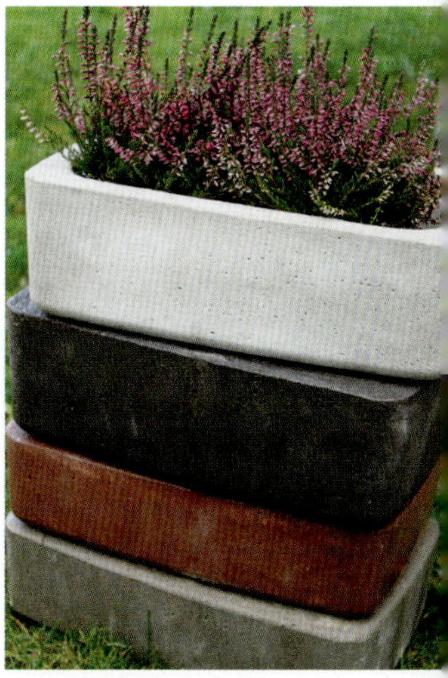

Bunt eingefärbte Betontröge

Was genau ist Beton eigentlich?

Unter **Beton** verstehen wir ein Gemisch aus Zement, Gesteinskörnung (Zuschlag) und Wasser. Doch sprechen wir im allgemeinen Sprachgebrauch meist erst dann von Beton, wenn der flüssige **Zementleim** (Zement + Wasser) durch Auskristallisieren erhärtet ist. Weitere Zusatzstoffe können enthalten sein, wozu mineralische Feinstoffe (Steinkohlenflugasche, Silicastaub u. a.), organische Stoffe (Kunstharze), Farbpigmente und Fasern gehören können. Der Zement dient hierbei als Bindemittel, durch welches die einzelnen Bestandteile zusammengehalten werden.

Beim **Zement** handelt es sich um fein gemahlene anorganische Stoffe, die mit Wasser chemisch reagieren. Chemisch gesehen handelt es sich bei Zement in der Hauptsache um Kalziumsilicat mit Anteilen an Aluminium- und Eisenverbindungen. Zusätzlich verwendete Farbpigmente lassen ein durch und durch eingefärbtes Produkt entstehen. Weitere Zugaben sind möglich, wie Splitt, Papier oder Stahl. Durch die Zugabe von Stahlfasern etwa entstünde ein Stahlfaserbeton.

Warum wird Beton so hart?

Infolge einer chemischen Reaktion der gebrannten Bestandteile des Zements, dem Zementklinker, in Verbindung mit Wasser, erhält der Beton seine Festigkeit. Der zunächst noch recht flüssige **Zementleim (Zement + Wasser)** steift zunächst an, erstarrt dann und geht schließlich in den erhärteten „Zementstein" über.

Zementleim erhärtet zu Zementstein.

Diese chemisch-mineralogische Reaktion nennt man auch „**Hydratation**", womit das Wasserbindevermögen des Zements gemeint ist. Hier wiederum sind es die Klinkermineralien (Kalziumsilikate, -aluminate und -ferrite), die mit dem Anmachwasser die Hydrate bilden, welche im erhärteten Zustand das Festigkeitsgerüst des Betons bilden.

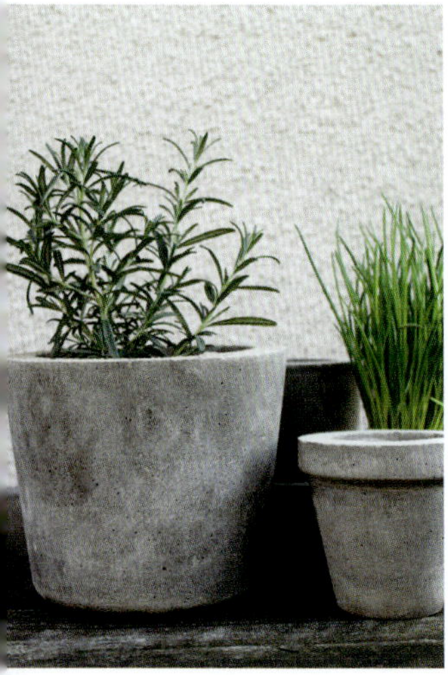

Töpfe und Vasen in schlichtem Design

Während der Hydratation wachsen sogenannte Kristallnadeln, die sich ganz fest ineinander verzahnen und ein solides Netzwerk bilden. Noch mehrere Monate, manchmal sogar bis zu Jahren, hält dieser Prozess des Erhärtens an. Erst nach Abschluss des Kristallwachstums hat der Beton seine endgültige Härte erlangt. Bereits nach wenigen Stunden jedoch ist der flüssige Zementleim vollständig erstarrt. Nach etwa 28 Tagen erreicht jeder Betonguss eine gewisse Normfestigkeit und kann dann auch schon ganz normal belastet werden. Bezogen auf Gegenstände für den Garten, können diese je nach Größe und Außentemperatur schon nach ein bis drei Tagen vorsichtig aus ihrer Form genommen und bearbeitet werden. Doch gilt auch hier, dass zu diesem Zeitpunkt noch nicht die volle Belastbarkeit und Bruchsicherheit existiert.

„Zement-Erhärtungsphasen"

Anmachen d. Zementleims	nach 1 Stunde	nach ca. 12 Stunden	nach Jahren
Beginn des Ansteifens	**Erstarrungs-beginn**	**Erstarrungs-ende**	**Erhärtungs-ende**

Eigenschaften von Beton

Jeder, der mit dem künstlichen Gestein Beton arbeitet, sollte auch dessen besondere Eigenschaften kennen. Als Erstes wäre hier die Volumenabnahme zu nennen, welche durch Austrocknung entsteht, im Fachjargon auch **„Schwinden"** genannt.

Die Eigenschaft des Schwindens sollte auch dem Hobby-Handwerker entgegen kommen, da sich die gegossenen Gegenstände nach dem Festwerden gut aus ihrer Form nehmen lassen, wenn sie minimal geschrumpft sind. Dass dies aber nicht in jedem Fall gleich gut funktioniert, darüber soll zu einem späteren Zeitpunkt noch ausführlich berichtet werden.

Weiterhin verformt sich Beton mit der Zeit unter einer konstanten Last, was als **„Kriechen"** bezeichnet wird. Diese Art von Last wird allerdings im Hobbybereich selten erreicht, sodass wir als „Beton-Dekorateure" doch kaum mit Verformungen unserer kleinen oder auch größeren Beton-Kunstwerke rechnen müssen.

Kristallwasser wird gebunden.

Das bei der Zubereitung von Beton-Gussmasse zugegebene Wasser verdunstet nur zu einem sehr geringen Anteil, der weit größere Teil des Wassers wird als „Kristallwasser" gebunden. Daher spricht man auch vom „Abbinden" des Betons und nicht etwa vom Trocknen.

Beton bindet also ab, womit das Erstarren der zunächst noch weichen Masse – des Zementleims – zu einem sehr festen und harten Baustoff (Zementstein, Beton) gemeint ist.

Sogar unter Wasser würde der Prozess des Erhärtens stattfinden (= eigenständiges Erhärtungsvermögen)! Alle Zemente mit dieser Eigenschaft werden daher auch als **„hydraulische Bindemittel“** bezeichnet.

> Beton ist als Baustoff nicht zuletzt so beliebt, da er **sehr hohe Druckbelastungen** aushalten kann. Um einmal einen Vergleich zu ziehen, welchem Druck Beton standhalten kann, stelle man sich vor, wie etwa 250 Kleinwagen auf einem DIN-A4-Blatt stehen. Für Beton wäre eine Druckbelastung dieser Größenordnung kein Problem!

Anders sieht es jedoch mit Zugbeanspruchungen aus. Hier versagt gewöhnlicher Beton schon bei recht niedrigen Spannungen, die durch Zugkraft entstehen. Durch eine Materialkombination mit Stahl wird diese Fähigkeit jedoch erheblich verbessert.

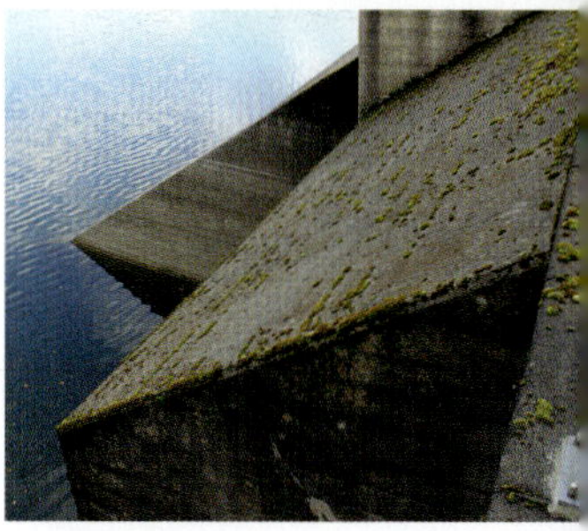

Staumauer

Ansonsten findet Beton eher dort Verwendung, wo keine allzu großen Spannungen vorhanden sind, wo es stattdessen auf eine große Beharrlichkeit gegenüber enormem Druck ankommt, wie beispielsweise in Kellerwänden, Staumauern oder als Gegengewicht bei Kränen.

Auch als Wellenbrecher ist Beton ein sehr verlässlicher Baustoff, der unermüdlich dem Druck der Brandung standhalten kann.

Wenn Beton Geschichte(n) schreibt

Alte, noch heute erhaltene Bauwerke aus Beton üben nicht selten einen ganz besonderen Zauber auf ihre Betrachter aus. Vergangene Zeiten scheinen hier wieder lebendig zu werden! Wir dürfen uns durch diese Boten aus einer längst vergangenen Zeit mit unseren direkten Vorfahren verbunden fühlen. Häufig sind die Erinnerungen auch schmerzhaft, da ein langer Krieg oft unmittelbar zwischen den Bauresten und unserer Gegenwart liegt. So war Beton aufgrund seiner besonderen Eigenschaften der ideale Baustoff für die Errichtung von **Schutzbunkern** gewesen. Viele dieser Luftschutzbunker findet man heute noch – in gutem Zustand – über ganz Europa verstreut. Vor allem in einigen Küstenregionen (Normandie, Belgien, Niederlande) können wir die alten Bauwerke besichtigen. Sie sorgen nicht selten dafür, dass wir uns als ein Teilnehmer im ewigen Zeitfluss fühlen, als ein Teil des Ganzen, indem sie Vergangenheit, Gegenwart und Zukunft auf eindrucksvolle Art und Weise miteinander verbinden.

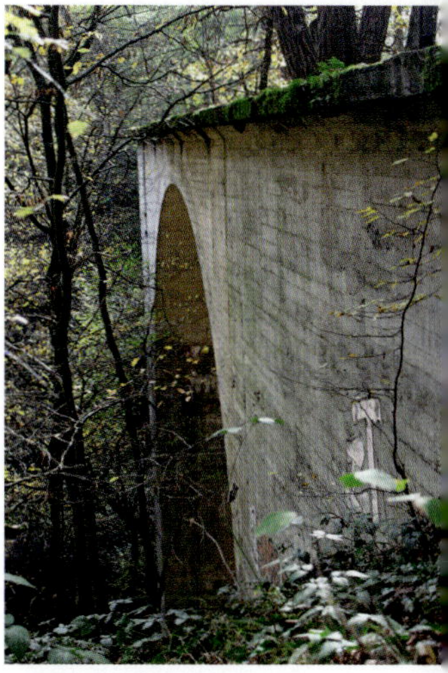

Reste einer ehemaligen Brücke im Wald

Daneben sind es nicht nur die großen mächtigen Bauwerke aus Beton, die uns bis heute erhalten geblieben sind. Auch alte aus Beton hergestellte Gegenstände des täglichen Lebens erzählen viele kleine

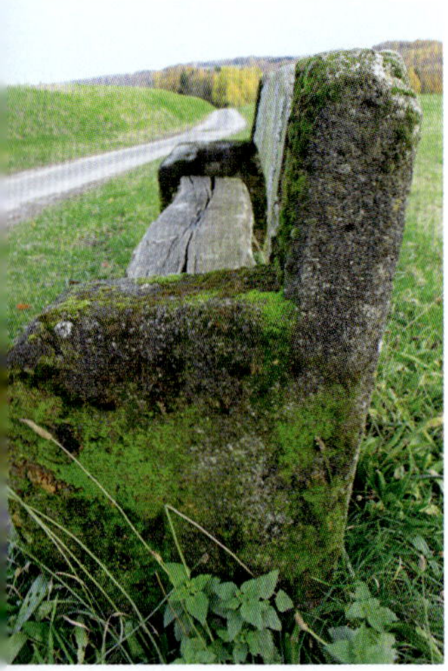

Alltägliches aus Beton am Wegesrand

Geschichten! So kann es manchmal eine alte Bank am Wegesrand sein, der bemooste Beton-Kübel auf einer alten Stadtmauer oder die von Farnen und Flechten überzogene Einfassung eines Grundstücks, welche unsere Aufmerksamkeit erregen und uns in ihren Bann ziehen wollen!

Oftmals erscheinen uns die mit ihrer Umwelt verwachsenen Objekte aus Beton recht künstlerisch und wir werden es nicht müde, sie sehnsuchtsvoll zu betrachten.

Doch bedient sich auch die zeitgenössische Kunst nicht selten des Baustoffes Beton, um ihn zu Denkmälern und Skulpturen zu verarbeiten. Grundsolide und erhaben wirken diese Werke und geben ihrer Umgebung immer auch ein gewisses Maß an beruhigender Sicherheit.

Der Wunsch, auch im eigenen Garten Objekte aus Beton aufzustellen, ist schnell entstanden. Mit ein wenig „Know-how" lässt sich dieser Wunsch auch recht problemlos in die Tat umsetzen, sodass wir uns fortan an den so beständigen Werken aus Beton Tag für Tag und in unserer unmittelbaren Umgebung erfreuen können.

Seit wann wird Beton schon verarbeitet?

Schon vor 10.000 Jahren wurde dauerhafter Kalkmörtel als Bindemittel beim Bau von Häusern verwendet. Man hat die Mörtelreste an alten Bauwerken in der heutigen Türkei gefunden, ebenso wurde beim Bau der Pyramiden in Ägypten nachweislich gebrannter Kalk mit verbaut.

„Opus caementitium" nannten die Römer eine von ihnen entwickelte betonähnliche Substanz, die auch als „Kalkbeton" oder „Römischer Beton" bezeichnet wird.

„Opus" heißt aus dem lateinischen übersetzt „Werk" oder „Bauwerk". Aus dem lateinischen Namenszusatz **„caementitium"**, was soviel wie „Bruchstein" oder „Baustein" bedeutet, entwickelte sich später die Bezeichnung „Zement".

Die Bestandteile des „Römischen Betons" waren: Steine, gebrannter Kalk, Sand und Wasser. Als ein besonderer Bestandteil waren die sogenannten **„Puzzolane"** enthalten, bei denen es sich im Wesentlichen um Tonerde, Kalkstein, Eisenoxid und alkalische Stoffe handelte, die unter Hitzeeinwirkung entstanden sind. Ihren Namen erhielten die „Puzzolane" vom italienischen Ort „Puteoli", der westlich von Neapel gelegen heute den Namen „Pozzuoli" trägt.

Es entstand ein enorm druckfester Beton, der zur Herstellung der Aquädukte diente. Mit Römischem Kalkbeton wurde auch die Kuppel des Pantheons in Rom angefertigt. Der Kuppelbau mit einem Durchmesser von 43 Metern ist uns bis heute erhalten geblieben. Allerdings verwendeten die Konstrukteure von damals Betone mit ganz unterschiedlicher Rohdichte, um den Bau insgesamt leichter zu machen. Die geringste Rohdichte hat demnach der Beton auf der Spitze der Kuppel, da an dieser erhabenen Stelle des Bauwerks die Druckbelastung am niedrigsten ist.

Betone in unterschiedlicher Zusammensetzung fanden Verwendung.

„Graffiti" liebt Untergründe aus Beton

Für viele Menschen ist die bunte Kunst aus Sprühdosen, die auch als „Graffiti" bezeichnet wird, ein bloßes Ärgernis, was auch allzu verständlich ist, wenn hierbei fremdes Eigentum vom „Graffiti-Künstler" ungefragt als Mal- bzw. Sprühunterlage benutzt und somit beschädigt wurde.

Wieder andere – vermutlich nicht die Eigentümer der besprühten Gebäudeteile – sehen in Graffiti bedeutungsvolle Kunstwerke, die es zu erhalten oder gar zu fördern gilt.

Unbestritten ist, dass die meisten sogenannten „Graffiti-Künstler" eindeutig Untergründe aus Beton zum Kreieren ihrer Kunstwerke bevorzugen.

Bewusst oder unbewusst nutzen die „Sprühdosen-Künstler" den Werkstoff Beton mit seinen idealen Eigenschaften, um einerseits eine solide Unterlage für das „Sprühwerk" zu erhalten und andererseits die besonders farbintensiven Abbilder durch den krassen Kontrast zum eher farblosen Untergrund besonders gut in Szene setzen zu können.

Mit „Graffiti" besprühter Brückenpfeiler im Wald

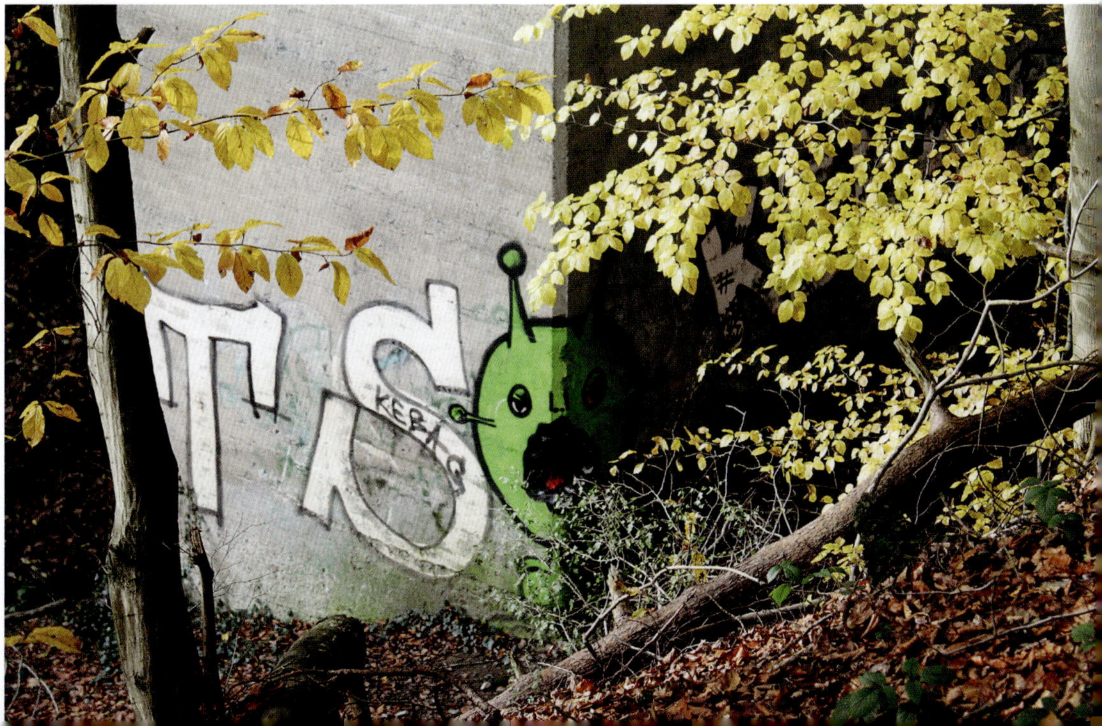

Beton lässt sein Umfeld leuchten.

Hinzu kommt, dass die „Graffiti-Künstler" meist eine möglichst triste Umgebung für ihre Werke wählen, damit hier knallbunte Bildnisse besonders eindrucksvoll ins Auge fallen.

Der Baustoff Beton eröffnet hier viele Möglichkeiten, da man ihn gerade auch an imposanten Bauwerken, wie Brücken, Talsperren oder Lärmschutzwänden, sowie ganz allgemein an vielen größeren Gebäuden oder Mauern vorfindet.

Genau genommen machen wir „Betonkünstler" das in unserem Garten ganz ähnlich wie die Erzeuger von Graffiti-Kunst, wenn wir mit bunten Blüten die eher farblosen Werkstücke aus Beton schmücken oder frisches Grün geschickt in Beziehung zu Form und Farbe des von uns geschaffenen Betonwerkes setzen. Wir setzen auf den spannenden Kontrast von schlicht und grau zu pompös und farbenprächtig.

Beton ganz für sich alleine ist tatsächlich nicht selten trist und eintönig. Erst sein Umfeld lässt Beton zu seiner wahren Schönheit erblühen: Eingebettet in eine Umgebung aus Form und Struktur sowie in die schönsten Äußerungen der Natur wird Beton zur Bühne für ein atemberaubendes Spektakel voller Farbigkeit, Formvollendung und Harmonie.

Wie entstand die Bezeichnung „Beton"?

Etymologisch betrachtet geht das Wort „Beton" auf das lateinische „bitumen" zurück, welches übersetzt „Erdharz", „Bergteer" oder „Erdpech" oder auch „schlammiger Sand" bedeutete.

Von „bitumen" wiederum leitete sich der altfranzösische Begriff „betun" ab, der sich mit „Mörtel" oder „Zement" übersetzen ließ.

Die deutsche Bezeichnung „Beton" wurde schließlich aus dem gleichbedeutenden französischen „béton" übernommen, welches wiederum vom altfranzösischen „betun" (s. o.) abgeleitet wurde.

Die Entwicklung des Betons in der Neuzeit

Bahnbrechende Erfindungen im 18. und 19. Jahrhundert

In der Mitte des 18. Jahrhunderts begann das Zeitalter des modernen Betonbaus. Der Engländer John Smeaton führte zahlreiche Versuche mit gebrannten Kalken und Tonen durch und stellte dabei fest, dass ein hoher Tonanteil die hydraulischen, selbsterhärtenden Eigenschaften von Mörtel verbessern konnte.

Im Jahre 1796 dann entwickelte der Engländer James Parker den sogenannten „Romanzement" mit ebensolchen hydraulischen, erhärtenden Eigenschaften, indem er Septarienton verarbeitete, der ganz besonders tonhaltig ist.

Bei der Erfindung eines künstlichen hydraulischen Kalks von Louis-Joseph Vicat im Jahre 1818 handelte es sich im Großen und Ganzen um die Wiederentdeckung des Römischen Zements.

Bahnbrechend war auch die Erfindung des Portland-Zements durch Joseph Aspdin im Jahr 1824. Die Hauptbestandteile dieses Zements waren die sogenannten „Portland-Zementklinker", die sich wiederum aus Kalk, Kieselsäure, Tonerde und Eisenoxid zusammensetzten.

Alle diese Erfindungen führten zu immer besseren Eigenschaften des Baustoffs Beton und damit zu seinem Siegeszug in der Bauindustrie.

Ein ganz enormer Entwicklungssprung bedeutete schließlich die Erfindung des Stahlbetons durch Joseph Monier, welche er 1867 patentieren ließ. Noch heute wird der im Stahlbeton enthaltene Bewehrungsstahl daher häufig als „Moniereisen" bezeichnet.

Der Stahlbeton wurde von Joseph Monier erfunden und patentiert.

Betonbestandteile und -zusammensetzung: Welcher Beton eignet sich für welche Verarbeitung?

Kehren wir der reinen Kunst für einen kurzen Moment den Rücken, um uns dem altehrwürdigen Handwerk zuzuwenden.

Das Anmachen des Zementleims ist schon eine kleine Wissenschaft für sich und gerade für uns „Beton-Artisten" eröffnen sich schon hier unzählige Möglichkeiten der Variation.

Wie wir vorhin schon erfahren haben, können wir die **Eigenschaften des Betons** durch die Auswahl seiner Inhaltsstoffe beeinflussen. Im Wesentlichen sind es jedoch sogar zwei Faktoren, die Funktion und Charakter des Betons schließlich ausmachen:

- Zusammensetzung (Zement, Wasser, Gesteinskörnung, Zusatzstoffe)
- Verarbeitung (Verdichtung, Nachbehandlung)

Zusammengesetzt aus Zement, Anmachwasser, Gesteinskörnung und vielleicht noch einigen anderen Zusatzstoffen stellt sich nun die Frage, wie viel von jeder Zutat im Endprodukt Beton enthalten sein muss, um ein Ergebnis mit idealen Eigenschaften zu erhalten.

Betrachten wir zunächst die Beschaffenheit des angerührten Leims in Bezug auf die Höhe der zugefügten **Flüssigkeit**.

Aus rein technischen Gründen sollte zwar eine zu hohe Wassergabe vermieden werden, doch darf dieser Leim auch niemals zu fest werden. Er sollte immerhin so geschmeidig sein, dass beim Verdichten (Rütteln der befüllten Form) rasch eine glatte Oberfläche entsteht. Kann man den

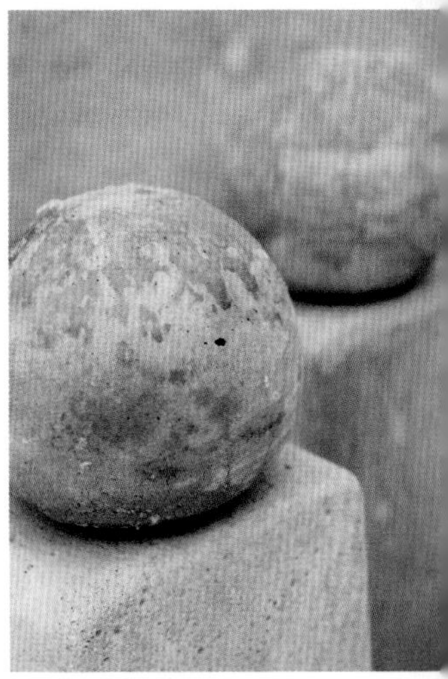

2 kleine Gartenkugeln auf eckigen Säulen

Leim jedoch mit einer flachen Kelle nicht mehr aus dem Mörteleimer entnehmen, weil dieser zu beiden Seiten der Kelle herunterläuft, so war die Mischung eindeutig zu dünn geraten.

Sandarten, Splitt und Papier können als Zuschläge verwendet werden.

Mit der Auswahl der entsprechenden **Zuschläge (Sand oder Kies)** sowie weiterer Zugaben, wie Splitt, Sägespäne oder sogar Papier können grundverschiedene Oberflächen und Beschaffenheiten der Beton-Objekte erreicht werden.

Schon beim Sand, insofern wir welchen verwenden möchten, können wir aus einem breiten Spektrum wählen:

- Feiner, weißer **Quarzsand** ergibt schöne, glatte Oberflächen mit einer hellen Farbgebung.
- Mit grobkörnigem **Bausand** dagegen erhält man recht rustikale Endprodukte.
- Sehr schön zu verarbeiten und von feiner Struktur ist **Spielsand**, den es in Säcken abgepackt in jedem Baumarkt gibt und der auch preislich sehr zu empfehlen ist.
- Manch einer bevorzugt auch eine bereits **fertige Mischung (Fertigmörtel)** aus Zement und Zuschlag (Gesteinskörnung), die nur noch mit Wasser zu einem dickflüssigen Leim verrührt werden muss. Die handelsüblichen Bezeichnungen hierfür sind **Zementmörtel** oder **Estrichbeton**.

Bei Fertigmörtel kann auf den Zuschlag ganz verzichtet werden.

Auch bei diesen Fertigmischungen gibt es gröbere und feinere Varianten, die durch die unterschiedliche Beschaffenheit der Gesteinskörnung erreicht wird. Zementmörtel ist meist für feinere Abdrücke geeignet und wird daher oftmals auch als **Feinbeton** bezeichnet. Estrichbeton dagegen enthält wesentlich gröbere Zuschlagskörner (0–0,8 Zentimeter) und ergibt daher gröber strukturierte Oberflächen.

Die Größe der Zuschlagskörner bestimmt die Beschaffenheit der Betonoberfläche.

Zur Höhe des reinen Zementanteils lässt sich soviel sagen, dass er mindestens so groß sein muss, dass alle Hohlräume zwischen den Zuschlagskörnern ausgefüllt sind. Mit anderen Worten ausgedrückt müssen die Zuschlagskörner, und zwar jedes einzelne von ihnen, mit einem mehr oder weniger dicken Zementleimfilm umgeben sein. Entgegen aller Annahmen, dass eine gröbere Körnung des Zuschlags (Sand, Kies) einen höheren Zementanteil bedingt, ist es also genau andersherum:

Umso größer das zugeführte Größtkorn, je geringer ist der Zementbedarf. Sehr kleine Körnungen dagegen bedürfen bei der Verarbeitung zu Zementleim eine dementsprechend größere Menge Zement!

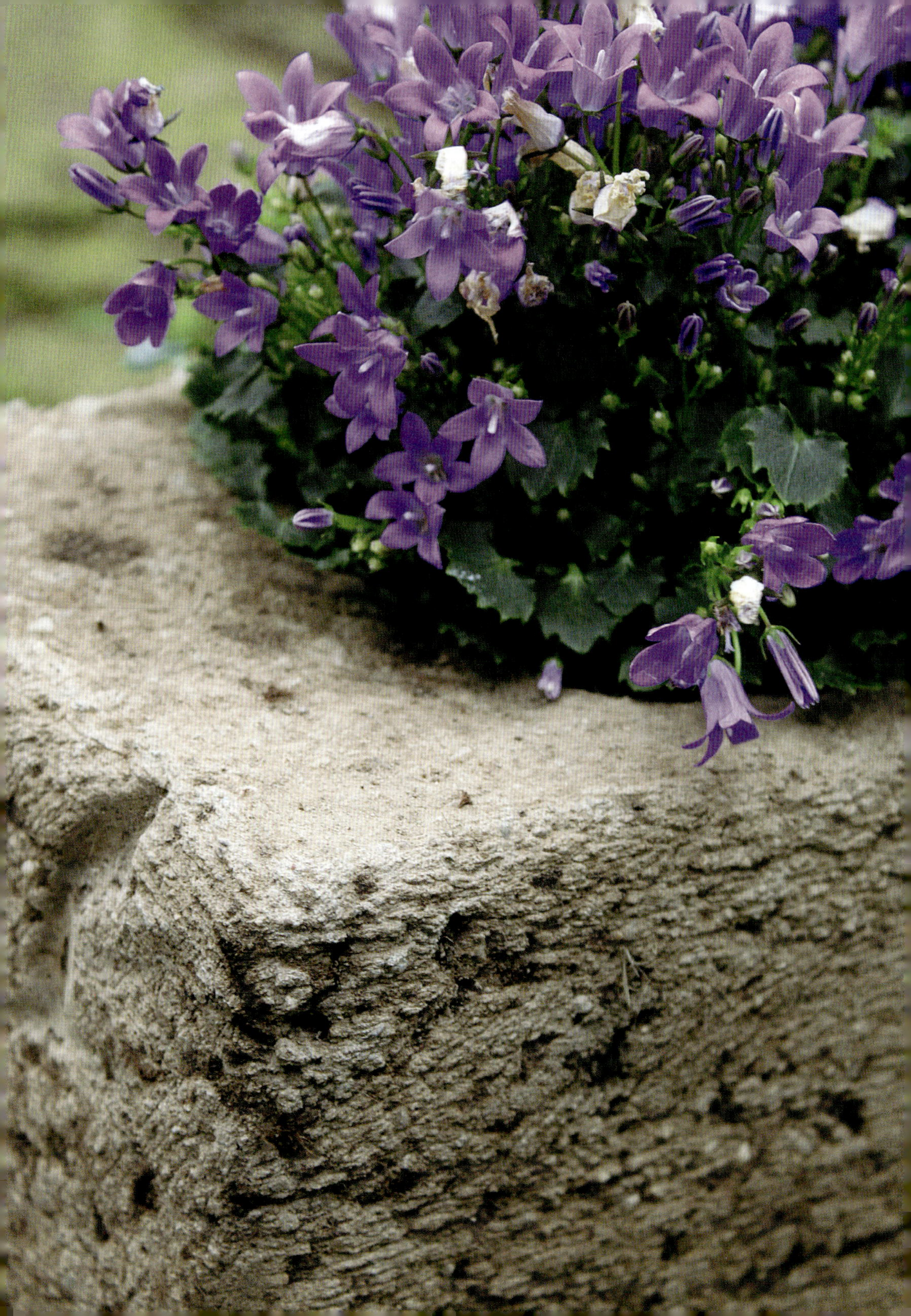

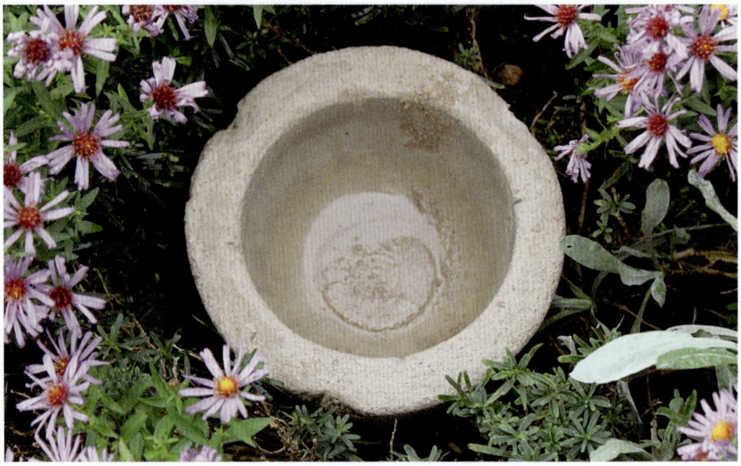

Ins Innere einer rustikalen Betonschale geschaut

Gegenstände aus Beton, die mit einem überdurchschnittlich höheren **Zementanteil** hergestellt wurden, wirken meist feinporiger, weshalb diese Zusammensetzung immer dann zur Anwendung kommen sollte, wenn sehr feine Details herausgearbeitet werden sollen, wie etwa Gesichtszüge einer Skulptur oder ein filigranes Muster auf der Innenseite einer Gießform. Gleichzeitig sollte auch sehr feiner Sand (Quarzsand) als Zuschlagsstoff verwendet werden.

Feinkörnige Oberflächen und bläulicher Schimmer durch einen höheren Zementanteil.

Beton mit extrem hohem Zementanteil wird auch als **Blauer Beton** bezeichnet, was mit der Färbung des Endproduktes zu tun hat, welche leicht ins „Hellbläuliche" tendiert.

Doch gibt es hier durchaus auch Grenzen „nach oben", da ein allzu hoher Zementanteil die Festigkeit des Betons sogar ungünstig beeinflussen kann. Mit anderen Worten gesagt kann auf den Zuschlag (Sand, Kies) niemals ganz verzichtet werden. Größere Körnungen des Zuschlags tragen sogar in erheblichem Maße zur Stabilität des Betongefüges bei. Für baulich stark beanspruchte Objekte wie Mauern, Decken oder Fundamente wird daher auch ein entsprechender Betonkies mitverarbeitet, der größere Kieselsteine als stabilisierende Komponenten enthält.

Für die **Baubranche** gelten natürlich andere Regeln, was die Zusammensetzung der Inhaltsstoffe von Beton betrifft, als im reinen Hobbybereich.

Damit Beton **gute Baueigenschaften** erhält, kommen bei der am häufigsten verwendeten Betonfestigkeitsklasse C20/25 auf jeweils einen Anteil Zement etwa 0,6 Anteile Wasser und 6 Anteile Zuschlag (Gesteinskörnung).

Zusammensetzung von Beton der Festigkeitsklasse C20/25

	Mengenanteil	Mischungsverhältnis
Zement	300 kg	1
Wasser	180 kg	0,6
Gesteinskörnung	1900 kg	6

Doch geht es bei der Herstellung schöner Beton-Objekte für den Garten selten um die Frage, ob die erschaffenen Werke bei extremen Belastungen – wie wir sie im Garten ja selten haben – sicher vor Bruch oder Einsturz sind, sodass wir uns daher auch nicht an das oben angegebene Mischungsverhältnis halten müssen!

Individuelle Mischungsverhältnisse für Beton-Dekorationen

Ich habe ideale Ergebnisse mit wesentlich höheren Zementanteilen erhalten, aber auch mit sehr hohen Sandanteilen experimentiert, sowie Papier, Sägespäne, Torf oder feinen Splitt als Zuschlag verwendet, was ebenfalls schöne sowie haltbare und dabei außergewöhnliche Resultate zur Folge hatte.

Hier ist der Geschmack doch sehr unterschiedlich und manch einer mag es eher rustikal, der oder die andere liebt dagegen das feine Detail oder besonders glatte, feinporige Oberflächen.

Feine Details oder rustikale Oberflächen: Alles ist möglich!

Zwar ist grober Sand bzw. Kies eher ungeeignet, wenn feine Details abgeformt werden sollen, bei rustikalen Beton-Trögen jedoch, die nach alter Manier als dekorativer Wasserbehälter oder Pflanzschale den Garten zieren sollen, macht sich die grob-sandige Oberflächenstruktur optisch äußerst gut.

Wichtig!

Für schöne Gartendekorationen kann Beton mit ganz unterschiedlichen Zementanteilen verarbeitet werden! Die Festigkeitsklassen der Baubranche müssen daher nicht zwingend eingehalten werden!

Mein persönliches „Lieblings-Mischungsverhältnis" – für besonders feine Abdrücke – beträgt 1 : 2. > > Auf eine Schaufel* Zement kommen zwei Schaufeln Zuschlag (Spiel- oder Quarzsand).

*Als Schaufel verwende ich eine normale Hand-Gartenschaufel!

Bei der **Verwendung von Fertigmörtel** (Zementmörtel = Feinbeton) würde ich also, um „meine" Mischung für besonders feine Oberflächen zu erhalten, noch etwas reinen Portland-Zement hinzufügen (auf zehn Schaufeln Zementmörtel kommen etwa zwei Schaufeln Portland-Zement).

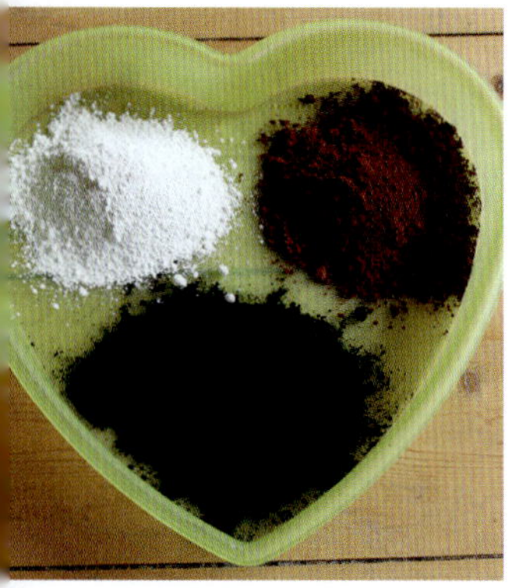

Verschiedenfarbige Pigmente

Farbpigmente werden in einer Menge zugegeben, bis der gewünschte Farbton erreicht ist. Zuviel des Guten könnte sich jedoch nachteilig auf die Bruchfestigkeit des hergestellten Gegenstandes auswirken. Ihr Anteil sollte daher unter 5 % des Zementanteils liegen.

Es gilt also schon bei der Zusammensetzung des angerührten Zementleims einige Entscheidungen zu treffen.

Ein wenig Planung erleichtert die Arbeit.

Folgende Fragen sollten daher schon vorab geklärt sein:

- Wie bruchfest soll mein Werk aus Beton sein?
  ⇨ Zement-/Sandanteil
- Wie fein soll/muss die Oberfläche beschaffen sein?
  ⇨ Zement-/Sandanteil u. Sandart
- Welche Farbe soll das Objekt erhalten?
  ⇨ Farbpigmente, dunkler Splitt, Quarzsand …
- Wo kann ich Sand, Zement und Zementmörtel kaufen?
  ⇨ Baumarkt, Baustoffhandel
- Welche weiteren Zuschlagstoffe zur Erstellung besonderer Oberflächenstrukturen benötige ich?
  ⇨ Splitt, Papier, Torf u. a.

Bei den Ausgangsstoffen darf variiert werden!

Genaugenommen betreten wir aufgrund der vielen Variationsmöglichkeiten, die schon bei der Auswahl der Ausgangsstoffe entstehen, nun doch wieder den Bereich der Kunst, was aber nicht weiter tragisch ist, denn:

Der Experimentierfreude schon beim Anmischen des Zementleims sollen keinerlei Grenzen gesetzt sein!

Verarbeitet man zunächst in der Hauptsache Zementmörtel, dem man auf zehn Schaufeln etwa zwei Schaufeln reinen Portland-Zement beimischt, kann man nicht viel falsch machen. Der so entstandene Zementleim eignet sich für die Herstellung der meisten hier vorgestellten Betonobjekte.

Bei den Anleitungen ab Seite 47 werden diesbezüglich weitere Hinweise gegeben, falls ein bestimmtes Beton-Objekt ein besonderes Mischungsverhältnis seiner Inhaltstoffe erforderlich macht.

Weitere Zusatzmittel und -stoffe

Von professionellen Herstellern schöner Beton-Dekorationen (Figuren, Tränken, Trögen u. v. m.), werden nicht selten weitere Zusatzstoffe und -mittel verarbeitet, wie etwa **Kunststoffe**, **Gesteinsmehl**, **Puzzolane**, **Dichtungsmittel**, **Luftporenbildner** oder **Zementfarben**.

Zum Färben von Zement etwa werden **anorganische Pigmente** verwendet, die aus Metalloxiden und Metallsalzen bestehen.

Rote, gelbe, braune und schwarze Pigmente bestehen hierbei aus *Eisenoxiden*. Die „Farbe“ Weiß entsteht durch *Titandioxid*, grüne Pigmente beinhalten entweder *Chromoxidgrün* oder *Chromoxidhydratgrün*.

Durch die Zugabe von **Dichtungsmitteln** vermindert sich die Wasseraufnahme durch eine Verengung der Kapillarporen.

Luftporenbildner sorgen dafür, dass sich Mikroluftporen bilden, die im Durchmesser kleiner als 0,3 Millimeter sind, außerdem sorgen sie dafür, dass vorhandene Kapillarporen unterbrochen werden, was eine erhöhte Frostbeständigkeit des Betons zur Folge hat.

Dem Zementleim zugesetzte **Kunststoffe** erhöhen ganz allgemein die Zugfestigkeit, die Schlagfestigkeit sowie die chemische Widerstandsfähigkeit, dagegen vermindern sie die Druckfestigkeit und Reißneigung des Betons.

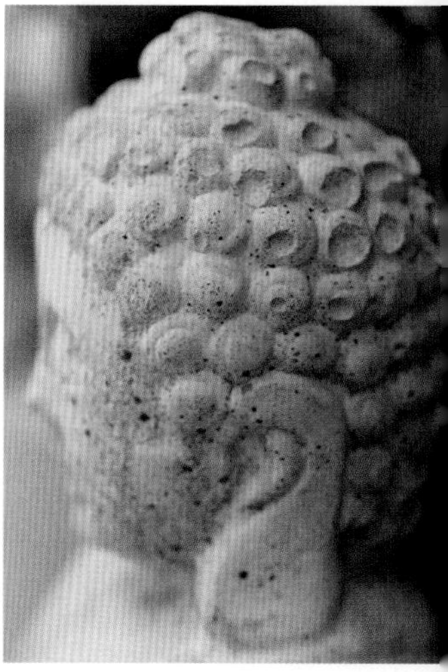

Beton erlaubt originalgetreues Abformen feiner Details.

Von „guten“ und „schlechten“ Poren im Beton

Jeder hat sie wohl schon gesehen, die kleinen Luftbläschen im Beton, die meist erst auffallen, wenn dann eines oder mehrere dieser Bläschen oder Poren durch seine überdurchschnittliche Größe aus der Reihe und uns daher ganz besonders ins Auge fällt.

Poren auf der Betonoberfläche sind nicht erwünscht!

Sehen können wir natürlich nur die auf der Oberfläche von Sichtbetonflächen entstandenen Poren, doch sollten wir wissen, dass ganz unterschiedliche Arten von Poren den Beton auch in seinem Inneren durchziehen.

Normalerweise möchte wohl jeder, der Gegenstände aus Beton herstellt, möglichst wenige dieser kleinen Bläschen auf seinem Kunstwerk sehen.

Doch sind nicht alle im Beton befindlichen Poren als negativ anzusehen. Manche von ihnen geben dem Beton sogar ihre Festigkeit, andere machen ihn frostsicherer.

Gelporen, Schrumpfporen, Kapillarporen ...

Wie entstehen die Luftbläschen im Beton?

Unterscheiden können wir zwischen Gelporen, Schrumpfporen, Kapillarporen, Luftporen und Verdichtungsporen.

Damit wir die einzelnen Poren sowie deren Entstehung (und Größe) besser unterscheiden können, habe ich sie auf der nächsten Seite noch einmal in einer Tabelle übersichtlich aufgelistet.

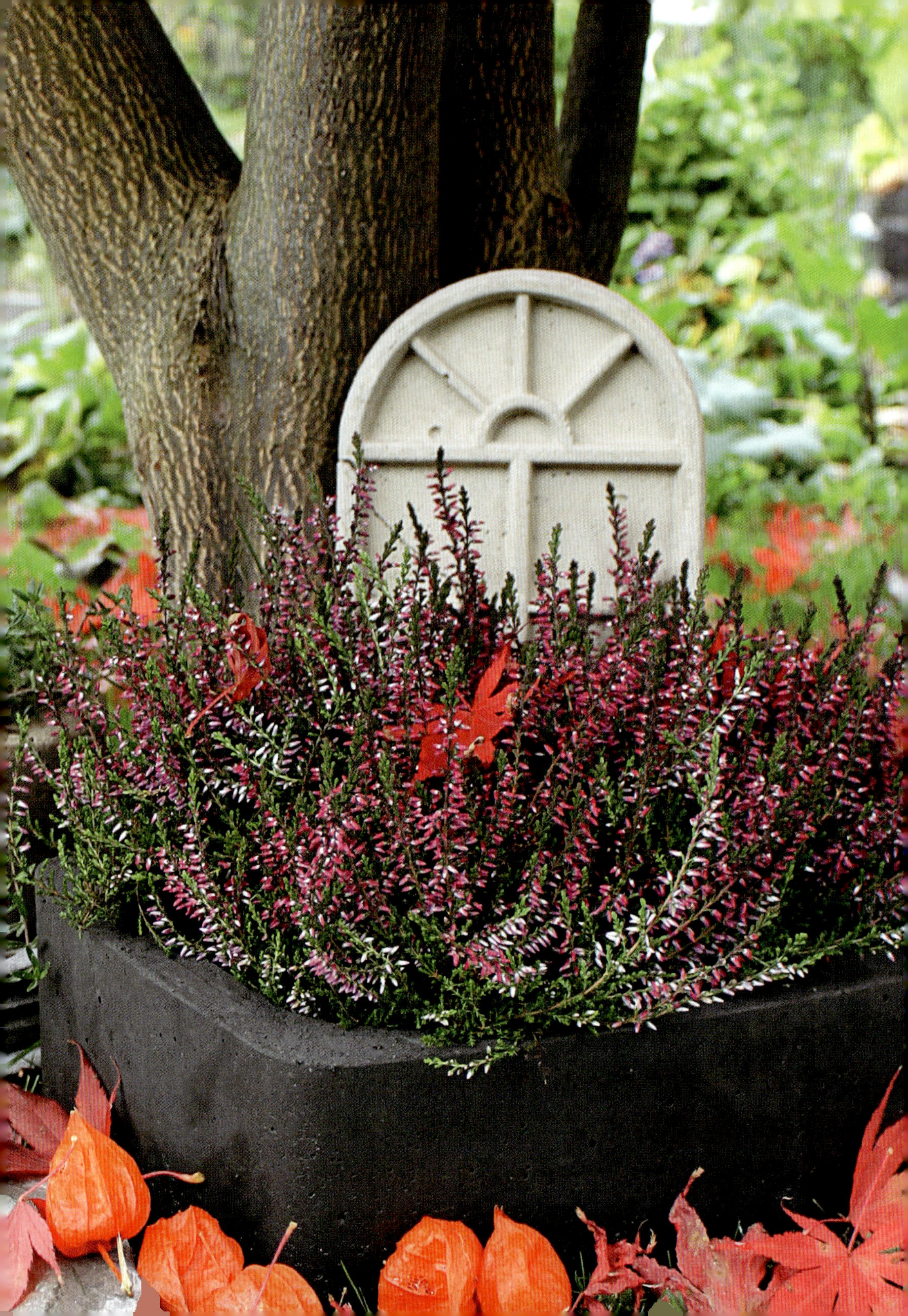

- **Gelporen > ca. 0,1–10 µm**
  Das Anmachwasser ist grundsätzlich in Gelporen gespeichert, ihre Entstehung ist daher unvermeidlich.
- **Schrumpfporen > ca. 10 nm**
  Durch Schrumpfvorgänge (Schwinden) während der Hydratation bilden sich Schrumpfporen, deren Entstehung ebenfalls nicht zu vermeiden ist.
- **Kapillarporen > 10 nm –100 µm**
  Sie entstehen durch Wasser, welches bei der Hydratation nicht benötigt wurde und mit der Zeit austrocknet. In gewisser Menge sorgen sie für mehr Festigkeit, da sie Transportprozesse innerhalb des Betons ermöglichen.
- **Luftporen > 1 µm –1 mm**
  Luftporen gelangen durch den Mischvorgang in das Zementgel. Da sie einen Ausweichraum für gefrierendes Wasser darstellen, erhöhen sie die Frostbeständigkeit des Betons.
- **Verdichtungsporen > 1 mm**
  Bei mangelnder Verdichtung (Rütteln, Stochern) des Betons entstehen die oft so unschönen Verdichtungsporen, die aufgrund ihrer Größe das Gesamtbild einer Betonsichtfläche oft sehr negativ prägen sowie auch die Festigkeit des Betons vermindern können. Daher sind Verdichtungsporen in aller Regel unerwünscht und sollten nach Möglichkeit vermieden werden!

Es gibt ganz unterschiedliche Arten von Poren im Beton.

Richtig verdichten! – Was kann ich gegen unschöne Poren auf der Betonoberfläche tun?

Nichts ist ärgerlicher, als wenn Verdichtungsporen (Lufteinschlüsse) ein ansonsten schönes Werk aus Beton durch ihre ungewollte Anwesenheit ruiniert haben. Leider haben diese Luftbläschen auch die unangenehme Angewohnheit, immer dort aufzutauchen, wo es auf Exaktheit und eine besonders feine Abbildung ankommt, wie etwa in den feinen Gesichtszügen einer Büste oder beim Abformen von filigranen Strukturen und Reliefs.

Verdichtungsmaßnahmen verhelfen zu einem homogeneren Betongefüge.

Verdichtungsporen sind die größten aller vorhandenen Beton-Poren und wie es der Name schon verrät, entstehen sie immer dann, wenn Beton nicht ausreichend verdichtet worden ist.

Bei der Betonverarbeitung sind die auf der Oberfläche so auffälligen Poren allgemein unerwünscht und möglichst zu vermeiden und das nicht ohne Grund!

Zum einen möchte man natürlich ein dichtes, homogenes Betongefüge haben, welches optisch ansprechend ist. Weiterhin machen zu viele und

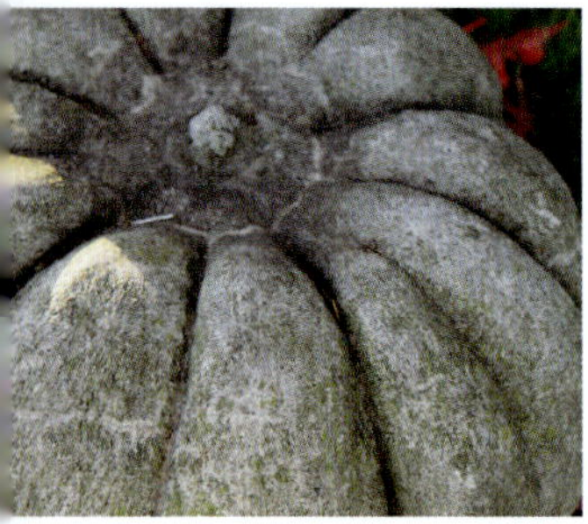

Großer in Beton gegossener Muskatkürbis

zu große Lufteinschlüsse den Beton porös und schließlich führen allzu zahlreich vorhandene Verdichtungsporen auch zu einer erhöhten Anfälligkeit gegenüber Schäden bei sehr niedrigen Temperaturen!

> Verdichtungsporen entstehen, nachdem noch flüssiger Beton (Zementleim) in seine Form (Schalung) gegeben wurde:
> **1.)** entweder durch eine ungleichmäßige Verteilung seiner Bestandteile oder/und
> **2.)** durch eine zu feste Konsistenz des Zementleims.

Doch sind diese Lufteinschlüsse auch bei einer sehr guten Vermischung des Zementleims sowie einer optimalen Konsistenz niemals ganz zu vermeiden, wodurch die Maßnahme der aktiven Verdichtung in jedem Fall notwendig ist!

Wie verdichte ich?

Nachdem der Zementleim in eine entsprechende Gießform gegeben wurde, sollte die Verdichtung stattfinden.

> **Wichtig!**
>
> **Sobald die Erstarrung eingesetzt hat – also spätestens nach einer Stunde – darf der Beton nicht mehr in Schwingungen versetzt werden! Eine Verdichtung muss daher möglichst rasch erfolgen!**

Mit dem Verdichten sollte nicht zu lange gewartet werden!

Als „kleiner" Hobbykünstler wird man zum Verdichten keine teuren „Rüttel-Maschinen" (Beton-Rüttler) anschaffen wollen, sodass der Verdichtungsvorgang **manuell** erfolgen kann.

Bei sehr kleinen Formen ist dies überaus einfach: Man rüttelt die Form, indem man sie einige Male herzhaft auf einen harten Untergrund stößt. Natürlich niemals so heftig, dass der Zementleim aus seiner Form herausfließt.

Dieser Vorgang gestaltet sich natürlich umso schwieriger, je größer und schwerer die mit Zement gefüllten Formen sind, sollte jedoch auch bei größeren Formen kein allzu großes Problem darstellen.

Rüttel und schüttel mich ...

Bei langen, schweren Trögen verdichtet man erst die eine, dann die andere Seite der mit Zement gefüllten Gießform, indem man den Trog seitenweise mehrfach anhebt und ruckweise auf einen harten Untergrund stößt bzw. fallen lässt. Wichtig ist, hierbei nicht allzu zimperlich zu sein. Während des „Rüttelns und Schüttelns“ sollte sichtbar werden, wie Luftbläschen an der Oberfläche des Zementleims zerplatzen. Erst dann wurde fachgemäß verdichtet.

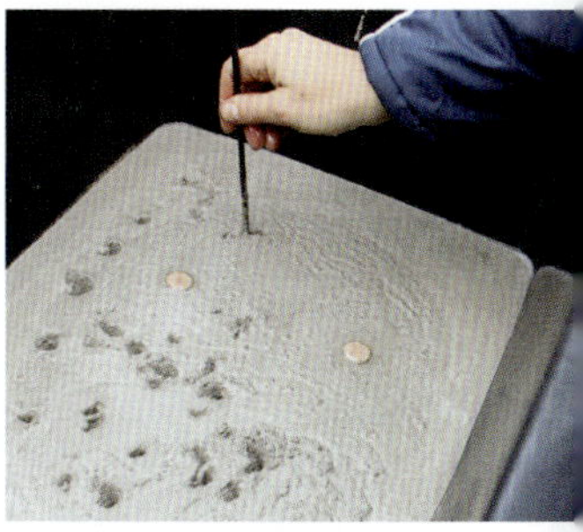

Verdichten durch Stochern im Zementleim

Stochern

Da der Verdichtungsvorgang von außen wie auch von innen möglich ist, kann zusätzlich zum Rütteln der gesamten Form auch noch mit einem langen Stab im weichen Zementleim herumgestochert werden. Auch hierbei werden vorhandene Lufteinschlüsse deutlich reduziert!

Maschinell verdichten

Erst bei extrem großen Formen wäre ein „Beton-Rüttler“ natürlich von Nutzen, so wie er auch auf jeder Baustelle beim Gießen von größeren Wänden, Fundamenten etc. eingesetzt wird.

Rüttelgeräte, sogenannte **Innen-** oder **Außenrüttler**, bietet der Fachhandel an.

Verdichten mit Innen- oder Außenrüttler

Meist kommen **Innenrüttler** (auch **Flaschenrüttler** oder **Tauchrüttler**) zum Einsatz: Ein Innenrüttler besteht aus dem Antriebsmotor, einer schlauchartigen, flexiblen Antriebswelle unterschiedlicher Länge, an deren Ende sich die Rüttelflasche befindet. In dieser Rüttelflasche befindet sich eine Schwungmasse, auch „Unwucht“ genannt, welche eine mechanische Schwingung erzeugt. Die mechanische Schwingung bewirkt, dass eingeschlossene Luft entweichen kann.

Außenrüttler kommen dagegen weitaus seltener zum Einsatz. Sie müssen fest mit der Schalung (Gießform) verbunden werden, damit die erzeugten Schwingungen von dort aus in den Beton übertragen werden können.

Wichtig!

Die Oberfläche des eingefüllten Zementleims sollte während des Verdichtungsvorgangs rasch glatt werden. Sollte dies nicht der Fall sein, so wurde beim Anmischen des Zementleims vermutlich zu wenig Wasser zugefügt!

Frostfestigkeit von Werken aus Beton

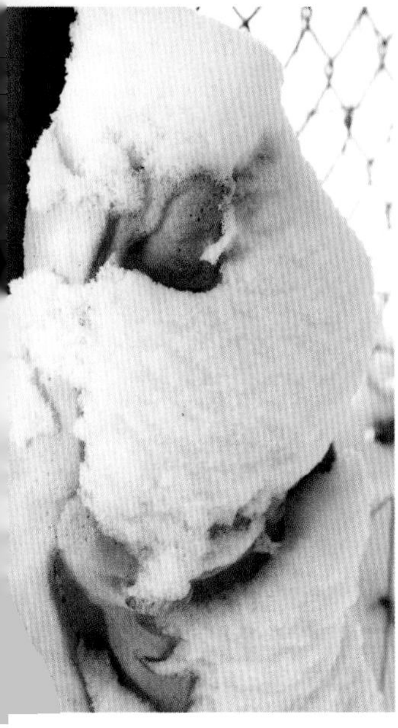

In Schnee eingehüllte Betonskulptur

Da Gegenstände aus Beton auch nach dem Auskristallisieren noch bedingt Wasser aufnehmen können und dieses jedoch nur sehr langsam und geringfügig wieder abgeben, entstehen (rein theoretisch) gelegentlich Probleme bei sehr niedrigen Temperaturen.

Erfahrungswerte – im reinen Hobbybereich – haben allerdings gezeigt, dass doch eine relativ hohe Frostfestigkeit der Betonwerke gewährleistet ist und nur äußerst selten ein Frostschaden entsteht, solange man einige Punkte bei der Lagerung beachtet!

In meinem eigenen Besitz ist bisher noch kein selbst gefertigtes Betonwerk dem Frost zum Opfer gefallen!

Die hier beschriebenen Zusammensetzungen des Zementleims sind demnach absolut geeignet, um daraus recht dauerhafte „Zier-Objekte" für den Garten anzufertigen.

Im Winter sollte jedoch darauf geachtet werden, dass in Hohlräumen und Vertiefungen der Betonobjekte keine Pfützen stehen bleiben.

Große Schalen stellt man bestenfalls – insofern sie nicht dauerhaft bepflanzt sind – vorsichtig auf den Kopf oder stellt sie an einem geschützten Ort auf.

Auch die Menge der vorhandenen Lufteinschlüsse (Verdichtungsporen u. a.) spielt eine nicht unerhebliche Rolle bei der Frosthärte des Gegenstandes aus Beton. Sorgfältiges Verdichten erhöht demnach die Langlebigkeit des Betons bei allzu niedrigen Temperaturen!

Beton im Winter richtig lagern

Wichtig!

Zur Vermeidung von Frostschäden sollte im Winter jegliches Wasser aus Hohlräumen und Vertiefungen von Betonschalen, -trögen etc. entfernt werden!

Handelsübliche Bezeichnungen für Zement

Die erste Hürde beim Gestalten origineller Beton-Dekorationen ist meist schon beim Kauf der benötigten Inhaltsstoffe zu bewältigen. Beim Baustoffhändler oder auch im Baumarkt steht der werdende Betonkünstler meist ratlos vor der in Hülle und Fülle angebotenen Sackware „Zement".

Die so vielfältigen Bezeichnungen dieser Säcke erscheinen dem Laien oft rätselhaft: „Estrich-Beton", „Portland-Hüttenzement", „Rauputz", „Zement-Mörtel", „Trasszement" oder „Putz- und Mauermörtel", um nur einige davon zu nennen!

„Welcher Zement ist denn nun der richtige für meine Garten-Accessoires aus Beton?", werden sich viele Neulinge auf diesem Gebiet wohl fragen.

Natürlich kann jederzeit ein freundlicher Mitarbeiter der Baustoff-Abteilung zu Rate gezogen werden, doch schauen auch diese meist etwas ratlos, wenn der Kaufinteressierte etwas von „Deko aus Beton" für den Garten erzählt und so manch einer scheint mit dieser Angabe rein gar nichts anfangen zu können.

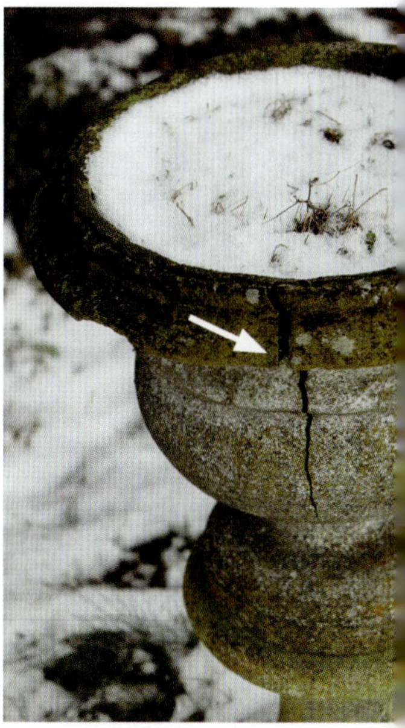

Frostschaden an einer alten Betonschale

Besser wäre es schon, man käme ein wenig vorinformierter in den Markt, sodass auch garantiert keine Fehlkäufe die Folge sind.

In der folgenden Tabelle sind die meisten handelsüblichen Bezeichnungen für Zementprodukte aufgelistet und in drei Rubriken eingeteilt worden.

Unter **„Zement ohne Zuschlag"** werden die Produkte aufgeführt, die reinen Zement beinhalten. Hier müsste man bei der Verarbeitung in jedem Fall noch eine Sandart hinzufügen (Spielsand, Quarzsand o. Ä.).

Als **„Zement inkl. Zuschlag" (Fertigmörtel)** wurden in der Tabelle all diejenigen Zementmischungen bezeichnet, die schon einen Zuschlag, bestehend aus Gesteinskörnung (Sand), enthalten. Diese Produkte müssen nur noch mit Wasser zu einem zähflüssigen Leim angerührt werden und schon können aus ihnen die ersten Dekor-Gegenstände entstehen!

In der dritten Rubrik schließlich werden einige Zementprodukte aufgeführt, die für unsere Zwecke eher nicht geeignet sind.

Zement ohne Zuschlag	Zement inkl. Zuschlag (Fertigmörtel)	Ungeeignet
Portland-Zement: Portland-Hüttenzement Portland-Kalksteinzement	Estrich-Beton Zement-Mörtel	Haftputzgips (nur für innen)
Portland-Flugaschezement Portland-Puzzolanzement Portland-Schieferzement	Gartenbeton (rein mineralisch)	Rauputz (härtet nur in dünnen Schichten)
Hochofenzement Trasszement	Trasszement-Mörtel Reparaturmörtel (härtet besonders schnell aus!)	Fliesenkleber *(elastisch)

* Fliesenkleber ist zwar zur alleinigen Verarbeitung ungeeignet, als Beimischung allerdings möglich (zur manuellen Bearbeitung von Beton, siehe S. 128)

Der im deutschsprachigen Raum am häufigsten verwendete Zement ist Portland-Zement. Dieser wird meist in Säcken zu 30 kg angeboten.

Portland-Zement und Zementmörtel zum feinen Abformen

Sehr geeignet für das Abformen schöner Gartenobjekte ist auch Zementmörtel, da dieser einen Zuschlag mit relativ geringer Korngröße enthält, sodass hier sehr feine Abdrücke entstehen können.

Estrich-Beton dagegen ergibt durch die größere Körnung des Zuschlags dementsprechend auch etwas gröbere Abdrücke, was jedoch bei manch einem Betonwerk durchaus auch erwünscht sein kann.

Was ist beim 1. Einkauf zu besorgen?

Wichtige Besorgungen für die eigene Beton-Werkstatt

Einkaufsliste:

- 1 bis 2 Säcke Zementmörtel (Fertigmörtel)
- 1 Sack Zement (Portland-Zement)
- 1 Liter Speiseöl (als Trennmittel)
- Pinsel oder Sprühflasche zum Auftragen des Öls
- 1 Sack (25 kg) Spielsand oder Quarzsand

In dieser Liste fehlen natürlich noch die Gießformen sowie ein oder zwei Mörteleimer und eine Metallschaufel zum Anmischen des Zementleims, die meist in jedem Haushalt in irgendeiner Form vorhanden sind.

Die Gießformen

Um mit dem Baustoff Beton kreativ arbeiten zu können, wird entsprechendes Zubehör benötigt.

Um es einmal mit ganz einfachen Worten auszudrücken, geschieht beim Betonieren Folgendes: Der angerührte Zementleim wird in entsprechende Gießformen, die man zuvor eingeölt hatte, eingegossen und härtet dort innerhalb von ein bis drei Tagen aus. Der erhärtete Beton wird wieder aus der Form genommen und das Werk ist soweit fertig!

Die Suche nach den richtigen Gießformen

Zu einer ansprechenden Dekoration für den Garten wird das Werk aus Beton jedoch erst, wenn der Betonmasse durch die Verwendung einer ganz bestimmten Gießform und gegebenenfalls weiterem Zubehör Form und Struktur gegeben wird!

Beinahe jedes Betonwerk gewinnt durch eine entsprechende Nachbehandlung mit Feile oder Schmirgelpapier an Schönheit!

Um Beton in einer gewünschten Form zu erhalten, wählen wir zunächst eine geeignete Gießform aus.

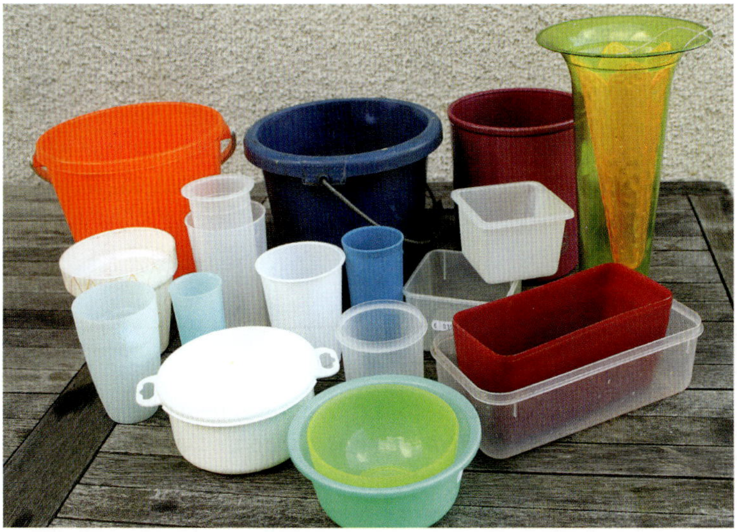

Kunststoff-Gießformen in vielen Größen und Formen

Es könnten hierzu viele verschiedene Gegenstände zum Einsatz kommen:

- alte Kisten aus Holz oder Kunststoff
- Plastikschüsseln in verschiedenen Größen und Formen
- diverse Hohlformen (3D-Backformen u. Ä.)
- Kunststoffkübel, Mörtelkübel
- Kunststoffeimer in verschiedenen Größen
- alte Vorratsdosen aus Kunststoff
- leere Joghurtbecher und andere leere Verpackungen aus Kunststoff
- Teller und Schalen (aus Kunststoff, Metall oder Holz) u. v. m.

Um es jedoch vorweg zu nehmen: **Nicht jedes Material eignet sich als Gießform für ein Betonwerk!**

Kunststoff, Holz und die meisten Metalle haben sich für diesen Zweck jedoch bestens bewährt.

Unterscheiden Sie zwischen geeigneten und ungeeigneten Formen!

Ebenso verhält es sich mit **Latex-** und **Silikonformen**, wie wir sie teils auch aus der Küche kennen (Backformen).

Glasierte Keramik kann ebenfalls als Gießform zum Einsatz kommen.

Glas ist als Gießform für Beton nur bedingt verwendbar, ebenso sind Gefäße aus gebranntem **Ton** einerseits viel zu schade und andererseits

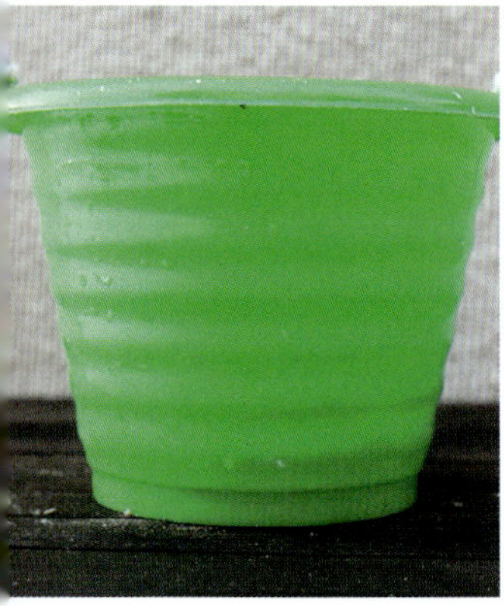

Ungeeignete Gießform mit Querrillen

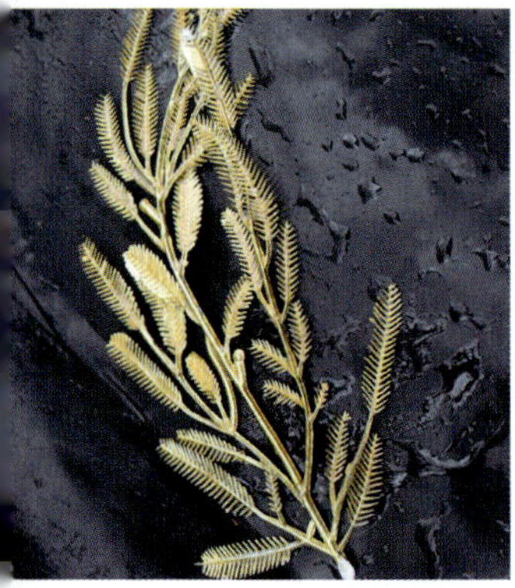

Filigraner Blütenzweig aus Kunststoff

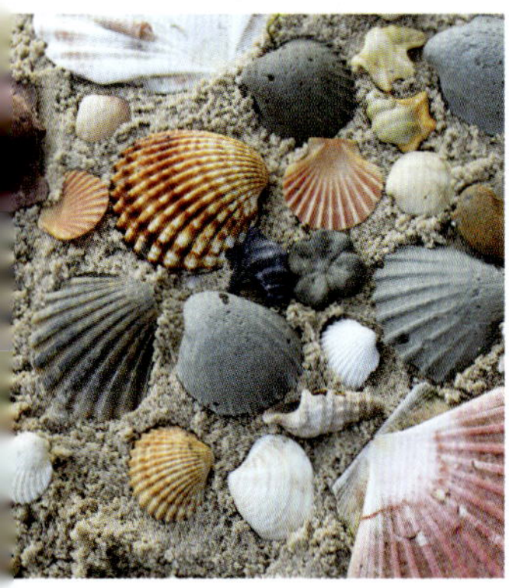

Muschel-Mix: Original und „Fälschung"

auch ungeeignet, um sie mit flüssigem Zement zu füllen, da sich hier der erstarrte Beton nur schwer oder gar nicht mehr ablösen lässt!

Wird nur ein flacher Glasteller von oben auf eine mit Zementleim gefüllte Schale gesetzt, um hier eine flache Vertiefung und ein schönes Relief zu erzeugen, wird dies meist noch funktionieren, füllt man jedoch eine große Glasschüssel oder -schale mit Zementleim auf, so gibt es hier beim späteren Auslösen des erhärteten Werkes häufig Probleme.

Bei meinen eigenen Versuchen mit Glasschüsseln gingen die meisten dabei zu Bruch!

Wichtig!

Formen mit Querrillen sind nicht zum Befüllen mit Zementleim geeignet, da die Rillen unüberwindbare Barrieren beim Entnehmen des erhärteten Werkes darstellen!

Oberflächen strukturieren!

Um strukturierte Oberflächen zu erhalten oder noch originellere Dekor-Objekte zu kreieren, wird weiteres Zubehör benötigt.

Hierbei kann aus einem nahezu unbegrenzten Angebot an Einsatzmitteln geschöpft werden:

Zubehör zum Verzieren und Strukturieren von Oberflächen:

- kleinere Skulpturen zum Eingießen in einen Betonsockel
- flache Schalen mit löchriger oder strukturierter Oberfläche (Metall, Kunststoff)
- Blätter
- Muscheln
- dekorative Kiesel/Steine
- einfache Teelichter zum Eingießen oder Abformen
- kleine Kerzenhalter zum Eingießen oder Abformen
- jegliches Material, welches einen Abdruck auf dem Beton erzeugen könnte (aus Kunststoff, Gummi, Metall o. a.)
- festere Kunststofffolien mit einer erhabenen Oberflächenstruktur
- Kunststoffrohre
- Reliefs aus Hartgummi, Schaumstoff, Moosgummi oder Kunststoff
- Schablonen aus Kunststoff, Moosgummi oder Schaumstoff

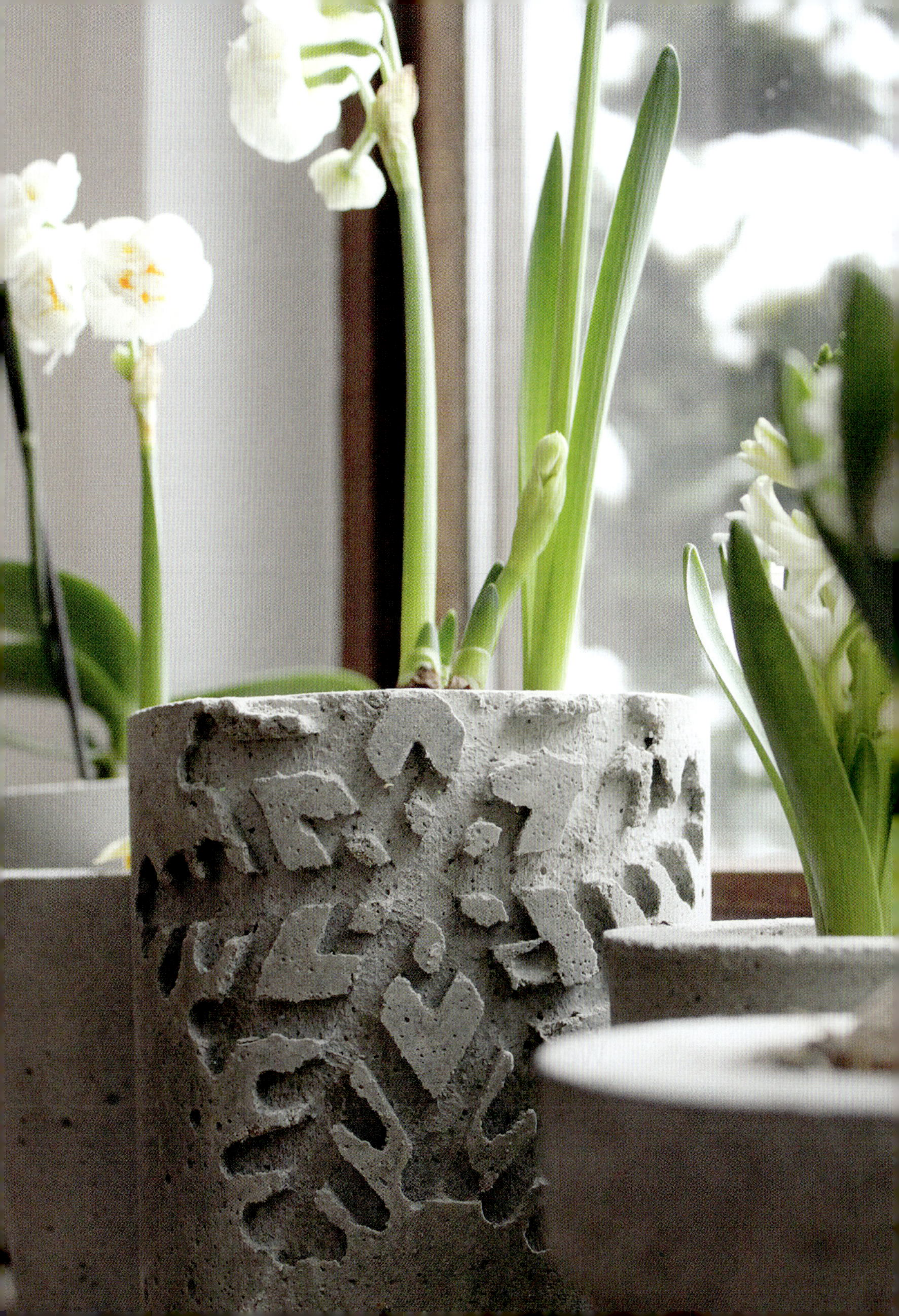

Woher bekomme ich meine Arbeitsmaterialien?

Sparfüchse dürfen sich freuen, da sämtliche benötigte Formen und Materialien nur selten neu gekauft werden müssen!

Flohmärkte sind gute Beschaffungsquellen für die benötigten Arbeitsmaterialien.

Ein reichhaltiges Angebot an Arbeitsmaterialien finden wir auf jedem Flohmarkt oder manchmal sogar auf dem Sperrmüll!

Weitere gute Quellen zur Beschaffung von ausgefallenem Zubehör sind Internetbörsen. Hier werden schon fertige Gießformen zu kleinen Preisen angeboten sowie auch manch benötigter Werkstoff, wie etwa **Latexmilch** zum Erstellen einer eigenen elastischen Abgussform, entsprechende Farbpigmente zum Einfärben der Zementmasse und vieles mehr.

Manchmal findet man geeignete Arbeitsmittel auch auf dem eigenen Dachboden/Speicher oder im Keller und manch Bekannter ist womöglich sogar froh, wenn er nicht mehr benötigte Schüsseln und Schalen loswerden kann.

Die verwendeten Formen dürfen dabei auch älter sein und ihre schönsten Tage bereits hinter sich haben. Beim Abformen fällt dies in aller Regel später nicht mehr auf!

Selbst alte Möbelstücke sind teilweise so geformt, dass man sie mit Beton befüllen könnte, um etwa einen Sockel, einen kleinen Tisch oder einen Betonpfeiler darin zu gießen.

Interessantes für die „Beton-Werkstatt“ entdecken wir oft auch bei einem Spaziergang in der Natur:

Augen auf beim Spaziergang durch die Natur

Am Strand gefundene flache Muschelschalen lassen sich ausnehmend gut befüllen. Aus ihnen löst sich der erhärtete Beton sehr gut heraus!

Ebenso verhält es sich mit Blättern, bei denen die Blattrippen deutlich hervortreten. Sie bilden wunderschöne Abdrücke auf Pflanzschalen, Trittsteinen oder einem dekorativen Teelicht.

Manch angeschwemmtes Treibgut am Flussufer ergibt vielleicht mit Beton kombiniert ein individuelles Kunstwerk, sodass es auch bei jedem Spaziergang gilt, die Augen immer schön offen zu halten, um vielleicht ganz unverhofft attraktives Zubehör für die eigene Beton-Werkstatt zu ergattern.

Welches Werkzeug und weitere Arbeitsmittel benötige ich?

Ein wenig Werkzeug erleichtert das Betonieren ungemein.

Bereits erwähnt wurden:

- Pinsel (zum Auftragen des Trennmittels)
- Handschaufel (ev. auch zum Vermischen des Zementleims)
- Maurerkübel (zum Anmischen)

Weiters benötigt werden:

- Arbeitshandschuhe
- weitere Handschaufeln zum Entnehmen von Zement und Sand
- saubere, mit Wasser gefüllte Gießkanne
- diverse Metallfeilen (zum Bearbeiten des gehärteten Objekts)
- Schleifpapier (für feines Modellieren und Schleifen)
- Messer (ggf. zum Ablösen einer Gießform oder eines Reliefs)
- eventuell elektrische Bohrmaschine (bzw. Bohrmaschinenaufsatz) zum Vermischen größerer Zementmengen
- Handtuch oder Lappen zum Trocknen und Säubern der Hände während des Arbeitens
- Gewichte aller Arten zum Beschweren und Fixieren der Betonwerke während des Erhärtens
- Korken zum Eindrücken in die Böden von Pflanzschalen (Abzugslöcher)
- Holzkeile, Styropor oder Korken als Abstandhalter zwischen innerer und äußerer Gießform
- Styroporplatten zum Auflegen von flachen Dekor-Objekten, die in Latex abgeformt werden sollen (siehe unter „Ein eigenes Familienwappen adelt den Garten“ auf S. 97)
- Moosgummiplatten
- Kneifzange/Beißzange

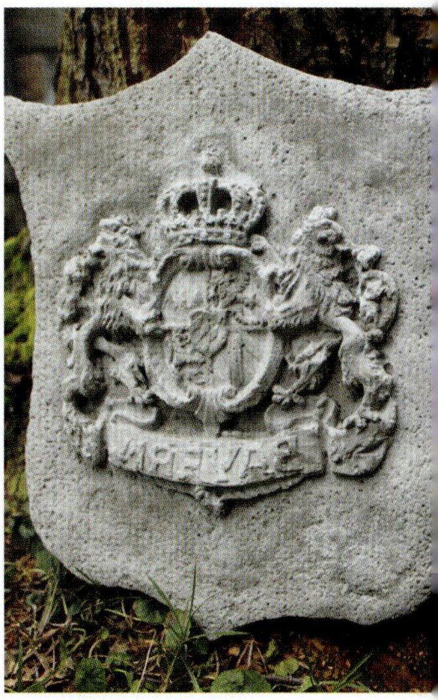

Wappen in Beton gegossen

Eine gute Ausstattung ermöglicht vielseitigere Ergebnisse.

… und daneben ist bei einigen Objekten auch der Einsatz von elektrischen Geräten empfehlenswert:

- Bohrmaschine
- Akkuschrauber
- Stich- und/oder Dekupiersäge
- Graviergerät (Dremel)
- Lochkreissägenaufsatz für die Bohrmaschine
- Winkelschleifer

Auch elektrische Geräte können zum Einsatz kommen.

Als Gewichte zum Beschweren und Fixieren der Werke aus Beton dienen Steine, Ziegel oder nostalgische Eisengewichte aller Arten! Hiermit wird ein „Aufschwimmen“ der in den Zement gepressten Formen verhindert. Man kann auch Kieselsteine in kleine Behälter füllen, sodass man diese je nach Bedarf von der Menge her variieren könnte. Als **Faustregel** gilt, dass große Betonwerke mit weit größeren Gewichten beschwert werden

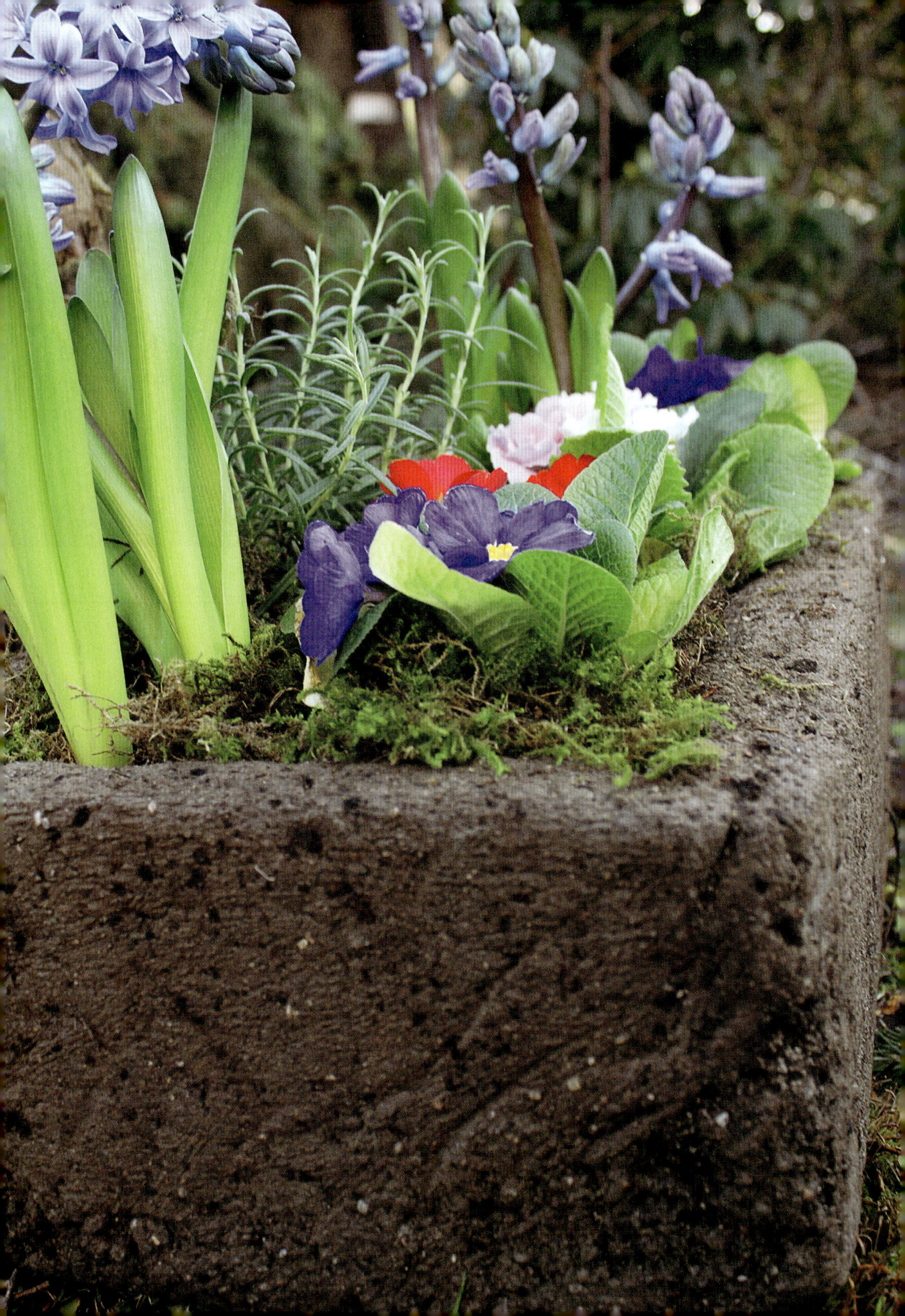

müssen als kleinere Werke. Bei manch kleinem Betonwerk reicht häufig schon ein einzelner Stein oder die entsprechende Menge an Kieseln zum Beschweren!

Wichtig!

Es ist sinnvoll, das oben erwähnte Werkzeug, Zubehör, Zement, Sand, Wasser sowie die benötigten Gießformen am Arbeitsplatz bereitzulegen und vor allem auch einen Lappen nicht zu vergessen, da es beim Arbeiten mit flüssigem Zement sowie dem öligen Trennmittel oft recht schmutzig hergeht.

Sauberes Arbeiten ist wünschenswert.

Liegt alles in Griffweite, geht die Arbeit dann recht „flott von der Hand" und die Ergebnisse können sich sehen lassen.

Muss man dagegen mit öl- oder zementverschmierten Händen noch im Haus nach geeignetem Zubehör oder Werkzeug suchen, so endet dies nicht selten in Chaos und Frustration!

Der Arbeitsplatz

Ein Arbeitsplatz im Freien

Wählen Sie als Arbeitsplatz einen Ort im Freien, der jedoch nicht von der prallen Mittagssonne erfasst wird! Halbschattige Plätze eignen sich am besten. Optimal wäre natürlich ein kleines Dach, welches sich unmittelbar über dem Arbeitsplatz befindet, damit auch an regnerischen Tagen weiterhin im Trockenen „gewerkelt" werden kann. Aber natürlich kann man nicht immer alles haben ...

Liegen die Orte zum Lagern der gefüllten Gießformen während der Aushärtungsphase im vollen Schatten, kann dies – vor allem im Winter – zu einer zeitlich stark verlangsamten Härtung des Zements führen.

Bei Temperaturen um den Gefrierpunkt oder darunter sollte man auf frostfreie Räume ausweichen können oder die Betonarbeiten auf einen wärmeren Tag verschieben.

Schmutz lässt sich nicht vermeiden.

Die Arbeiten mit Beton verursachen schon ein wenig Schmutz, weshalb der oder die „Betonkünstler" auf einer Wiese und/oder einem alten Arbeitstisch am besten aufgehoben sind.

Das Arbeiten im aufrechten Stand entlastet hierbei den Rücken und ermöglicht auch längere Arbeitsphasen.

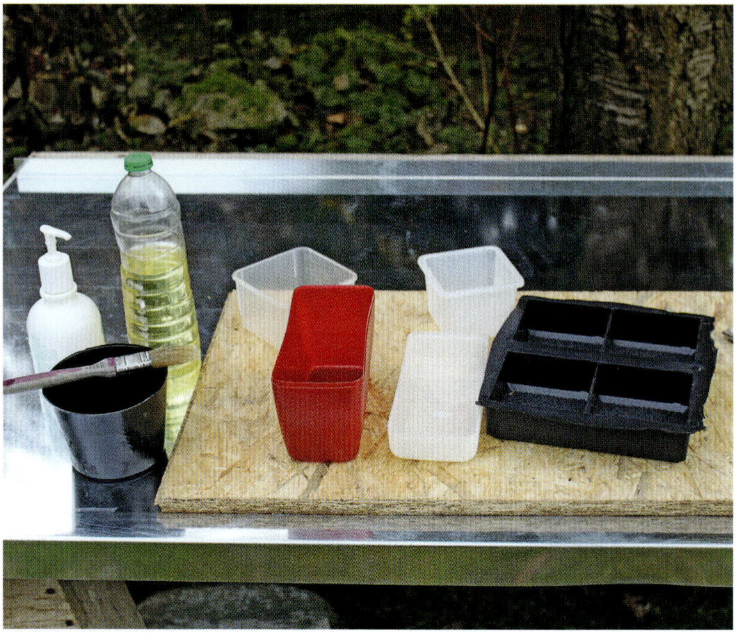

Die benötigten Arbeitsmaterialien werden bereit gestellt.

Vor allem die Nachbearbeitung der Betonwerke nimmt häufig etwas mehr Zeit in Anspruch, weshalb ein erhöhter Arbeitsbereich unbedingt notwendig ist.

Daneben wird eine ebene Fläche am Boden benötigt, auf der die mit Zementleim gefüllten Formen (Schalungen) aushärten können. Das kann ein glattes Brett, eine alte Tischplatte oder Ähnliches sein.

Wichtig ist hier vor allem, dass die Fläche exakt waagerecht ausgerichtet wurde. Es wird dringend empfohlen, dies mit einer Wasserwaage zu überprüfen! Vor allem größere Formen stellt man schon zum Befüllen auf diese waagerechte Fläche, so erhält man hinterher ansehnliche symmetrische Endprodukte. Es gibt nichts Ärgerlicheres, als wenn ein ansonsten schönes Werk durch eine Schieflage während des Aushärtens unbrauchbar geworden ist.

Eine Folie zum Abdecken der Gießformen ist ebenfalls von Nutzen und schützt die Werkstücke vor allzu starken Regenfällen.

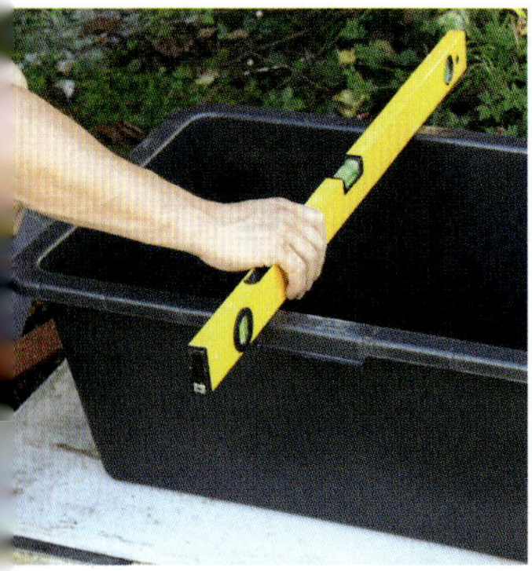

Große Gefäße werden zum Befüllen mit Zement auf eine waagerechte Fläche gestellt.

Wichtig!

Der Ort, an dem die Gießformen zum Aushärten aufgestellt werden, muss exakt waagerecht ausgerichtet sein. Dies sollte mit einer Wasserwaage überprüft werden!

Die verschiedenen Methoden Beton in Form zu bringen …

Um ein Werk aus Beton zu erschaffen, wird, wie wir inzwischen erfahren haben, flüssiger Zementleim in eine Form gegeben, worin er in wenigen Stunden erstarrt.

Die zu festem Beton erhärtete Masse wird schließlich aus der Form genommen und schon ist ein neues Werk zur Verschönerung von Garten oder Haus entstanden!

Eine erste Übersicht über die verschiedenen Methoden, mit Hilfe derer wir Gegenstände aus Beton gestalten können, beweist eindrucksvoll, wie vielseitig die Betonkunst tatsächlich ist!

Verschiedene Methoden kommen zur Anwendung.

Die Methoden, Beton in Form zu bringen:

- bereits fix und fertige Gießformen (Kunststoff oder Metall) werden mit Zementleim gefüllt
- Zementleim wird zwischen zwei ähnlich geformte Gießformen aus Kunststoff, Holz oder Metall gefüllt
- mit Latexmilch oder Silikon wird eine elastische Form erstellt und diese Form dann mit Zementleim befüllt
- mit Hilfe von Alginat wird eine Hohlform eines Körperteils erstellt und diese Aushöhlung anschließend mit Zementleim aufgefüllt
- mehrere oben genannte Methoden werden miteinander kombiniert

Wie löse ich das Gewichtsproblem?

Dass Beton schwer ist, weiß wohl jedes Kind! Je größer ein Objekt aus Beton ist, umso schwerwiegender kann ein Gewichtsproblem werden, wenn es darum geht, dieses Objekt bewegen zu müssen.

Kann Beton leichter gemacht werden?

Natürlich kann eine Sackkarre gute Dienste leisten. Doch wären etwas weniger „Kilos" in jedem Fall sinnvoll und eine Erleichterung für jedermanns Bandscheiben.

Folgende „Zuschläge" können dem Zementleim beigemischt werden, um das Endprodukt aus Beton ein wenig „leichter" zu machen:

- kleine Plastikflaschen
- Hydrokultur-Granulate oder andere leichte Granulate
- Papier
- Sägespäne

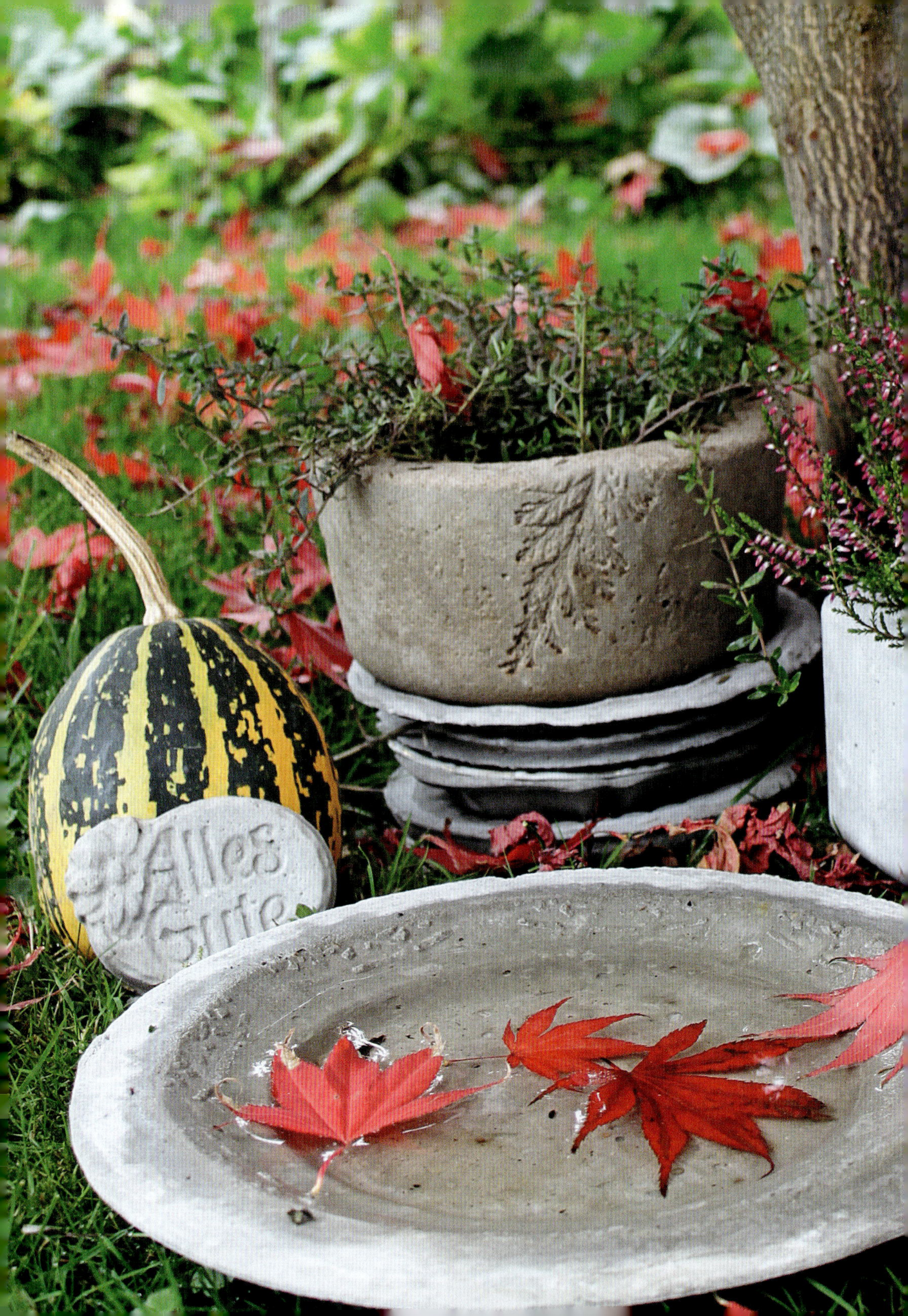
Alles
Gute

Arbeitsanleitungen

Die nun folgenden Anleitungen für allerhand **„Deko aus Beton"** zeigen vorab ein fertiges Arrangement, dem eine ausführliche Beschreibung in Bild und Text folgt.

Zunächst werden die Arbeitsmethode und das benötigte Material beschrieben und vorgestellt. Anschließend geht es auch schon zur praktischen Umsetzung.

Der gesamte Arbeitsvorgang wird sehr detailliert und Schritt für Schritt geschildert, sodass auch dem Ungeübten das Nacharbeiten leicht fallen wird.

Weiterhin werden weitere Beispiele in **„Kurzanleitungen"** beschrieben. Auch hierbei wird der Arbeitsvorgang schrittweise erklärt und zusätzlich mit Hilfe von Fotos anschaulich dargestellt.

Wer noch nie mit dem Werkstoff Beton gearbeitet hat, wählt zunächst einige Werkstücke aus, deren Ausarbeitung in der Überschrift als „Einfach" bezeichnet ist. So können Misserfolge gleich von Anfang an weitgehend vermieden werden.

Das Trennmittel

Wozu brauche ich eigentlich ein Trennmittel? Das hört sich doch allzu professionell an und ich als Hobbykünstler in Sachen Beton könnte doch sicher auf die Verwendung eines Trennmittels verzichten?

Doch ist die Antwort hier ein eindeutiges „Nein", wenn es um die Frage des Verzichts eines Trennmittels geht, da es dessen Aufgabe ist, ein sauberes Ablösen des Betons aus seiner Form herbeizuführen und dies vor allem auch an den empfindlicheren Stellen, wie Ecken und Kanten oder bei besonders feinen Details.

Das Trennmittel

Zubehör

Anmachen des Zementleims

Töpfe, Vasen, Schalen u. Tröge

Flache Teller, Untersetzer

Blatt-Applikationen

Wetterfeste Tischdekorationen

Selbst gegossene Steine

Flache Platten

Tröge nach alter Tradition

Schöne Skulpturen

Ein eigenes Familienwappen adelt den Garten

Alginat

Nisthilfen aus Beton

Eine ganz gar nicht „runde" Sache: Gartenkugeln

... und noch vieles mehr

Als Trennmittel wird in aller Regel Öl verwendet, wobei hier ein einfaches **Speiseöl** vollkommen ausreichend ist. Wer gerade kein Öl zur Hand hat, kann für den gleichen Zweck auch eine neutrale (unparfümierte) **Seifenlauge** einsetzen.

Das Trennmittel kann sowohl aufgesprüht als auch mit einem Pinsel aufgetragen werden. Behandelt werden alle Flächen, die mit der Zementleimfüllung während der Aushärtungsphase in Berührung kommen und von welchen das fertige Betonprodukt später wieder abgelöst werden soll.

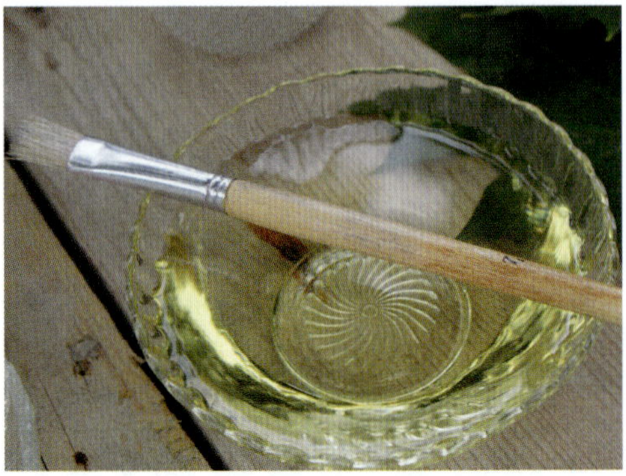

Speiseöl wird als Trennmittel verwendet.

Zubehör, welches immer benötigt wird!

Um mich nicht bei jeder Anleitung zu wiederholen, gibt es an dieser Stelle eine kleine Übersicht über diejenigen Arbeitsmittel, die bei der Arbeit mit Beton grundsätzlich benötigt werden und die schon vor Arbeitsbeginn griffbereit vorhanden sein sollten.

Wichtiger Hinweis!
Nur in Ausnahmefällen werden nachfolgende Arbeitsgeräte und Werkstoffe in der entsprechenden Anleitung nochmals erwähnt. Es darf davon ausgegangen werden, dass diese in der Betonwerkstatt jederzeit zur Verfügung stehen.

Arbeitsgeräte und Werkstoffe, welche beim Arbeiten mit Beton stets vorhanden sein sollten:

- Zement und Sand
- Mörteleimer
- Handschaufel
- mit Wasser gefüllte Gießkanne
- Gewichte zum Beschweren (Steine u. a.)
- Abstandshalter (Holzkeile, Korken o. Ä.)
- Trennmittel (Speiseöl)
- kleine Schale für das Trennmittel
- Pinsel oder Sprühflasche
- altes Handtuch

Anmachen des Zementleims – Das Grundrezept

Immer, wenn nichts Gegenteiliges vermerkt ist, wurde bei den nachfolgenden Arbeitsanleitungen ein Zementleim im Verhältnis von 2 : 1 (Sand : Zement) verwendet. Mit Zement ist hierbei reiner Portland-Zement gemeint.

Wer lieber fix und fertig zubereiteten Fertigmörtel (Zementmörtel) benutzen möchte (hier ist der Zuschlag – Gesteinskörnung – schon enthalten!) darf das natürlich auch tun. Um jedoch ähnliche Ergebnisse zu erhalten, wie die hier vorgestellten Arbeiten, die mit Zement nach dem hier beschriebenen Grundrezept entstanden sind, möge er seiner Zementmischung auf zehn Schaufeln Zementmörtel noch etwa zwei Schaufeln reinen Portland-Zement zufügen!

Beim Anmachen des Zementleims gehen wir wie folgt vor:

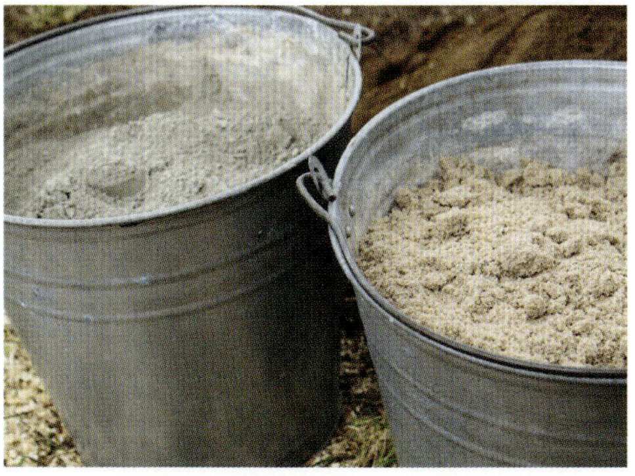

Links: Portland-Zement, rechts: Spielsand

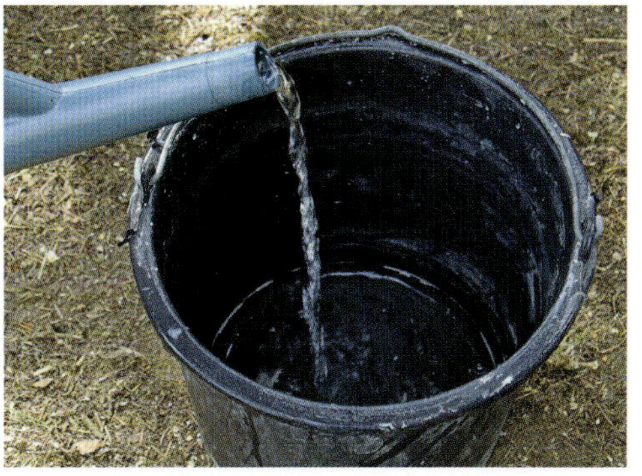

Wenig Wasser in den Mörteleimer geben!

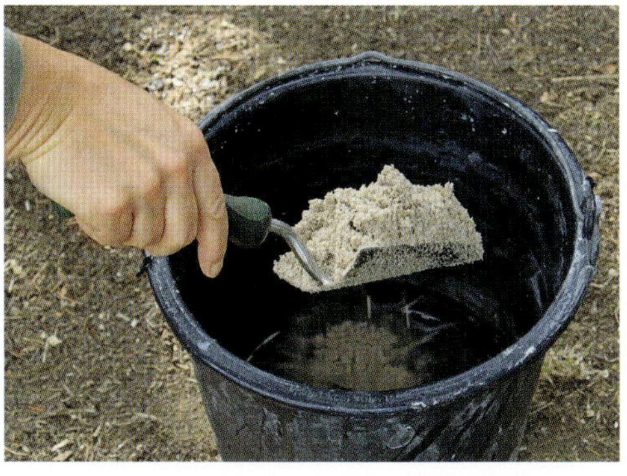

Sand und Zement in den Eimer geben: Auf eine Schaufel Zement kommen zwei Schaufeln Sand!

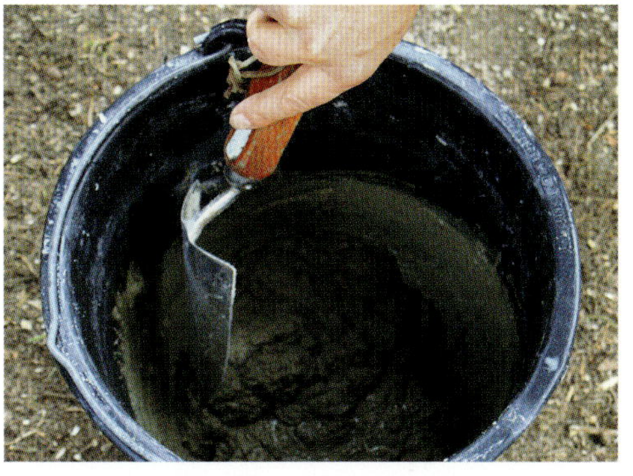

Alles wird gründlich miteinander vermischt, ggf. wird noch Wasser hinzugefügt.

Die Zementmasse sollte schon von sehr zähflüssiger, breiiger Konsistenz und natürlich frei von Klümpchen sein. Die zubereitete Menge richtet sich nach der Größe des geplanten Objekts.

Doch ist es immer besser, etwas mehr Zement anzurühren, als hinterher zu wenig Leim zur Verfügung zu haben. Mit Resten kann sicher noch das ein oder andere kleine Objekt, wie etwa ein Teelicht, eine kleine Vase oder einige Muschelschalen gestaltet werden!

Eine Gartenhandschaufel eignet sich zum Anmischen ebenso wie eine Maurerkelle. Wichtig ist die zügige Verarbeitung und ein zeitnahes Befüllen der eingeölten Formen, da Beton schon nach relativ kurzer Zeit beginnt zu erstarren.

Die entsprechenden Gießformen sowie Zubehör sollten also schon bereitstehen!

Wichtig!

Gleich nach der Verarbeitung des Zementleims werden Mörteleimer und Schaufel mit Wasser gesäubert und gründlich von Zementresten befreit.

Töpfe, Vasen, Schalen und Tröge mit glatten Außenwänden – Einfach!

Als Einstieg in die Beton-Praxis eignen sich einfache Übertöpfe und Blumenvasen sowie kleinere Tröge oder Schalen mit schlichten geraden Außenwänden sehr gut. Sie sollen ein erstes Gefühl für den Baustoff Beton vermitteln und gleichzeitig einen sicheren Arbeitserfolg liefern.

Benötigtes Material

- Plastikgefäße in verschiedenen Höhen und Größen:
  kleinere Eimer, Joghurtbecher, Vorratsbehälter und Wannen aus Kunststoff u. a., wobei immer zwei Teile ein Paar von ähnlicher Form, jedoch unterschiedlicher Größe bilden

Arbeitsmethode

Das jeweils größere Gefäß wird etwa zur Hälfte mit Zementleim gefüllt.

Das kleinere Gefäß wird anschließend in den Zement hineingedrückt und fixiert.

Schritt für Schritt

Nachdem der Zement (nach Grundrezept auf S. 48) angemacht wurde, wählen wir das erste Formenpaar aus und ölen die größere der beiden Formen von innen gründlich ein.

Wir geben Zementleim in die Form, bis diese etwa zur Hälfte damit angefüllt ist.

Durch Stochern im Leim sowie Schütteln der Form lösen sich viele Luftporen im Leim: Der Zement wird verdichtet! Hierbei darf man die Form ruhig auch mehrfach anheben und herzhaft auf einen harten Untergrund aufsetzen, bis deutlich sichtbar Luftbläschen auf der Oberfläche des Zementleims zerplatzen.

Nun ölen wir die Außenseite der kleineren Form ebenfalls gründlich ein und drücken diese in den weichen Zement.

> **Achtung!**
>
> **Unbedingt die Bodendicke der späteren Beton-Form beachten! Die innere Form darf niemals ganz bis unten durch den Zement hindurchgedrückt werden. Wer sich hier unsicher ist, sollte vorher nachmessen und gegebenenfalls eine Markierung an der Innenseite der größeren Form anbringen.**

Fixieren und beschweren für die perfekte Symmetrie

Damit die obere (kleinere) Form nicht wieder nach oben aus dem Zement herausrutscht (= aufschwimmt), muss diese beschwert wer-

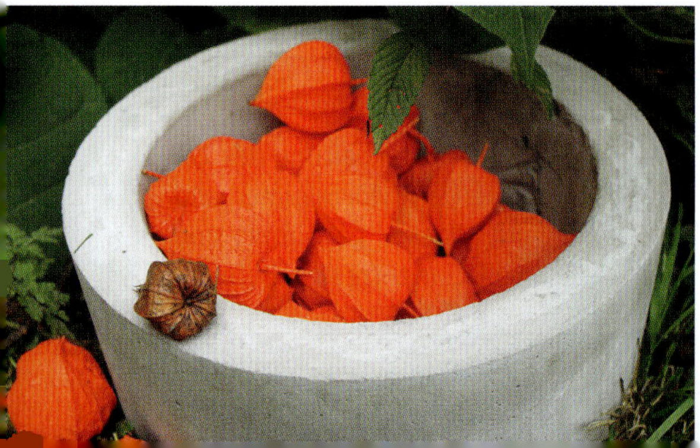

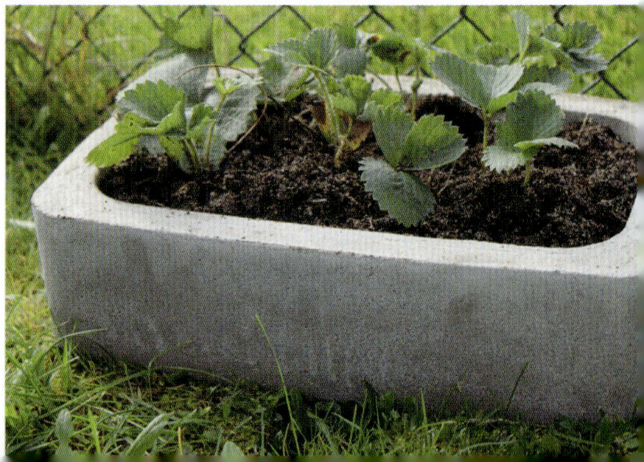

Ablauf Töpfe, Vasen und Schalen

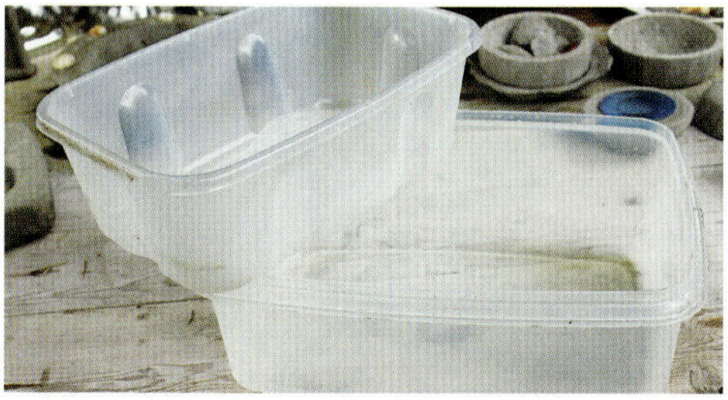

Verwendete Gießformen für den kleinen Trog

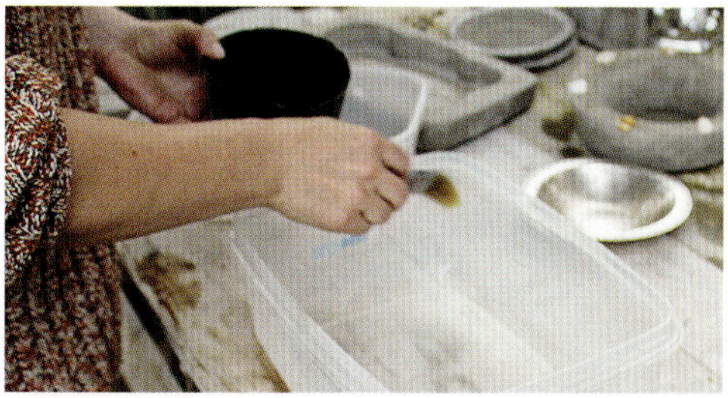

Einölen der größeren Form von innen

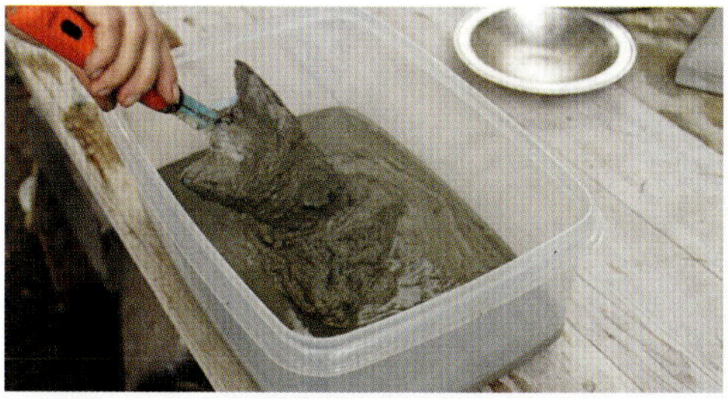

Einfüllen des Zementleims

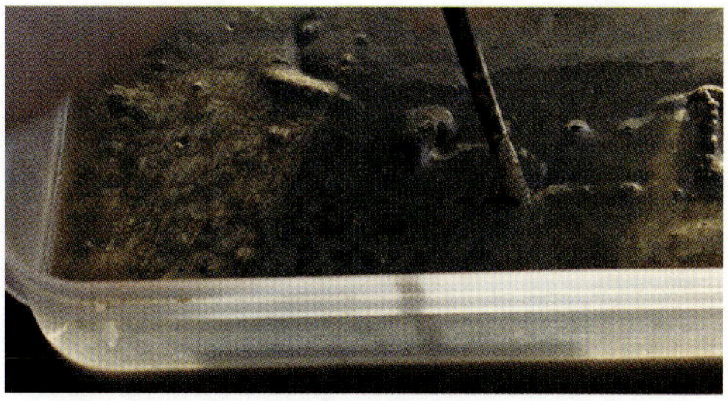

Verdichten durch Stochern

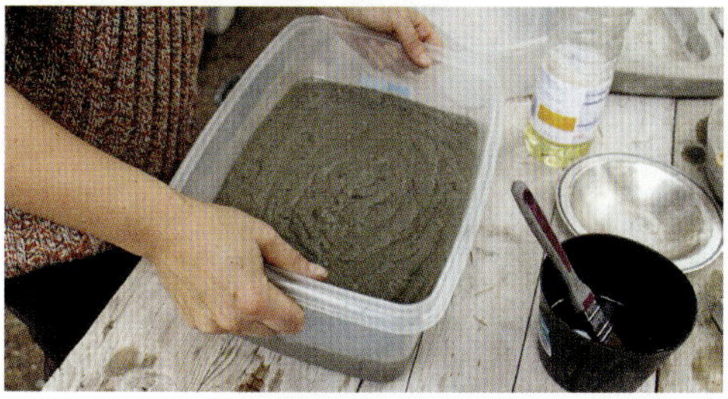

Verdichten durch Rütteln der Form

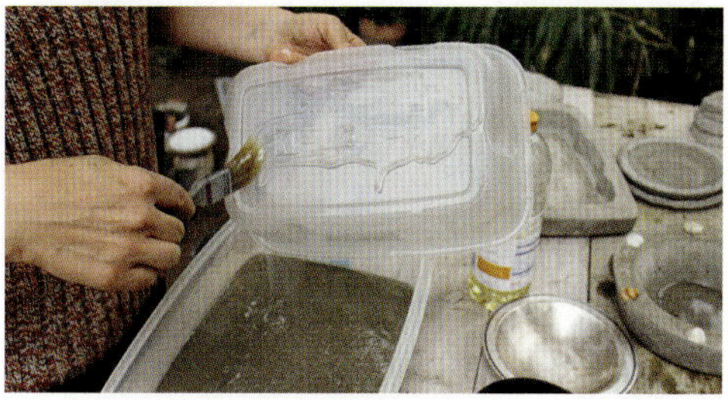

Einölen der kleineren Form von außen

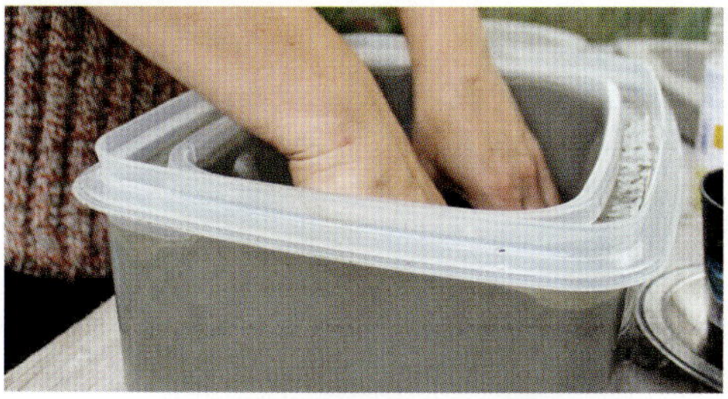

Form wird in den Zement eingepresst.

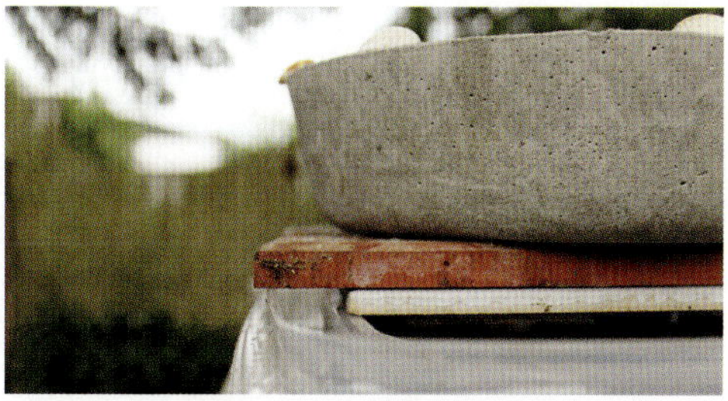

Hier sieht man gut, wie die Form in der Waage ist!

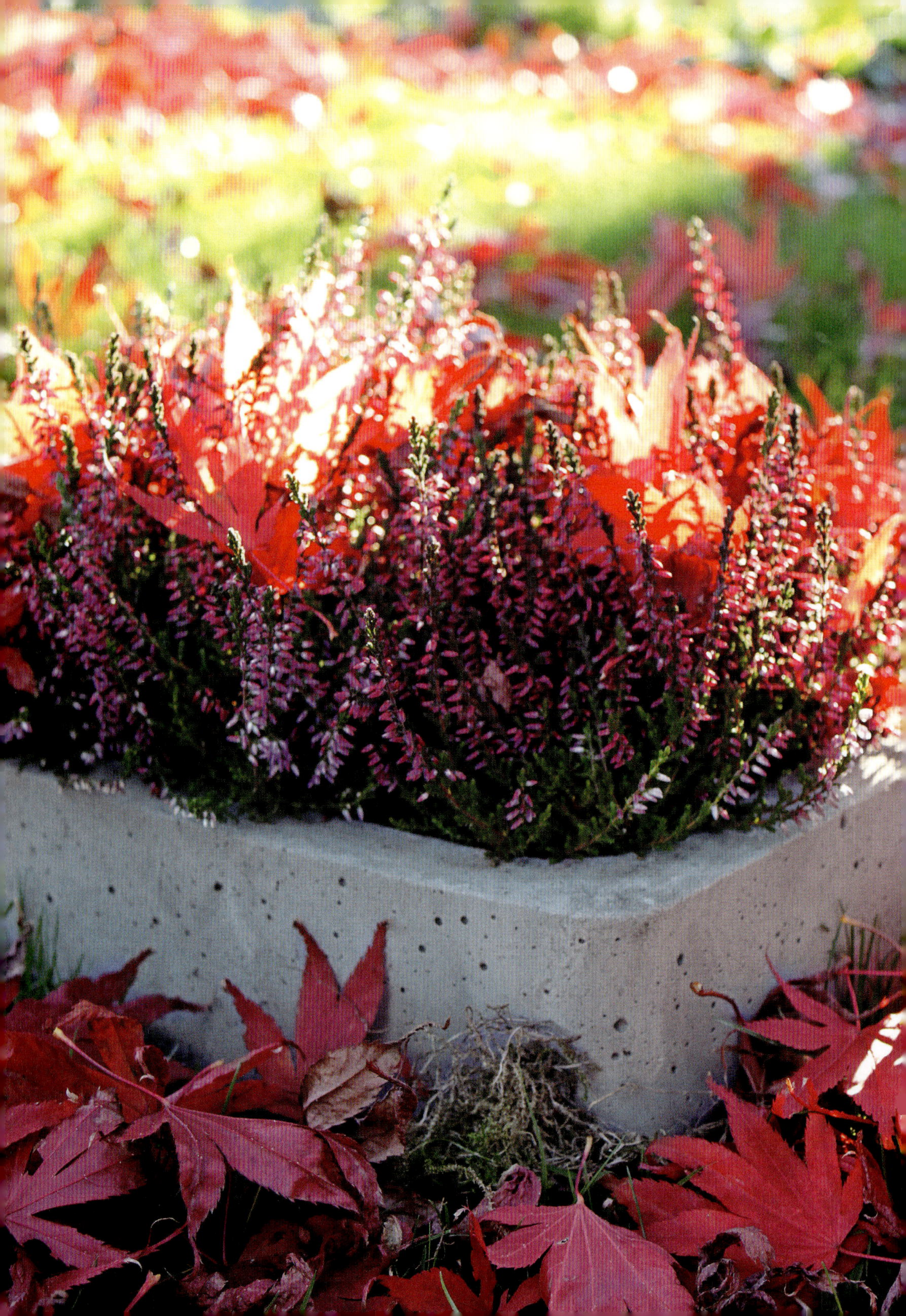

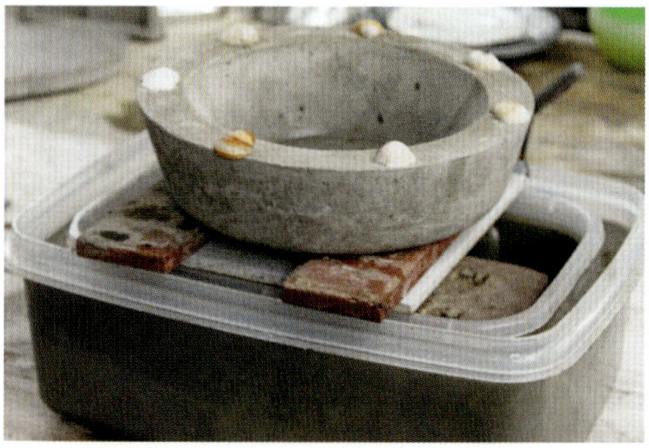

Die innere kleinere Gießform muss mit Gewichten beschwert werden!

den. Hierzu hatten wir bereits Gewichte in Griffweite gelegt, die nun zum Einsatz kommen.

Bei kleineren Objekten reicht es oft aus, wenn man das Innere der Form mit Kieselsteinen füllt.

Größere Gießformen werden mit Ziegelsteinen oder schweren Eisengewichten beschwert. Auch bereits fertiggestellte Werkstücke aus Beton eignen sich hervorragend zum Belasten der Formen.

Rundherum den Abstand wahren

Durch den Einsatz von **Abstandshaltern**, die man vorsichtig zwischen die beiden Seitenwände von innerer und äußerer Gießform klemmt, wird erreicht, dass die Gießformen zueinander fixiert werden, der spätere Topf oder die Vase gleichmäßig dicke Wände erhält und insgesamt schön symmetrisch geformt ist.

Dies sollte man innerhalb der nächsten Minuten noch einige Male kontrollieren, da es leider oft vorkommt, dass die Formen weiterhin im noch weichen Zement verrutschen können.

Nach einigen Minuten passiert dies meist nicht mehr und die Formen verbleiben an dem ihnen zugewiesenen Platz.

Als Abstandshalter können kleine Holzkeile oder Korken verwendet werden. Die Korken werden in unterschiedlich dicke Scheiben geschnitten, je nachdem, wie groß der Abstand zwischen den beiden verwendeten Gießformen ist. Die Korkenstücke werden nun am oberen Rand zwischen die beiden Gießformen geklemmt, die hierdurch rundum in gleichmäßigem Abstand zueinander fixiert werden und nun seitlich nicht mehr im weichen Zement „wegkippen“ können.

Tipp!

Auch Tannenzapfen eignen sich gut als Abstandshalter für größere Gießformen, da sie sich sehr flexibel an die zu schließende Lücke anpassen können.

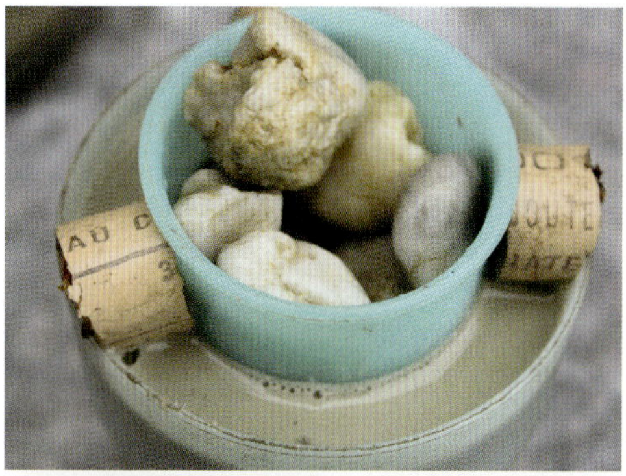

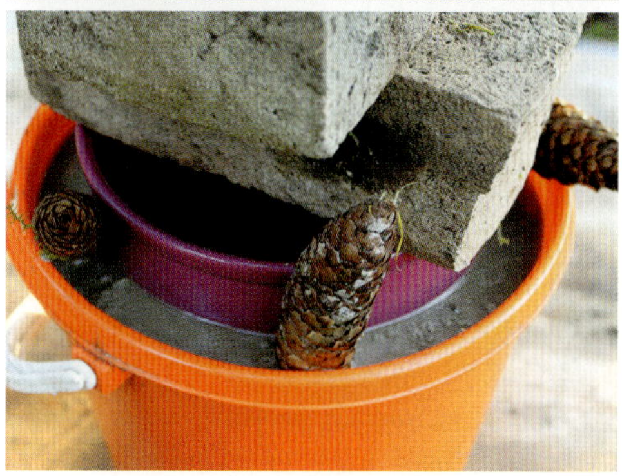

Als Abstandshalter eignen sich Korken, Tannenzapfen, Äste, Styropor und vieles mehr.

Häufig wird man einfach ein paar Aststückchen aus dem Garten zwischen die Gefäßwände klemmen und sich greifen, was gerade vorhanden ist.

Bei kleineren Gefäßen und mit fortgeschrittener Geübtheit beim Ausrichten der Formen zueinander wird man auf Abstandshalter immer häufiger auch ganz verzichten. Häufig reicht dann schon ein Beschweren der Form mit entsprechenden Gewichten sowie das manuelle Ausrichten der Formen zueinander, was innerhalb der nachfolgenden ein bis zwei Minuten noch einige Male kontrolliert und gegebenenfalls auch nachkorrigiert werden muss.

Wichtig!

Zum Aushärten stellen wir die Formen immer auf einen ebenen, waagerecht ausgerichteten Untergrund!

Je nach Größe der Form sowie der vorhandenen Außentemperatur schon nach etwa ein bis drei Tagen ist der Zement so weit gehärtet, dass die fertigen Gussteile aus ihren Formen entnommen werden können. Dies geschieht am besten auf einem weichen, elastischen Untergrund, wie einer Wiese oder einem gemulchten Weg, damit das frisch gehärtete Werkstück keinen Schaden nimmt.

Die Schalung (Gießform) wird hierzu auf den Kopf gestellt und von außen nur leicht dagegen geklopft, unter Umständen kann die Gefäßwand auch ganz vorsichtig etwas gedehnt werden, um Luft zwischen Gießform und Beton zu lassen.

Ebenso vorsichtig wird nun auch das kleinere Gefäß herausgelöst (siehe hierzu auch S. 56 „Herauslösen aus der Form"!). Die oberen Ränder der fertigen Werkstücke werden gegebenenfalls vorsichtig mit einem groben Schmirgelpapier oder einer Metallfeile glattgeschliffen.

Da Beton seine endgültige Festigkeit erst viel später erhält, sollte man zunächst noch sehr vorsichtig mit den gefertigten Objekten umgehen, damit diese keinen Schaden nehmen.

Verwendung

Die einfachen Töpfe, Schalen und Vasen sind in erster Linie für den „Outdoor-Bereich" vorgesehen: Als Behältnis für Blumensträuße oder kleine Topfpflanzen zieren Vasen oder Töpfe aus Beton immer wieder gerne den gedeckten Gartentisch oder eine Fensterbank und sind dabei auch recht sturmfest. Auch auf Stufen und Vorsprüngen erschaffen Übertöpfe aus Beton sichere Orte für unsere Zimmerpflanzen im Sommerquartier.

Eine schlichte, runde Schale oder ein rechteckiger Trog können – ohne Abzugsloch – auch als Wasserbehälter, kleiner Miniteich oder zur Aufbewahrung verwendet werden. Mit ihrer etwas kühlen und sachlichen Ausstrahlung ist

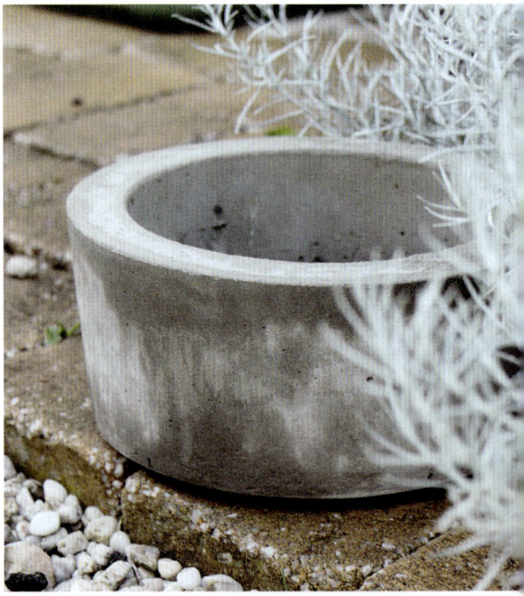

Graues Farbenspiel zwischen Beton und Currykraut

eine schlichte Schale aus Beton ein wahres Schmuckstück für viele Gelegenheiten und vor allem in sehr modern gestalteten Gärten ein echtes „Highlight".

Wichtig!

Um die schönsten Pflanzen direkt in die Schale hineinzupflanzen, sollte zuvor ein Abzugsloch in ihren Boden hineingebohrt werden.

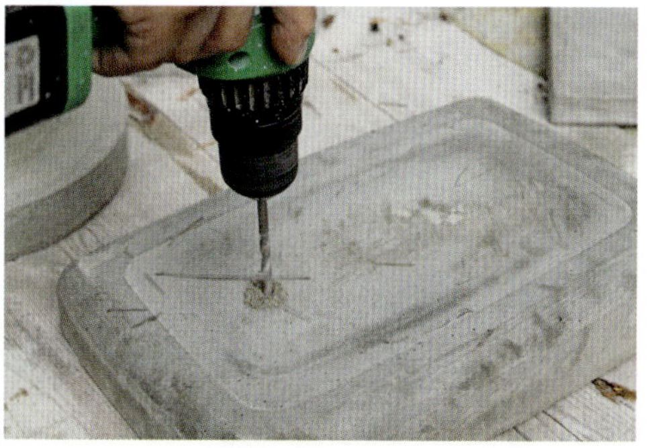

Auch ein nachträgliches Bohren von Abzugslöchern ist möglich.

Tipp!

Gegenstände aus Beton, die man im Haus verwenden möchte, stellt man sicherheitshalber auf einen Untersetzer oder lackiert die Innenseite mit einem wasserundurchlässigen Lack.

Kleine, runde Filzaufkleber auf der Unterseite der Gefäße sorgen dafür, dass wertvolle Möbel durch die recht schweren Betonvasen oder Töpfe nicht beschädigt werden.

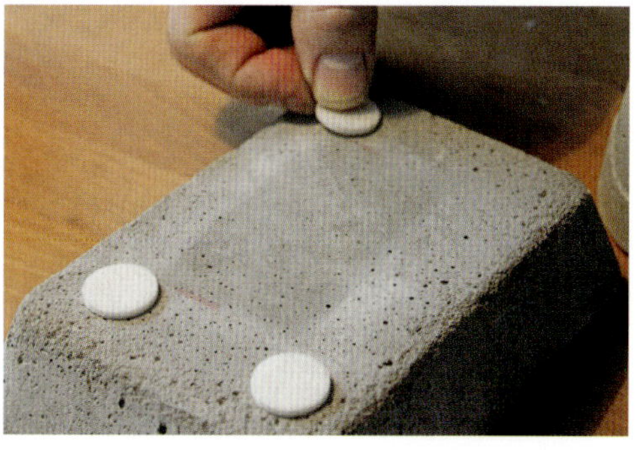

Runde Filzaufkleber schützen empfindliche Untergründe.

Kurzanleitung: Gestaltung einer Grabvase

Hat man zwei hohe, schmale Kunststoffformen zur Verfügung, die sich nach unten hin leicht verjüngen, kann mit ihnen eine recht dekorative Grabvase gestaltet werden.

Nachdem die größere der beiden Formen von innen gut eingeölt oder -gesprüht worden ist, wird diese knapp zur Hälfte mit dem angemachten Zementleim gefüllt.

Die kleinere der beiden Formen wird nun von außen mit einem Trennmittel (Speiseöl) eingepinselt oder -gesprüht und anschließend in den weichen Zement gedrückt, bis einerseits eine ausreichend große Vertiefung darin entstanden ist und die spätere Vase andererseits

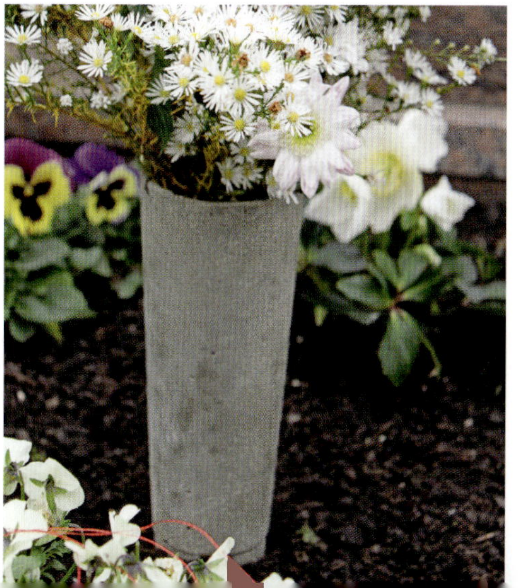

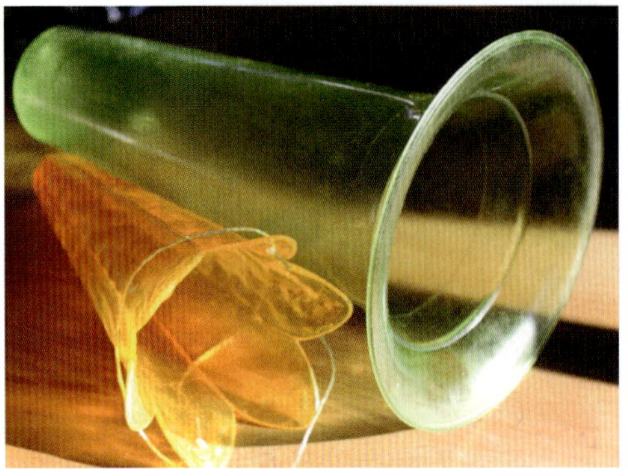

Hohe, schmale Gießformen zum Gestalten einer Grabvase

noch über einen ausreichend dicken Boden verfügt.

Neben einer Platzierung der Formen auf einer horizontalen, ebenen Fläche während der Phase des Erhärtens wird besonders sorgfältig darauf geachtet, dass die beiden Formen zueinander exakt ausgerichtet und fixiert sind. Dies geschieht mittels Gewichten sowie ggf. mit Abstandshaltern (Korken o. a.), die man zwischen die oberen Ränder der beiden Formen klemmt.

Nach etwa zwei Tagen kann die fertige Vase vorsichtig aus ihrer Form herausgelöst werden.

Verwendung

Nicht nur auf einem Grab besticht die hohe schmale Vase durch ihre elegante und zeitlose Form. Selbstverständlich nimmt sie auch in Haus und Garten jeden höheren und dabei schlanken Strauß Blumen gerne bei sich auf.

Falls die Vase nur eine sehr schmale Standfläche besitzt, ist hier eine gewisse Vorsicht geboten, da die Vase aufgrund ihrer hohen, schmalen Form unter Umständen etwas instabil sein könnte.

In der lockeren Erde der Grabstätte wird man sie daher ein wenig in das Erdreich hineindrücken, um einen sicheren Stand der Vase zu gewährleisten!

Das Herauslösen aus der Form

Für gewöhnlich nach etwa zwei bis drei Tagen kann die zu Beton erhärtete Masse vorsichtig aus den Gießformen (= Schalung) genommen werden!

Das hört sich zwar sehr einfach an, ist es aber leider nicht immer!

Im Gegenteil will sich das erhärtete Betonwerk häufig nicht ohne Weiteres aus den eingeölten Formen lösen, sodass entweder weitere Tage gewartet oder ganz vorsichtig ein wenig nachgeholfen werden muss.

Biegen und Dehnen der Kunststoffform kann dazu führen, dass Luft zwischen Form und Beton gelangt. Dies wiederum bewirkt meist ein Ablösen des Betons aus seiner Schalung.

Bei kleinen bis mittelgroßen Werkstücken gibt es einen einfachen Trick: Man übergießt die Schalungsformen (= Gießformen) aus Kunststoff mit heißem Wasser.

Die Hitze bewirkt eine Dehnung des Kunststoffes. Daraufhin löst sich der Beton meist problemlos aus seiner Form!

Dies gelingt jedoch nur bei der äußeren Gießform! Die kleine, im Inneren befindliche Form darf auf gar keinen Fall mit heißem Wasser gefüllt werden, da ihre Ausdehnung den Beton allzu leicht sprengen würde. Stattdessen könnte man es hier mit sehr kaltem Wasser, dem man ev. ein paar Eiswürfel zufügt, versuchen. Die entstandene Kälte bewirkt ein Zusammenziehen der Kunststoffform, sodass sich die festsitzende Form leichter aus dem Beton herausdrehen lässt.

Bei sehr großen Objekten ist es allerdings schwieriger, die Schalung mit heißem Wasser zu übergießen, es sei denn, man erwärmt eine größere Menge Wasser und gießt diese großflächig über die Form.

Ansonsten kommt man auch durch leichtes Bewegen und Dehnen der Gießformränder häufig zum Ziel.

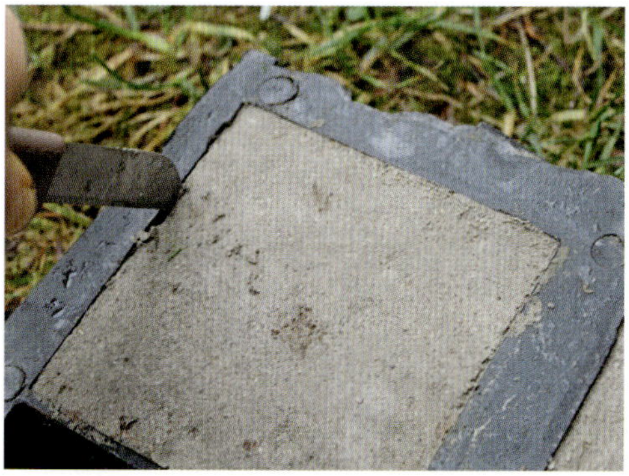

Lockern der Betonränder mit Hilfe eines kleinen Messers

Vorsichtiges Klopfen auf der Rückseite der Form führt ebenfalls oftmals zum Erfolg.

Wenn dies jedoch alles noch nicht geholfen hat und der Beton weiterhin in seiner Gießform feststeckt, könnte man zusätzlich versuchen, ein spitzes Messer ganz vorsichtig zwischen Gießformrand und Beton zu schieben.

Grobe Gewalt führt leider nur selten zum Erfolg und hinterlässt meist zerbrochene Werkstücke. Leider kommt dies in seltenen Fällen auch dann vor, wenn die verwendeten Gießformen aus Kunststoff bestehen und zuvor gut eingeölt wurden.

Man sollte sich von solch kleinen Misserfolgen jedoch nicht entmutigen lassen und die entsprechende Form eventuell aus dem Gießformen-Sortiment aussortieren, da sie hier aus manchmal nicht nachvollziehbaren Gründen beim Gießen von Beton versagt hat.

Wichtig!

Am schnellsten lösen sich Betonwerkstücke aus ihrer Schalung, wenn man die Form (aus Kunststoff!) mit heißem Wasser übergießt!

Nachbehandlung

Wurde das Betonwerkstück unbeschädigt aus seiner Form herausgelöst, können die oberen Ränder von Töpfen oder Vasen gegebenenfalls mit Metallfeilen oder Schmirgelpapier nachbehandelt werden.

Mit dieser Behandlung entfernt man auch die helle Kalkschicht, die meist auf Betonoberflächen während der Phase des Erhärtens entsteht. Bei diesen sogenannten **„Ausblühungen"** handelt es sich um Kalkausscheidungen, die dadurch entstehen, dass Kalziumhydroxid, gelöst im Anmachwasser, während des Hydratationsprozesses an die Betonoberfläche wandert, dort Kohlensäure aufnimmt und schwerlösliches Kalziumkarbonat bildet, welches sich auf der Betonoberfläche ablagert.

Wen diese weißlichen Beläge stören, der schmirgelt oder feilt sie vorsichtig ab und erhält dadurch schöne, glatte Oberflächen auf seinem selbst gefertigten Werk aus Beton.

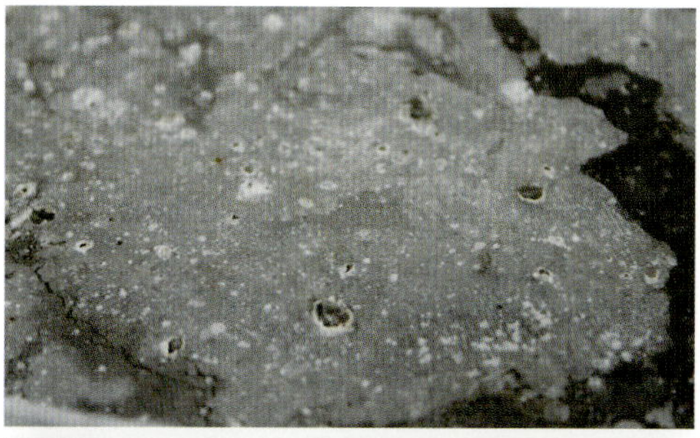

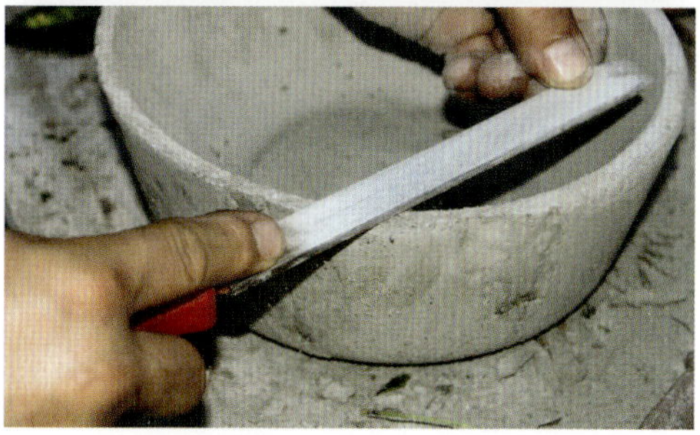

Fachmännisches Bearbeiten der Ränder einer Pflanzschale

Wie lange muss der Beton aushärten?

Generell lässt sich hierzu sagen, dass kältere Außentemperaturen bewirken, dass Beton wesentlich länger zum Aushärten benötigt, als dies bei höheren Temperaturen der Fall wäre.

An heißen Sommertagen können kleinere Werkstücke oft schon nach einem Tag vorsichtig aus ihrer Form genommen werden. Im Winter sollte man lieber einen oder auch zwei Tage länger warten und an sehr kalten Tagen besser ganz auf das Betonieren im Garten verzichten oder die Formen zum Aushärten in einen beheizten Raum stellen.

Die meisten Objekte aus Beton können nach zwei bis vier Tagen aus den Formen herausgelöst werden. Größere Teile brauchen hierbei länger als kleinere oder mittelgroße Werke.

Die volle Belastbarkeit erhält ein Betonwerk jedoch erst nach vielen Wochen, sodass in der ersten Zeit eine gewisse Vorsicht im Umgang mit dem guten (Beton-)Stück beherzigt werden sollte.

Flache Teller, Untersetzer – Einfach!

Passend zu den hier vorgestellten Übertöpfen aus Beton oder als dekorative Einzelstücke kann man an flachen Tellern und Schalen eigentlich nie genug haben. Ihre Herstellung ist nicht sonderlich schwierig. Ausgangsmaterial für die Gießformen gibt es in jedem Haushalt zur Genüge. Weiterhin wird man auch auf Flohmärkten fündig, wenn es darum geht, die Formen paarweise zusammenzustellen. Die schönsten Ergebnisse erhält man, wenn die verwendeten Ausgangsformen auf Ober- und/ oder Unterseite interessant strukturiert sind.

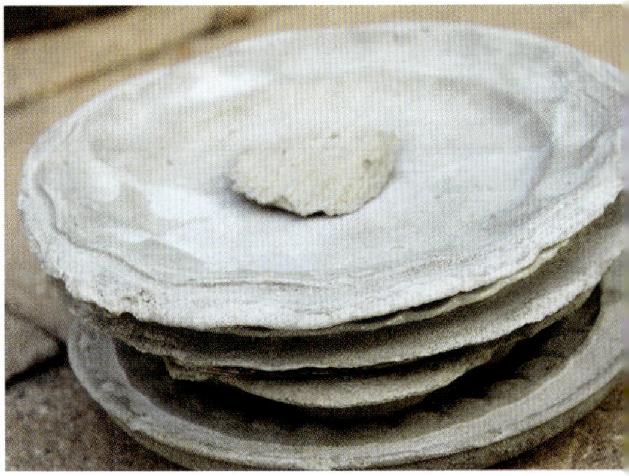

Benötigtes Material

- Jeweils zwei flache Schalen aus Kunststoff, Metall, Glas oder Holz – eventuell mit schön strukturierten Oberflächen –, die ineinander gelegt werden können.

Arbeitsmethode

In eine ausgewählte flache Schale wird Zementleim gefüllt, eine weitere flache Schale oder ein Teller anschließend in den Zement gedrückt, um darin einen Abdruck zu hinterlassen.

Schritt für Schritt

Wurden zwei Formen gefunden, die als Gießformen für einen flachen Betonabdruck zueinander passen, wird die untere der beiden Formen sogleich auf ihrer Oberseite mit einem Trennmittel (Speiseöl) behandelt, die zweite Form wird dagegen auf ihrer Unterseite eingeölt.

Zementleim wird in einer Menge eingefüllt, dass die zweite obere Form dort aufgelegt werden kann und beim späteren Herauslösen einen flachen Abdruck hinterlassen hat.

Nach ein bis zwei Tagen kann der fertige Untersetzer aus seiner Gießform genommen werden.

Nach Belieben können die fertigen Schalen mit Acryl- oder Lackfarben noch ein wenig farblich „aufgepeppt“ werden.

Verwendung
Flache Untersetzer oder Schalen sind überaus vielseitig in Garten oder Haus einsetzbar.

Übertopfe mit Abzugsloch benötigen in jedem Fall immer einen Untersetzer, damit abfließendes Wasser aufgefangen wird.

Oder man stellt eine Figur auf eine flache Schale und unterstreicht somit ihren dekorativen Charakter sehr reizvoll. Silber- oder goldfarbig lackiert wirken die Zierteller aus Beton besonders nostalgisch und passen so hervorragend in alle romantischen Gärten oder zur klassischen „Tea-Time" sogar auch auf den gedeckten Tisch.

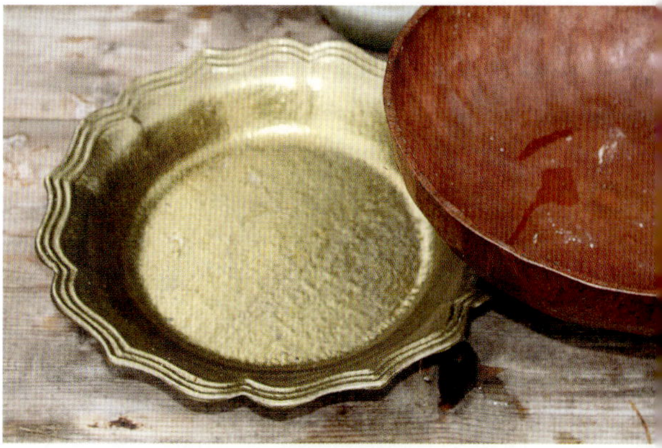

Flache Schalen mit geprägten Oberflächen für ein dekoratives Abformen in Beton

Blatt-Applikationen

Relativ einfach in der Ausführung, aber groß in der Wirkung sind Applikationen von Blättern auf der Außenseite von Pflanzschalen, Blumenübertöpfen, Vasen, Teelichtern und vielem mehr.

Hierzu eignen sich vor allem Blätter, bei denen die sogenannten Blattadern auf der Rückseite des Blattes besonders stark ausgeprägt sind, wie es bei Blättern von Eiche, Pfingstrose, Hainbuche, Schneeball, Stechpalme, Walnuss und vielen anderen Bäumen oder Sträuchern der Fall ist. Auch einige Zimmerpflanzen besitzen besonders schöne Blattformen und ausgeprägte Blattadern auf ihrer Unterseite. Einige wenige Blätter können diese Pflanzen mit Sicherheit entbehren, um sie zu unserer Beton-Werkstatt beizusteuern.

Doch sind im Grunde beinahe alle Blätter zum Abformen in Beton geeignet, die in irgendeiner Weise gefallen. Sogar die Wedel von Farnen oder kleine Zweige einiger Nadelbäume, wie dem Lebensbaum, ergeben ganz wundervolle Verzierungen, wenn die kleinen Zweige oder Wedel ihren Abdruck im Beton hinterlassen haben.

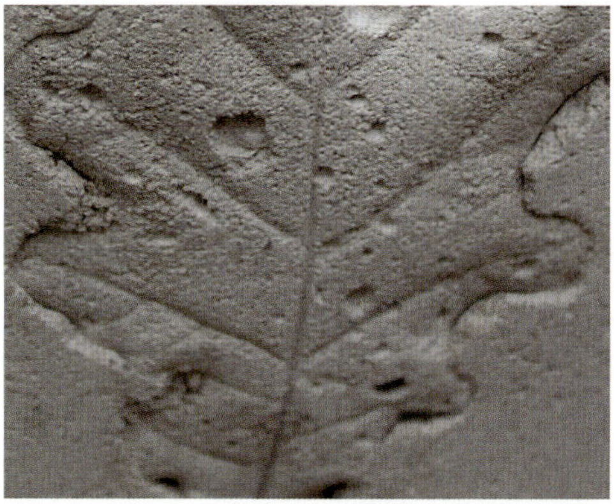

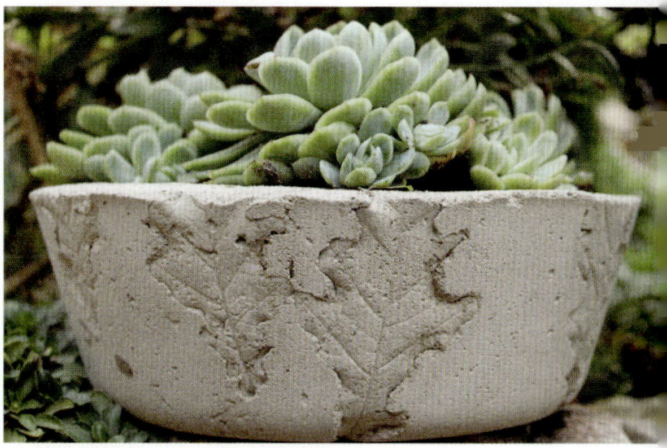

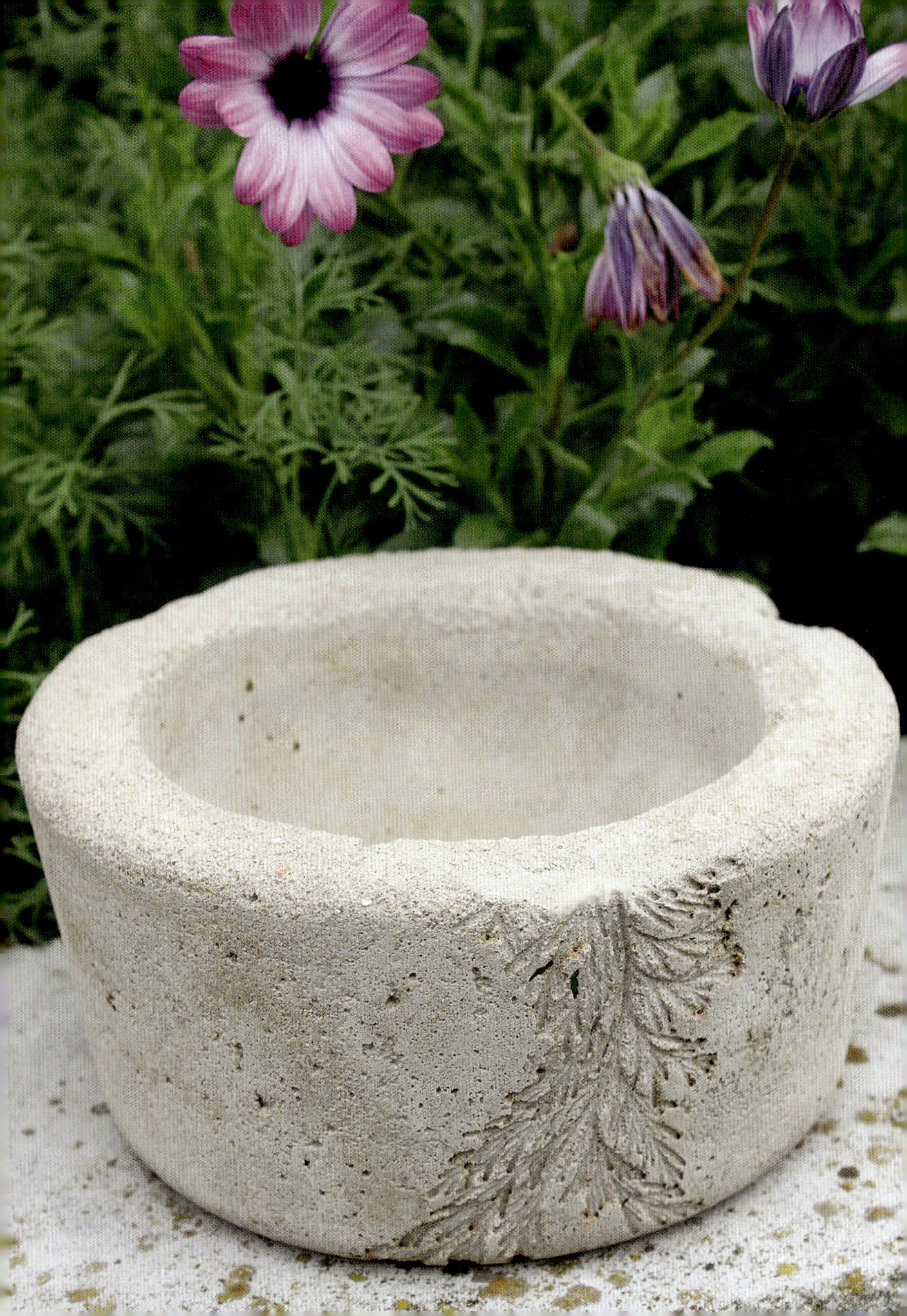

Mittelgroße Schale mit Applikationen von Blättern

Benötigtes Material

- zwei in etwa gleich geformte, ineinander passende Schüsseln aus Kunststoff, mit einem geringen Größenunterschied
- verschiedene Blätter oder kleine Zweige von Farn oder Lebensbaum zum Abformen

Arbeitsmethode

Blätter oder Zweige werden in einer Schüssel ausgelegt, bevor Zementleim eingefüllt wird.

Eine weitere Schüssel wird in den Zement eingedrückt. Nach dem Erhärten werden die Blätter vorsichtig wieder entfernt.

Schritt für Schritt

Zunächst wird die größere Schüssel auf ihrer Innenseite gründlich mit einem Trennmittel (Speiseöl) eingeölt.

Das gewünschte Blattwerk oder auch kleine Zweige des Lebensbaumes bzw. kleine Farnwedel werden ebenfalls gut eingeölt und rundum an die Innenwände der Form gedrückt. Die Blatt- oder Zweigunterseiten zeigen hierbei ins Innere der Schüssel!

Im Idealfall bleiben die Blätter an der öligen Wand der Schüssel leicht kleben.

Wichtig!

Es hat sich bewährt, die Blattstiele vor der Verarbeitung der Blätter abzuschneiden. Die Blätter schmiegen sich dann meist leichter an die Innenwand der Schale an!

Der Zementleim, der auf keinen Fall zu dünnflüssig sein sollte, wird nun ganz vorsichtig in die Schüssel eingefüllt. Man sollte, so gut es geht,

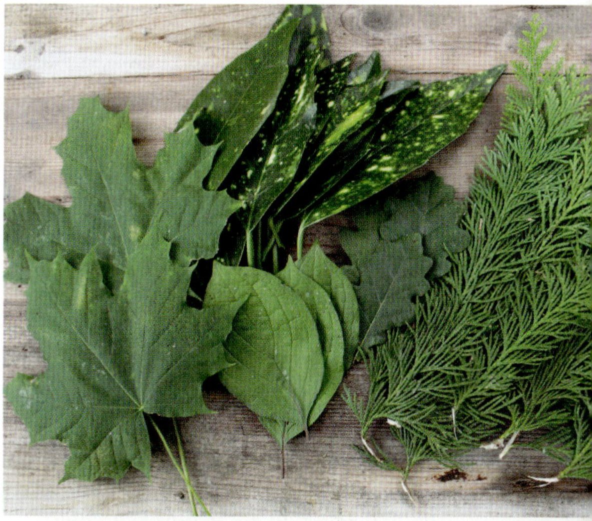

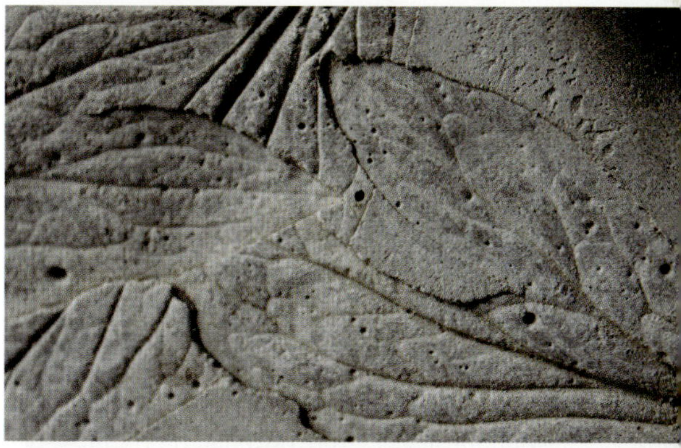

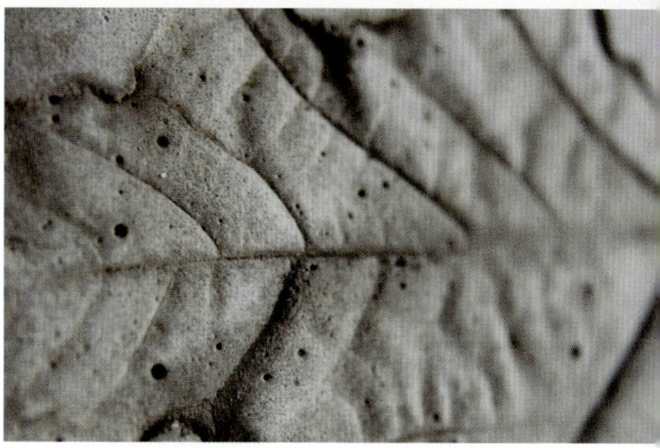

Blätter hinterlassen interessante Abdrücke im Beton.

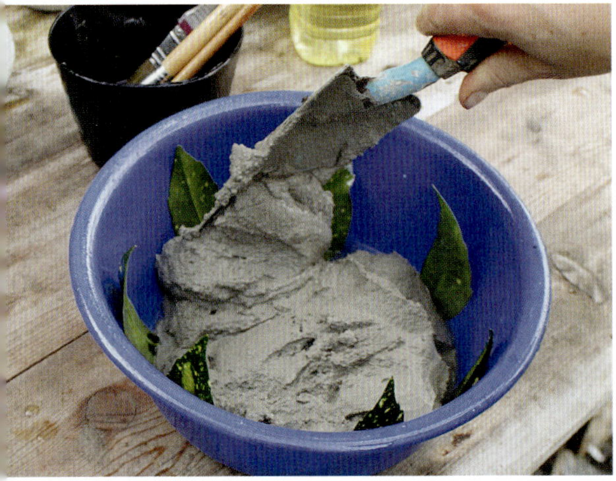

Blätter werden an den Schalenrand gelegt und Zementleim vorsichtig eingefüllt.

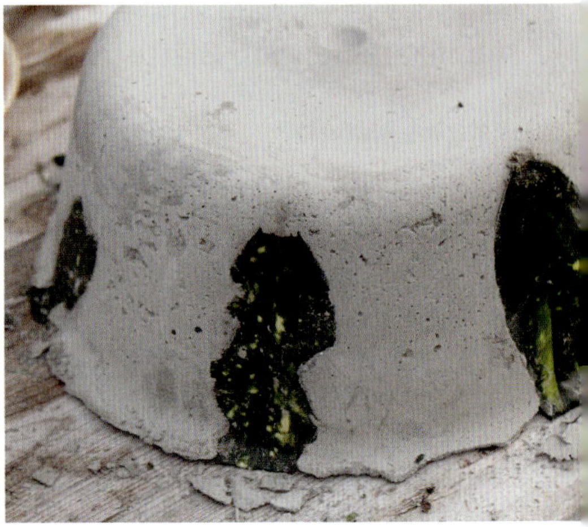

Die gehärtete Schüssel wird aus der Gießform entnommen.

darauf achten, dass möglichst kein Zement zwischen Blätter und Schüsselwand fließt!

Ein besonders dickflüssig angemachter Zementleim erleichtert diesen Vorgang!

Auch das anschließende Verdichten muss ganz vorsichtig erfolgen! Am besten stochert man lediglich mit einem kleinen Stab im Leim und verzichtet auf das Rütteln der Form!

Nun wird die kleinere Schüssel in den weichen Zement gedrückt und sofort mit entsprechenden Gewichten beschwert, damit diese nicht wieder nach oben „aufschwimmen" kann.

Unter Umständen sind auch Abstandshalter (Holzkeile, Korken, Styropor o. Ä.) nötig, um die Form zu fixieren. Dazu klemmt man diese zwischen die beiden Schüsselränder, sodass die innere Schüssel sich nicht mehr seitwärts im noch weichen Zementleim bewegen kann.

Diese Maßnahme ergibt einen schönen, rundum gleichmäßig dicken Schalenrand und fixiert die Gießformen während des Erhärtens zueinander.

Nach zwei bis drei Tagen wird die gehärtete Betonschale vorsichtig aus den Gießformen genommen.

Die an der Außenseite der Schale befindlichen Blätter oder Zweige können nun ganz vorsichtig wieder abgenommen werden.

Sehr hilfreich bei dieser Arbeit ist ein kleines, spitzes Küchenmesser. Man achte darauf, dass die Schale bei diesem Vorgang nicht beschädigt und zerkratzt wird. Der Beton ist zu diesem Zeitpunkt noch nicht vollständig ausgehärtet und nimmt daher viel eher Schaden als ein schon älteres Objekt aus Beton.

Die Herstellung von Schalen mit Blatt-Applikationen erfordert erfahrungsgemäß ein wenig Übung. Doch hat man „den Dreh" meist schnell heraus und die Ergebnisse können sich dann absolut sehen lassen!

Verwendung

Schalen und Töpfe mit dekorativem Blattmuster sind ausgesprochen charmante Accessoires für jeden Garten! Bepflanzt mit Sukkulenten, Kräutern oder Blumen bezaubern sie auf ganz besondere Weise.

Die farbliche Zurückhaltung des Betons lässt bunte Blüten umso schöner leuchten. Die dekorativen Betonschalen sind auch ein ganz

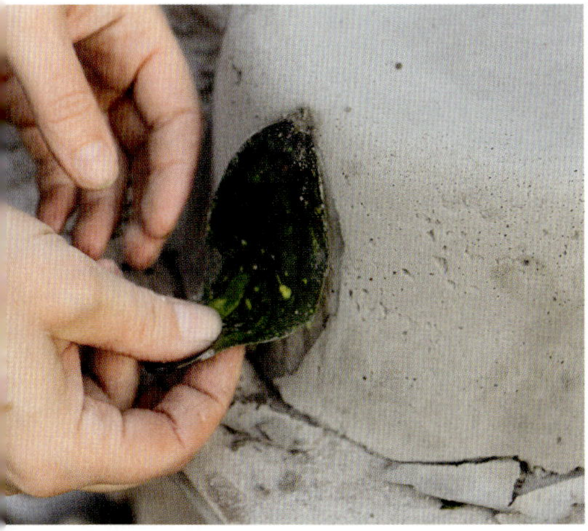

Die anhaftenden Blätter werden vorsichtig entfernt.

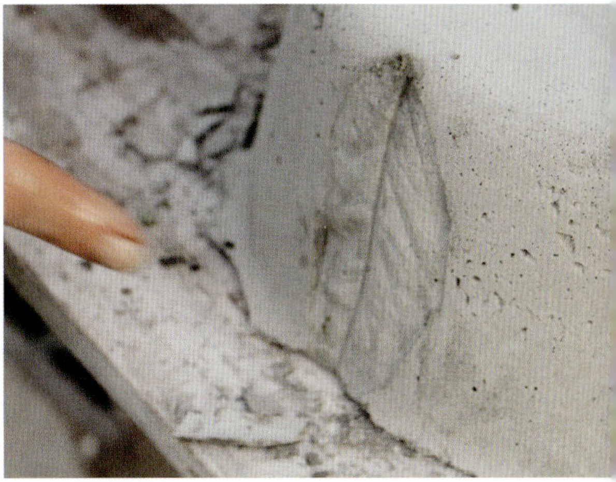

Ein dekorativer Blattabdruck schmückt den Beton.

wundervolles Geschenk für liebe und vor allem auch naturbewusste Freunde.

Soll direkt in die Schale hineingepflanzt werden, dürfen natürlich ein Abzugsloch (oder mehrere) nicht fehlen, welche mit einem Steinbohrer in den Boden der Schale gebohrt werden.

Sehr gut machen sich die Schalen auch als Miniteich, deren Wasserfläche Wasserlinsen oder kleine Schwimmpflanzen zieren.

So manch einer verwendet die rustikalen Schönheiten auch zur Aufbewahrung von Früchten oder als dekorative Schale im Haus. Doch sollten dann kleine Filz-Aufkleber zur Schonung der Möbel auf der Unterseite der Schale in keinem Fall fehlen!

Kurzanleitung: Kleine Trittsteine mit Blatt-Applikationen

Aus einer einfachen flachen Metallschale in Blattform und ein paar Blättern wird im Nu ein universell einsetzbarer Trittstein, wenn man wie folgt verfährt:

Die Schale wird gut eingeölt.

Ausgewählte Blätter werden mit ihrer Unterseite nach oben in die Schale gelegt, ebenfalls sehr gut eingeölt und leicht angedrückt.

Nun wird Zementleim, der nicht zu flüssig sein darf, vorsichtig eingefüllt.

Es sollte darauf geachtet werden, dass dabei möglichst kein Leim unter die Blätter fließt!

Die Schale wird nun an einem waagerecht ausgerichteten Ort aufgestellt, bis der Zement hinreichend ausgehärtet ist. Das kann an sehr warmen Tagen schon nach einem Tag sein oder an kühleren Tagen bis zu drei Tage dauern.

Nach dem Herauslösen aus der Form werden die Blätter vorsichtig vom entstandenen Trittstein abgenommen.

Ein kleines, spitzes Messer kann bei dieser Aufgabe hilfreich sein.

Verwendung

Diese kleinen Trittsteine mit ihrem charmanten Blattdekor eignen sich vor allem als nette kleine „Fußstapfen“ in pflegeintensiven Beeten. Zwar scheinen sie zum Betreten eigentlich viel zu schade, doch leisten sie immerzu gute Dienste, wenn man sauberen Fußes im Beet arbeiten und umhergehen möchte. Mit einer Wurzelbürste lassen sich die Betonsteine leicht

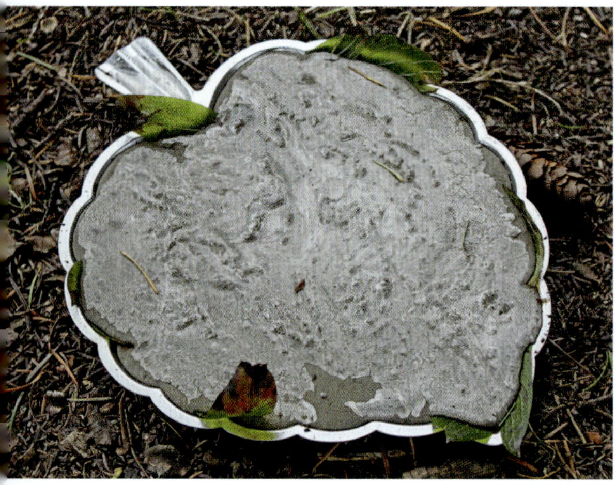

Zähflüssiger Zementleim wird auf die eingeölten Blätter gegeben.

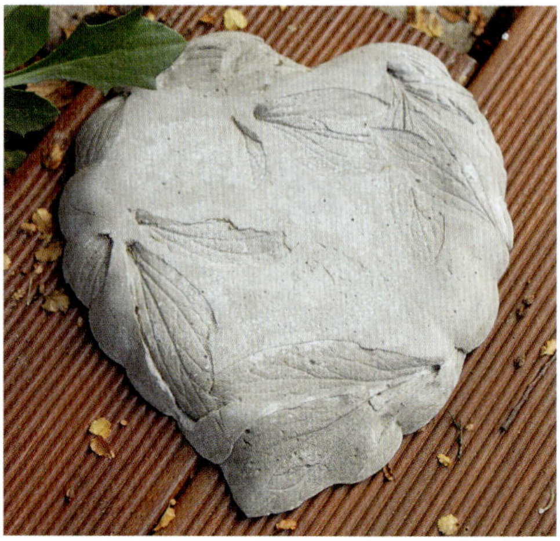

Pfingstrosen haben ihren Abdruck im Beton hinterlassen.

wieder reinigen. Da sie so überaus dekorativ die offenen Stellen zwischen den Pflanzen schmücken, legt man gerne auch einige zuviel von ihnen ins Beet.

Kurzanleitung: Rhabarberblätter aus Beton

Eine recht beeindruckende Art, den Garten zu dekorieren, stellen riesengroße, in Beton abgebildete, Rhabarberblätter dar.

Wir brauchen hier lediglich ein entsprechendes Blatt einer Rhabarberpflanze sowie einige Eimer Sand.

Den Sand legen wir auf einem Tisch oder am Boden flächig aus, sodass ein Rhabarberblatt kopfüber darauf Platz hat. Die Unterseite des Blattes zeigt nach oben!

Nachdem wir das Blatt leicht angedrückt haben, bedecken wir es mit einer etwa zwei bis drei Zentimeter dicken Schicht Zementleim. Der Zement sollte eine recht feste Beschaffenheit haben.

Um eine relativ hohe Bruchsicherheit des Blattes zu erhalten, verarbeiten wir ausschließlich Estrich-Beton, dem wir zusätzlich einige Schaufeln Flexkleber zugeben. Der Flexkleber bewirkt, dass sich der Zement noch besser modellieren lässt. Denn nun werden auch die Ränder des Blattes schön ausgeformt.

Ein feinmaschiger Draht, den man mit einem Seitenschneider zunächst in der Form des Blattes ausschneidet, wird nun auf den weichen Zement aufgelegt, bevor weiterer Zement aufgetragen wird. Der Draht, der als „Armierung" dient, sorgt dafür, dass das riesengroße Blatt noch ein höheres Maß an Stabilität erhält. Der Draht soll vom Zement gut abgedeckt werden.

Wiederum werden die Ränder dekorativ ausgeformt und die Oberfläche wird schön glatt gezogen. Sobald der Zement erstarrt ist, was nach einigen Stunden der Fall ist, können noch vorsichtige Korrekturen an den Blatträndern vorgenommen werden.

Das gesamte Blatt sollte nun mindestens drei Tage gut aushärten, dann wird es vorsichtig umgedreht.

Nach dem Entfernen des Rhabarberblattes kommen die ausgeprägten Blattadern zum Vorschein und bilden die eigentliche Zier des imposanten Werkes.

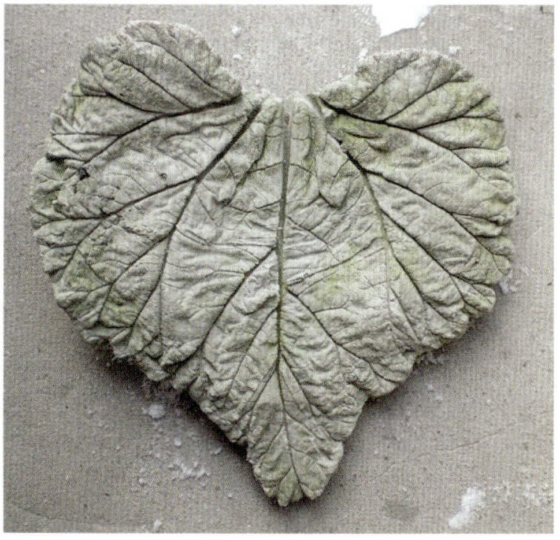

Reich strukturiertes Rhabarberblatt in Beton gegossen.

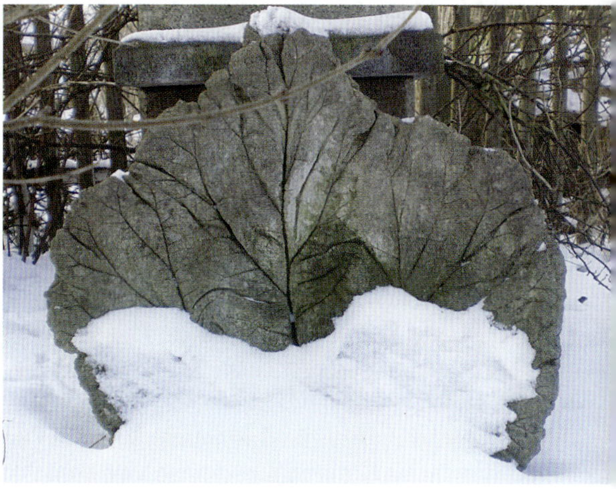

Das Beton-Blatt ist auch im Winter eine Zierde für jeden Garten.

Kurzanleitung: Flache Schale mit Rhabarberblätter-Relief

Eine ganz bezaubernde flache Schale entsteht, wenn in eine flache Gießform aus Kunststoff, die man zuvor eingeölt hatte, zunächst Zement gefüllt und obenauf ein Rhabarberblatt oder ein anderes sehr großes Blatt gelegt wurde.

Vor dem Auflegen sollte das Blatt bzw. dessen Unterseite ebenfalls gut eingeölt werden, dann wird es mit der öligen Seite auf den weichen Zement gelegt und leicht angedrückt.

Der nach Grundrezept von S. 48 angemachte Zementleim sollte eine eher feste Konsistenz haben!

Damit ein schöner, gleichmäßiger Abdruck des Blattes sowie eine Kuhle im Zement entstehen können, wird das Blatt nun gleichmäßig mit Sand und ein paar Kieseln beschwert.

Wichtig!

Die Schale wird nur knapp bis unter ihren Rand mit Zement gefüllt, damit mit dem aufgelegten Blatt eine flache Vertiefung in den Zement eingedrückt werden kann.

Wetterfeste Tischdekorationen für den schön gedeckten Gartentisch

Bei ihnen darf man das Abräumen ruhig einmal vergessen! Tischdekorationen aus Beton sind absolut wind-, wetter- und wasserfest! Ein heftiger Regenschauer oder eine kräftige Windbö können einem Beton-Teelicht oder einem Aschenbecher aus Beton nicht viel anhaben.

Dabei lassen die Tisch-Accessoires aus Beton jeden Gartentisch in sachlich-rustikaler Manier erstrahlen. Ein Hauch von exklusiver Eigenart umgibt die Gartentafel, wenn auf ihr das Thema Beton zum bestimmenden Merkmal werden darf.

Teelichter mit verschiedenen Einsätzen – Einfach!

Benötigtes Material

- kleine, runde Plastikschälchen
- kleine Teelichter aus Glas, Metall, oder einem beliebigen anderen festen Material

Arbeitsmethode

Gefäße aus Kunststoff werden mit Zementleim gefüllt und Teelichter in den weichen Zement eingesetzt.

Schritt für Schritt

Nach dem Auftragen eines Trennmittels (Speiseöl) wird Zementleim in kleine, runde Schalen aus Kunststoff gefüllt. Der Leim sollte von seiner Konsistenz her nicht allzu flüssig sein!

Die Form wird nicht vollständig bis zum Rand aufgefüllt, vielmehr wird dort mindestens ein Zentimeter Platz gelassen, da noch das Teelicht in die Mitte des weichen Zements eingesetzt wird und die Schale dabei auf keinen Fall überlaufen darf. Der Zement in der Form wird nun verdichtet, indem man mit einem Stab ein wenig im Zement stochert und das Schälchen zusätzlich sachte auf eine harte Unterlage stößt. Anschließend wird die Form auf einen ebenen Untergrund gestellt, der zuvor waagerecht ausgerichtet wurde.

Beim Einsetzen des Teelichtes unbedingt darauf achten, dass dieses nicht zu tief in den Zement hineingedrückt wird. Es sollte noch etwa einen Millimeter weit aus dem Zement herausschauen.

Da die verwendeten Teelichter die Tendenz haben, immer wieder nach oben aus dem Zement herauszukommen („aufzuschwimmen"), muss man hier innerhalb der ersten Minute korrigierend eingreifen und eventuell ein kleines Gewicht in das Teelicht einlegen. Das können ein kleiner Stein oder mehrere kleine Kieselsteine sein. Auch auf eine exakt mittige Position des Teelichts in seiner Form sollte geachtet werden!

Nach ein bis zwei Tagen kann das fertige Teelicht aus seiner Form genommen werden. Der Teelicht-Einsatz wird hingegen dauerhaft in seiner festen Hülle aus Beton belassen.

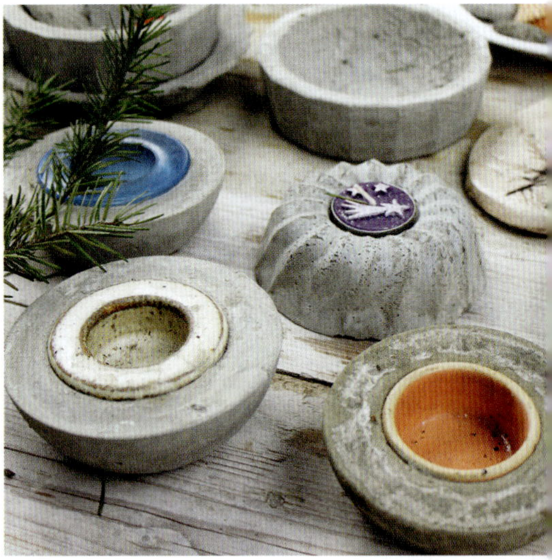

Teelichter mit Einsatz – so einfach geht's!

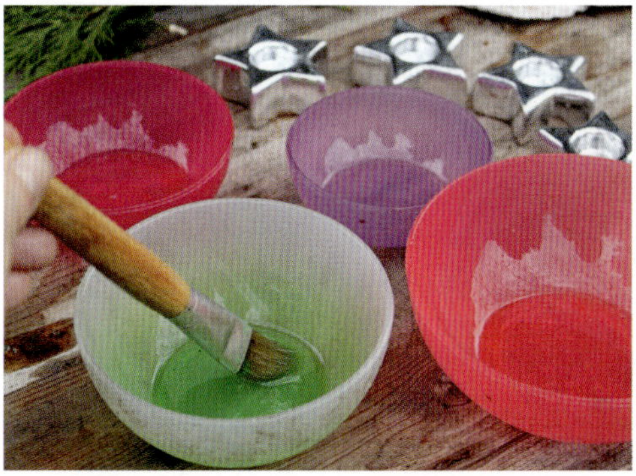

Kleine Kunststoff-Schalen werden von innen eingeölt.

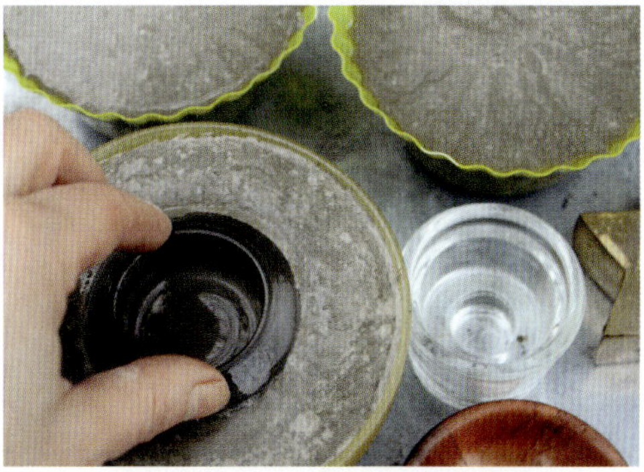

Die Teelichter werden vorsichtig in den Zement gesetzt.

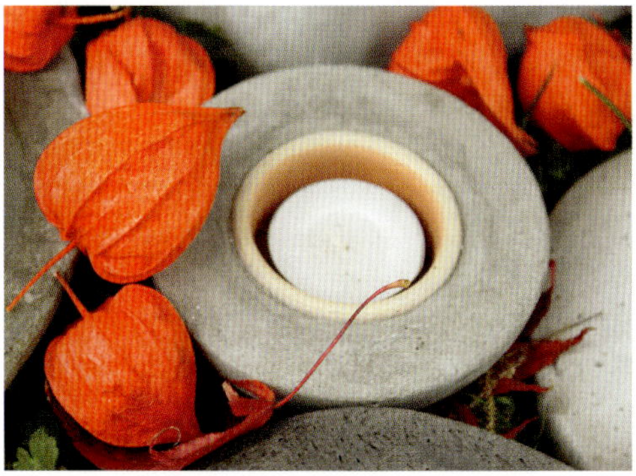

Teelichter schließen in etwa bündig ab.

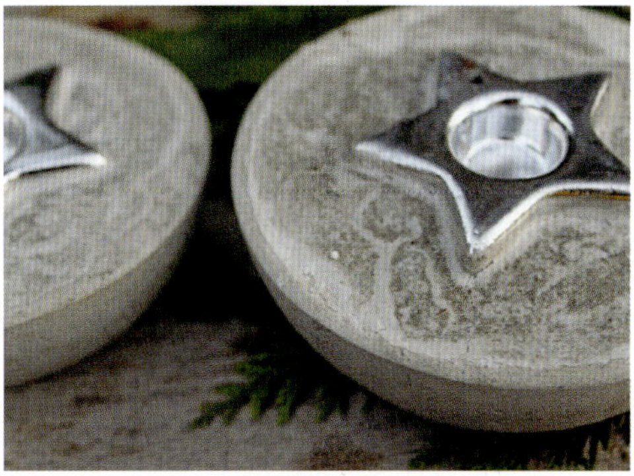

Wetterfeste Kerzenhalter

Kerzenuntersetzer – Einfach!

Benötigtes Material

- jeweils ein Paar aus mehr oder weniger flachen Schalen (ggf. mit strukturierten Oberflächen = „Relief"), die aufgrund eines kleinen Größenunterschiedes ineinander gesetzt werden können

Arbeitsmethode

Zement wird in eine Schale gefüllt, anschließend eine etwas kleinere, flache Schale in den Zement hineingesetzt, um darin einen Abdruck zu hinterlassen.

Schritt für Schritt

Die Schwierigkeit bei der Herstellung von dekorativen Kerzenuntersetzern besteht lediglich im Auffinden der geeigneten Gießformen!

Diese sollten relativ flach sein, gegebenenfalls über eine schön strukturierte Oberfläche (Relief) verfügen und dennoch aufgrund eines kleinen Größenunterschiedes ineinander gesetzt werden können. Die äußere, formgebende Schale sollte demnach etwas tiefer und weniger flach ausgebildet sein, die kleinere Form dagegen auf ihrer Unterseite über eine ebene Fläche verfügen, damit z. B. eine dickere Kerze hier später einen sicheren Platz finden könnte.

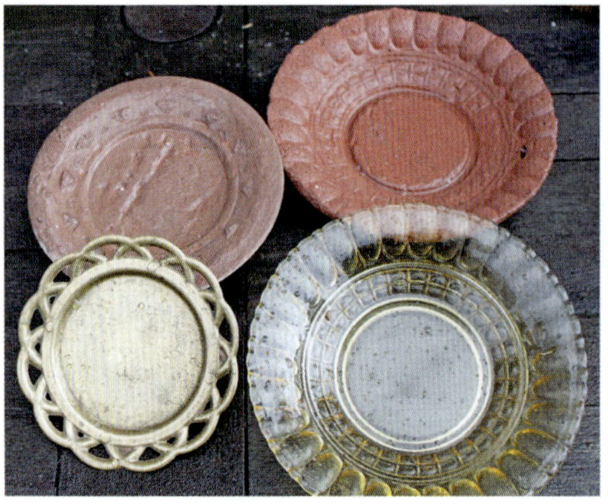

Strukturierte flache Schalen bilden schöne Abdrücke im Beton.

Idealerweise befindet sich auf der Unterseite der kleineren Form noch ein hübsches Relief, das später die Oberseite des fertig gegossenen Untersetzers ziert!

Sind die entsprechenden Formen aus Kunststoff, Metall, Holz, Glas oder Keramik gefunden, geht alles ganz einfach: Nach dem Einölen mit einem Trennmittel (Speiseöl) wird Zementleim in die größere der beiden Formen gegeben.

Die kleinere (flachere) Form wird zunächst von außen eingeölt, anschließend auf den Zement gelegt und nur leicht angedrückt. Ihre Unterseite sollte jedoch komplett mit dem Zement in Berührung kommen. Die Form wird ein wenig ausgerichtet und mit einem kleinen Gewicht beschwert, sodass der eingefüllte Zement schön symmetrisch aushärten kann.

Nach ein bis zwei Tagen kann der gehärtete Untersetzer aus den Formen herausgelöst werden.

Verwendung

Dekorative Untersetzer für Kerzen aus Beton und andere Kleinteile für den gedeckten Gartentisch erfreuen sich in jüngster Zeit einer stetig größer werdenden Beliebtheit. Formschönheit wird hier mit Zweckmäßigkeit kombiniert. Die Kerzenteller können dauerhaft im Freien bleiben. Legt man bei ihnen allerdings Wert auf ein neuwertiges Äußeres, sollte man sie im Winter oder bei längeren Schlechtwetterperioden besser einräumen.

Haben sich dennoch unerwünschte Algen oder Flechten auf der Beton-Oberfläche eingefunden, können diese mit einer Bürste und etwas warmem Wasser leicht wieder entfernt werden.

Aschenbecher für draußen

Um einen Aschenbecher aus Beton gießen zu können, benötigt man zuerst ein geeignetes Original zum Abformen sowie eine dazu passende Gießform, die in etwa den Durchmesser des Aschenbechers haben sollte.

Ein schönes Ergebnis erhält man, wenn der zum Abformen verwendete Aschenbecher auf seiner Unterseite ein hübsches Relief besitzt.

Benötigtes Material

- Aschenbecher mit Relief auf der Unterseite und Ablagekuhlen für Zigaretten aus Metall, Kunststoff, Holz, Porzellan oder glasierter Keramik
- eine im Vergleich zum Aschenbecher nur ganz minimal größere Form (Schale) aus einem geeignetem Material (Kunststoff, Holz, Metall, glasierte Keramik)

Arbeitsmethode

In die Schale wird Zement gefüllt, der Aschenbecher anschließend auf den weichen Zement gelegt und leicht angedrückt.

Schritt für Schritt

Die gewählte Gieß- oder Schalungsform wird innen gut eingeölt und sogleich mit Zementleim gefüllt. Durch Rütteln an der Form wird der Zement verdichtet. Ein Aschenbecher wird nun auf seiner Unterseite mit einem Trennmittel be-

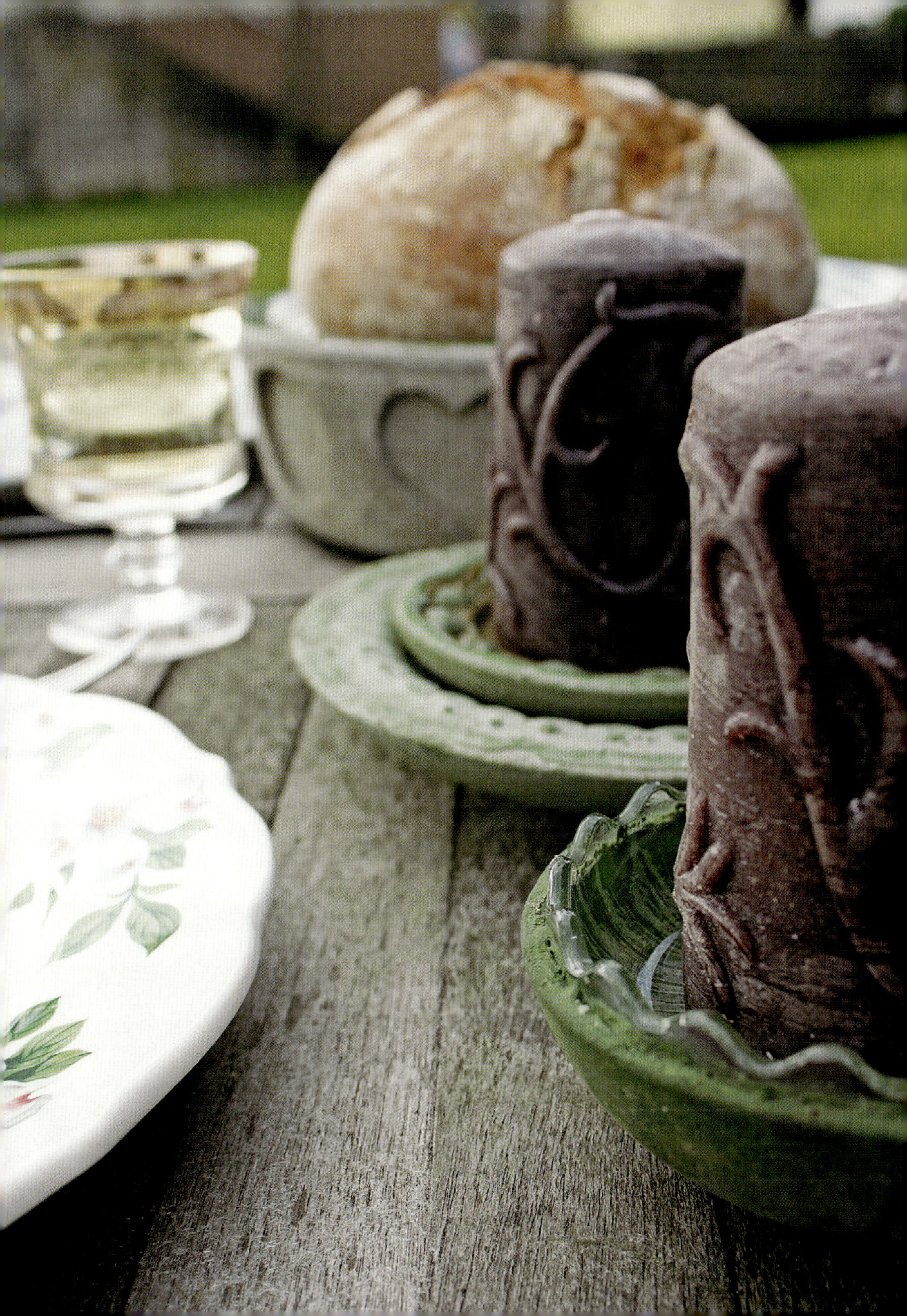

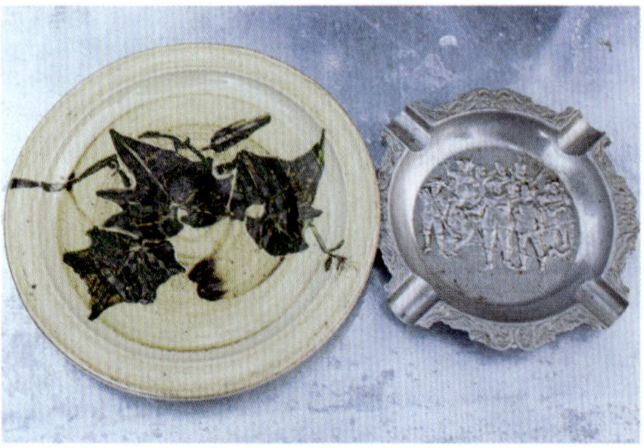

Ausgangsmaterial für den Aschenbecher

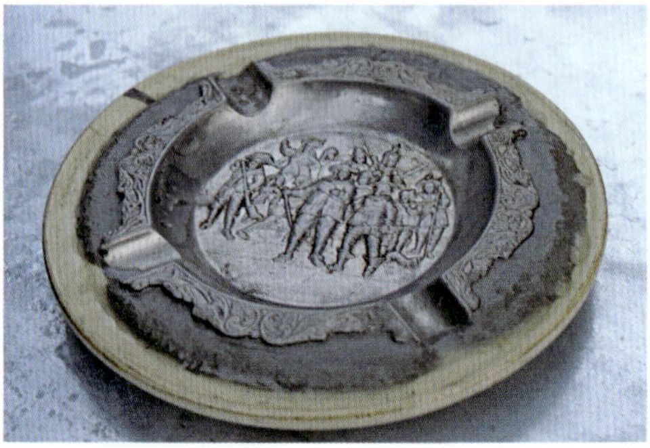

Aushärten auf einem ebenen Untergrund

strichen, anschließend auf den Zement gelegt und leicht angedrückt.

Kieselsteine dienen zum Beschweren des Aschenbechers, damit dieser während des Aushärtens gut fixiert ist und nicht wieder nach oben aus dem Zement herausrutscht (= „aufschwimmt"). Die korrekte Position des Aschenbechers muss in den nächsten ein bis zwei Minuten gegebenenfalls noch einige Male korrigiert werden. Nach ein bis zwei Tagen kann die gehärtete Form vorsichtig aus den Gießformen herausgelöst werden. Überstehende Ränder werden alsbald – solange der Beton noch relativ weich ist – mit einer Metallfeile oder einem Messer, abgeschliffen, sodass der Aschenbecher seine endgültige Form erhält.

Verwendung

Tischdekorationen aus Beton eignen sich vor allem für das Speisen im Freien. Vor allem in sehr stürmischen Regionen bringt das höhere Gewicht der Teller und Schüsseln aus Beton nur Vorteile mit sich.

Rustikale Gartenfeste oder auch besonders edle „Outdoor-Events" erhalten mit stilistisch angepassten Tischaccessoires aus Beton das gewisse „Extra".

Durch die entsprechende Auswahl an Gießformen sowie dem verwendeten Geschirr können die gestalteten Objekte sowohl sachlich-kühl als auch verspielt-romantisch sein.

Hierbei kann Beton wieder einmal eindrucksvoll seine Vielseitigkeit unter Beweis stellen.

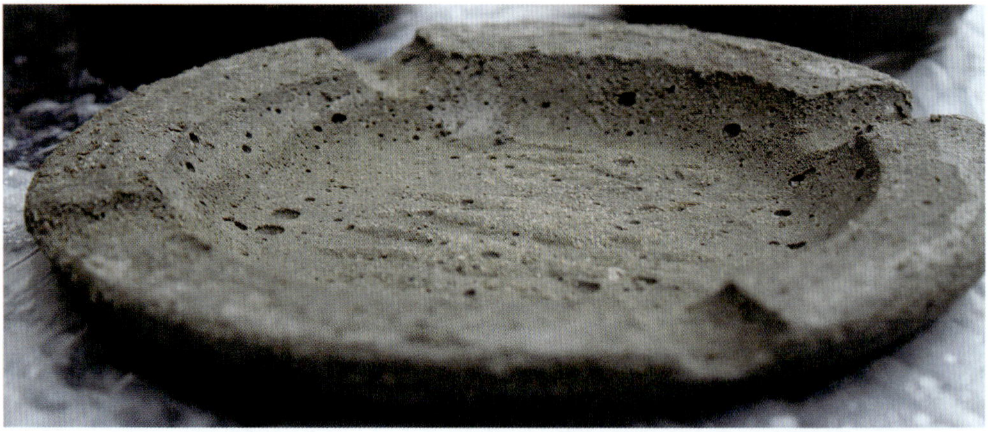

Selbst gegossene Steine als Wegbelag oder Beeteinfassung – Einfach!

Eine sehr einfache und dabei auch preisgünstige Variante, um einen naturnahen Weg im Garten zu gestalten oder ein Beet einzufassen, stellen selbst gegossene Betonziegel oder Betonpflastersteine dar. Beliebige Gießformen können hier zum Einsatz kommen, um mit ihnen Steine für jeden Zweck herzustellen.

Durch die gegebenen Variationsmöglichkeiten von Form, Farbe und Struktur sind individuelle Lösungen möglich. Eine rechteckige Form ist zu bevorzugen, wenn mit den Steinen gemauert werden soll. Bei der Gestaltung von Wegen ist es ebenfalls einfacher, mit rechteckigen Steinen zu arbeiten, prinzipiell sind aber auch andere Formen möglich.

Benötigtes Material

- fertige Gussform aus dem Fachhandel oder/und
- Plastikschalen (Vorratsbehälter u. Ä.) in beliebiger Form (meist rechteckig)

Arbeitsmethode

Zementleim wird in ausgewählte Gießformen gefüllt.

Schritt für Schritt

Um hübsche Steine für den Garten herzustellen, wird der flüssige Zementleim in entsprechende Formen gegeben, die zuvor mit einem Trennmittel (z. B. Speiseöl) eingeölt wurden.

Innerhalb von zwei bis drei Tagen erhärtet der Zement und die Steine können aus der Form genommen werden.

Es ist kein bestimmtes Mischungsverhältnis nötig und es kann daher Zement im Verhältnis 1 : 2 (ein Teil Zement, zwei Teile Sand) bis 1 : 6 (ein Teil Zement, sechs Teile Sand) zur Anwendung kommen! Unterschiedliche Mischungsverhältnisse von Zement und Sand ergeben viele verschiedene Farbnuancen bei den angefertigten Steinen!

> **Tipp!**
>
> **Sollen Steine in weiteren Farbtönen entstehen, werden dem Zementleim entsprechende Farbpigmente beigemengt.**

Bis zur vollen Belastbarkeit der Steine sollte nach ihrer Entnahme aus der Gießform noch ein bis zwei Wochen gewartet werden, da sonst eine erhöhte Bruchgefahr für die Betonsteine besteht. Das gilt besonders im Falle einer Verwendung der Steine als Wegbelag.

Verwendung

Als kleiner Weg durchs Gemüsebeet eignen sich die selbst gegossenen Betonsteine ebenso wie auch als Beeteinfassung für die schönsten

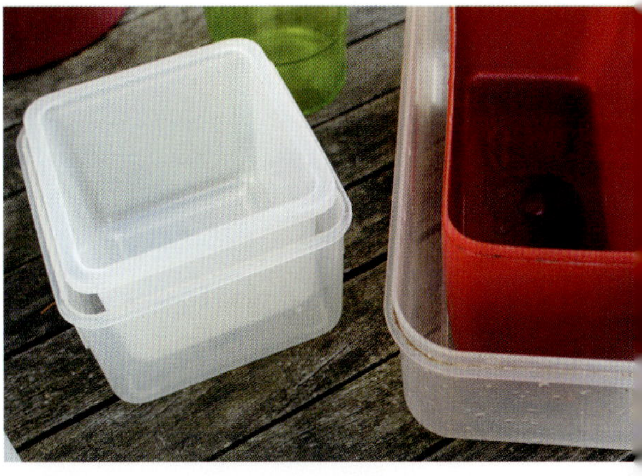

Rechteckige und quadratische Schalen zum Gießen der Betonsteine

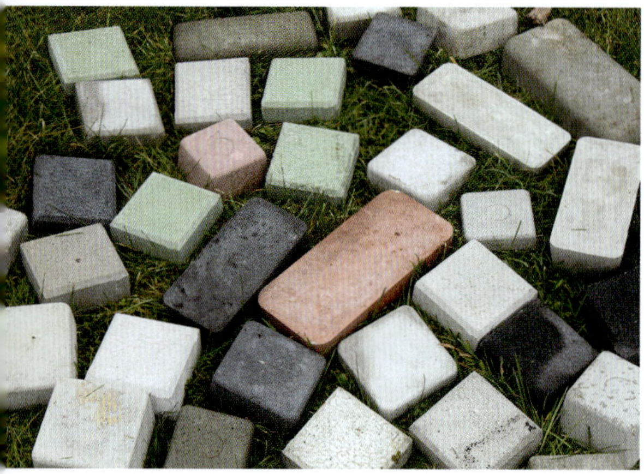

Betonsteine in einer bunten Mischung

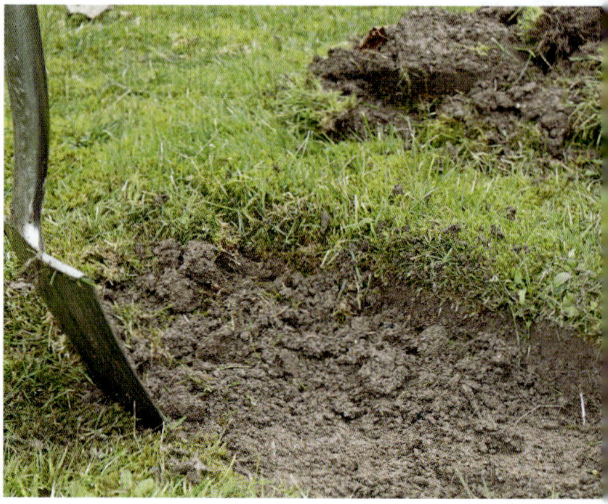

Die Wegfläche wird vorbereitet.

Rabatten im Garten oder als Abgrenzung einer Rasenfläche zu den Beeten.

Immer ein hübscher Anblick ist auch ein kleines Mäuerchen aus selbst gegossenen Betonformsteinen, mit deren Hilfe man Gartenbereiche voneinander abgrenzen oder einfach nur einen besonderen Akzent im Garten setzen möchte.

Daneben sind natürlich weitere Verwendungsmöglichkeiten für selbst gegossene Steine aus Beton denkbar, wie etwa ein gemauertes oder auch trocken aufgeschichtetes Hochbeet, ein Grill oder eine gemauerte Gartenbank.

Ausgesprochen reizvoll ist hierbei die Verwendung von Steinen in verschiedenen Farbtönen, die man erhält, indem man dem Zementleim beim Anmischen entsprechende Farbpigmente zugibt.

Verlegen eines einfachen kleinen Beton-Steinweges: Schritt für Schritt

Wenn ein bunter Stein-Mix aus selbst gegossenen Betonformsteinen als kleiner Wegabschnitt verlegt werden soll, gehen wir wie folgt vor:

Zunächst werden Länge und Breite des geplanten Weges festgelegt und abgesteckt.

Es macht Sinn, den geplanten Weg schon einmal provisorisch auf der vorgesehenen Fläche auszulegen, um sicherzugehen, dass Größe und Menge der Steine für das geplante Vorhaben auch tatsächlich passend sind.

Die gesamte Wegfläche wird nun – mit einer Zugabe von etwa zwei Zentimetern zu jeder Seite – etwa zehn Zentimeter tief ausgehoben.

Die entstandene Vertiefung wird daraufhin gut festgestampft (verdichtet) und mit Sand oder feinem Splitt wieder aufgefüllt. Nun können die Steine in einem beliebigen Muster und mit gleichmäßig breiten Fugen auf der Sandschicht verlegt werden.

Da die selbst gegossenen Steine vermutlich nicht immer alle das gleiche Format haben und mitunter auch unterschiedlich dick sind, werden sie gegebenenfalls mit einem Gummi- oder Pflastererhammer vorsichtig so weit in den Sand oder Splitt hineingeschlagen, bis aus ihnen eine ebenmäßige Fläche entstanden ist.

Später wird weiterer Sand oder ganz feiner Splitt in die Fläche eingekehrt, bis alle Fugen gut mit Sand oder Splitt gefüllt sind. Erst dann erhält der Weg seine benötigte Stabilität.

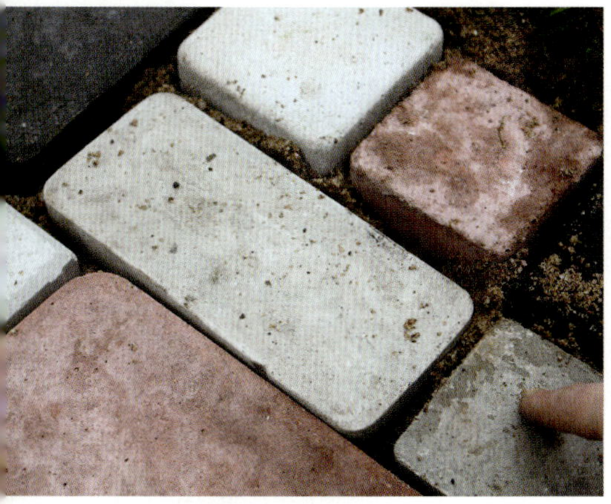

Die Betonsteine werden in Sand- oder Kiesbett verlegt.

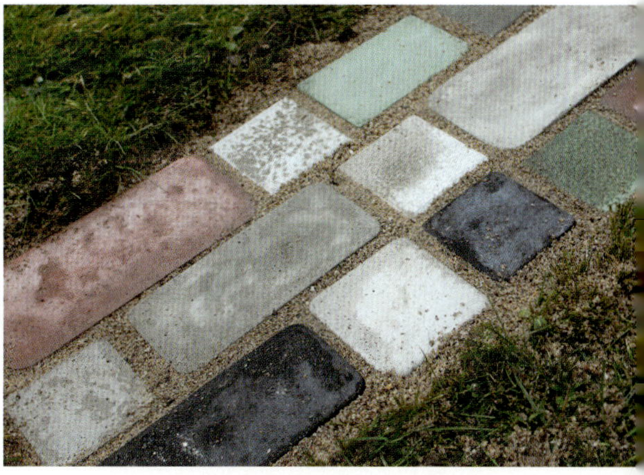

Lebhaft bunter Wegbelag aus Beton

Verwendung

Ein derart einfach verlegter Weg kann überall im Garten entstehen, wo keine extremen Belastungen erwartet werden und auch keine besonderen Vorkehrungen zwecks spezieller Nutzungen (Rollstuhl, Kinderwagen etc.) nötig sind.

Im Nutzgarten sind derartige Wege ideal. Sie trennen Beete voneinander, bilden einen Abschluss zu Rasenflächen oder umfassen die Baumscheibe eines Obstbaumes äußerst dekorativ.

Färben des Zements

Anhand der selbst gegossenen Steine aus Beton lässt sich wunderbar demonstrieren, wie sich Zement mit Pigmenten versetzt auch farblich dekorativ variieren lässt.

Zum Färben von Beton kommen anorganische Pigmente zum Einsatz. Es handelt sich bei diesen Pigmenten um Metalloxide und Metallsalze.

Dies kann entweder Eisenoxid für die Farben Rot, Gelb, Braun oder Schwarz sein, Titandioxid für weiß gefärbten Beton und Chromoxid bzw. Chromoxidhydrat für die grüne Betonfarbe.

Die Farbpigmente können im Fachhandel erworben werden. Auch Internetbörsen sind eine gute und besonders preisgünstige Quelle zur Beschaffung der Pigmente!

Die Farbpigmente werden beim Anmischen des Zementleims einfach untergemischt. Eine höhere Zugabe ergibt später kräftiger gefärbte Endprodukte, dennoch sollte die Menge an zugegebenen Farbpigmenten niemals über 5 % der Zementmenge liegen, da die Bruchsicherheit des Betonwerkes ansonsten nicht mehr gewährleistet wäre.

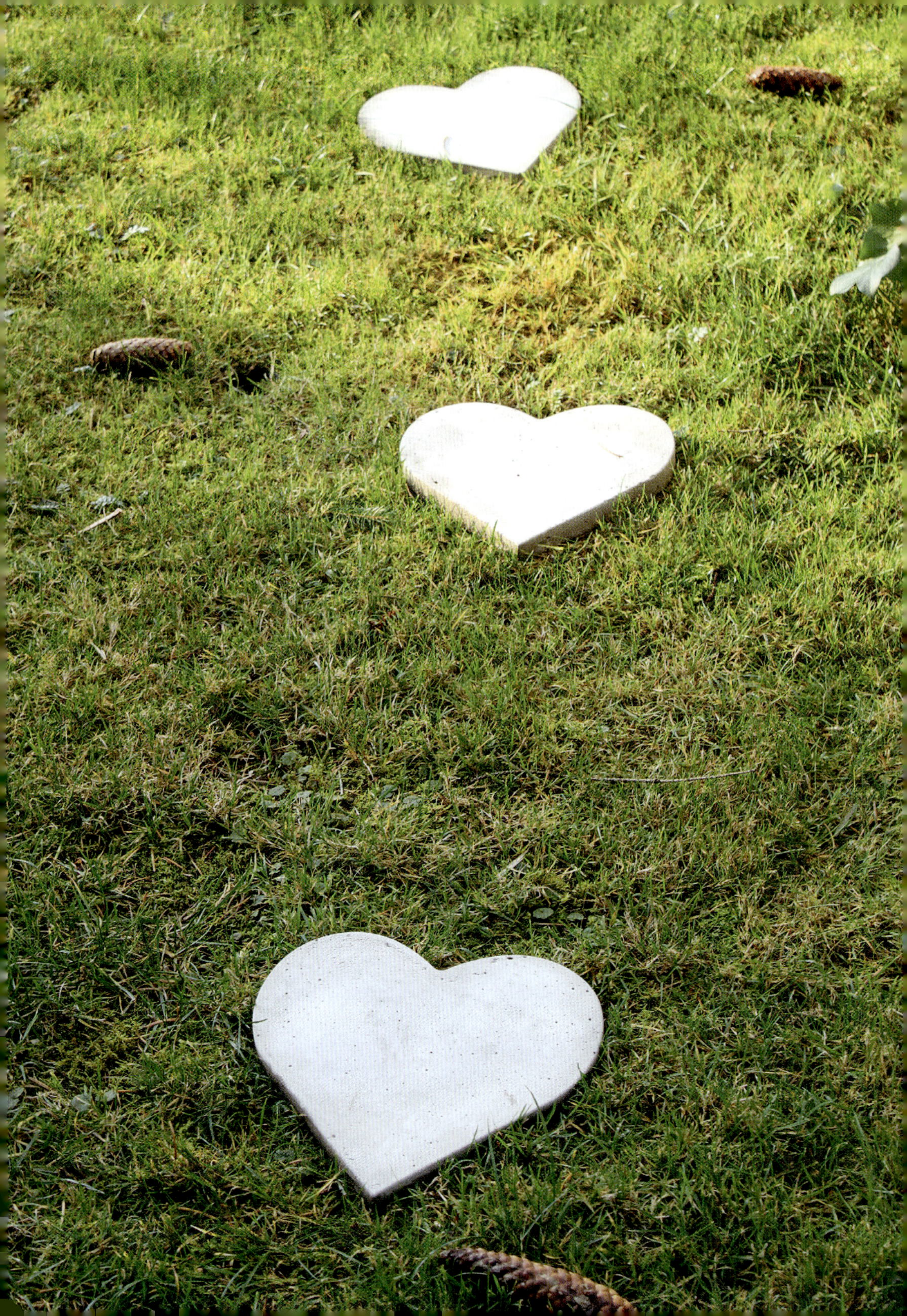

Flache Platten

Ob mit einem ausdrucksstarken Relief auf ihrer Oberseite oder als flacher Trittstein für das Gemüse- oder Blumenbeet: Flache Platten aus Beton sind im Garten sehr vielseitig einsetzbar.

Abdruck einer Reliefform aus Kunststoff – Einfach!

Flache Platten mit Relief greifen verschiedene Themen auf und ergänzen daher die Garteneinrichtung nach den Wünschen ihrer Besitzer.

Die fertigen Gießformen können käuflich erworben werden. Meist handelt es sich dabei um Formen, die normalerweise für Gipsabdrücke verwendet werden.

Benötigtes Material

- Reliefform aus Kunststoff

Arbeitsmethode

Eine Reliefform wird mit Zementleim befüllt.

Schritt für Schritt

Die Form wird mit Öl eingepinselt, anschließend wird Zementleim eingefüllt und glattgestrichen.

Die mit Zement gefüllte Form wird durch Rütteln leicht verdichtet und zum Aushärten in Sand gebettet. Auf eine waagerechte Lage der Gießform muss ebenfalls geachtet werden!

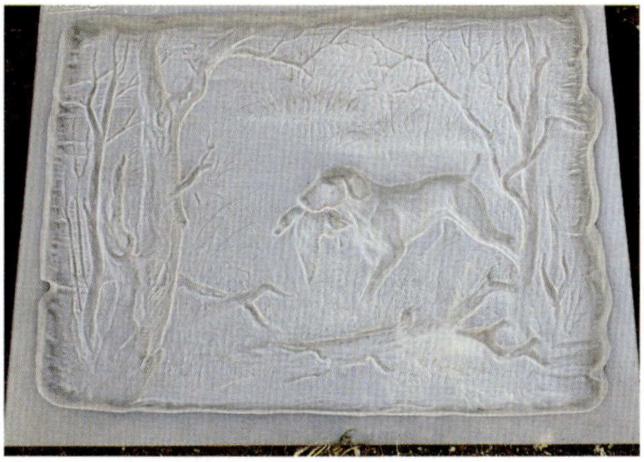

Reliefform aus Kunststoff

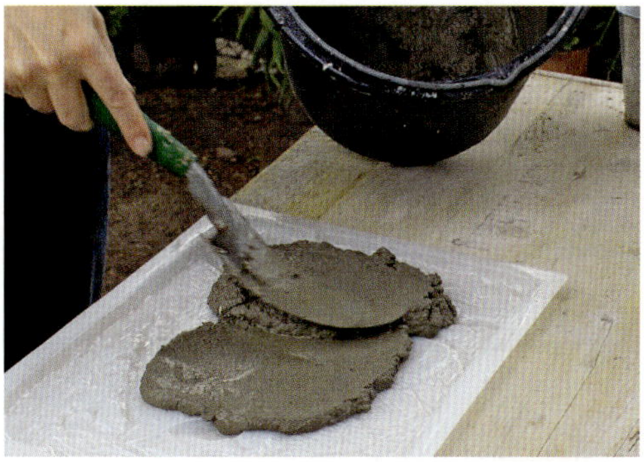

Eine dünne Schicht Zement wird eingefüllt.

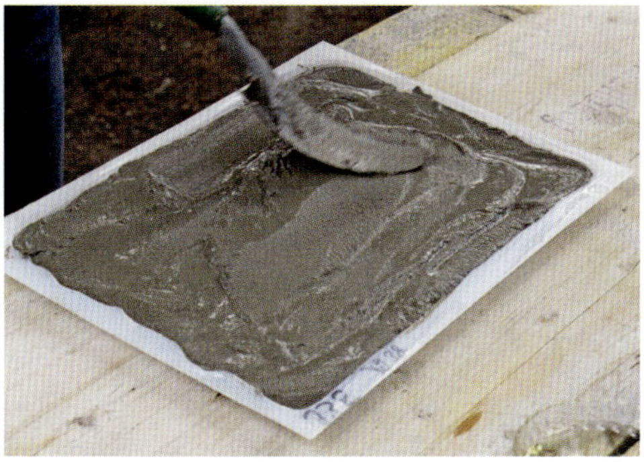

Die Oberfläche wird glattgestrichen.

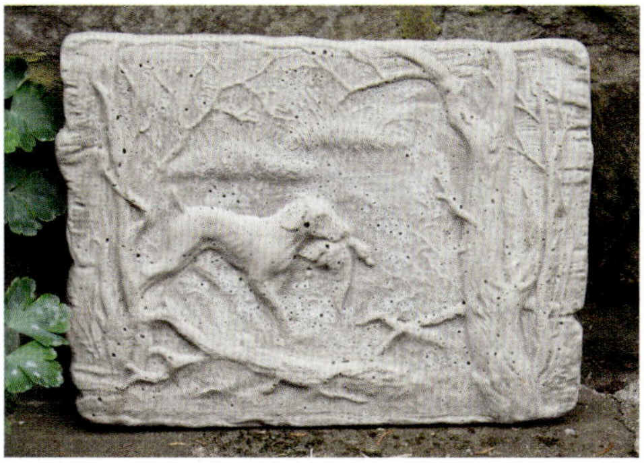

Nach etwa 2 Tagen ist der Zement ausreichend gehärtet.

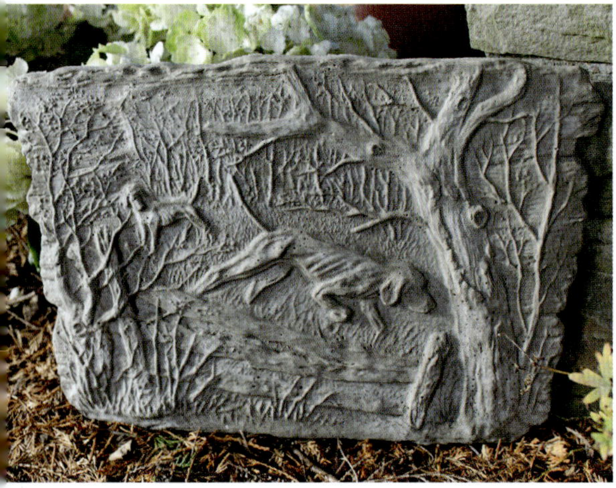

Betonplatte mit einem schönen Jagdmotiv

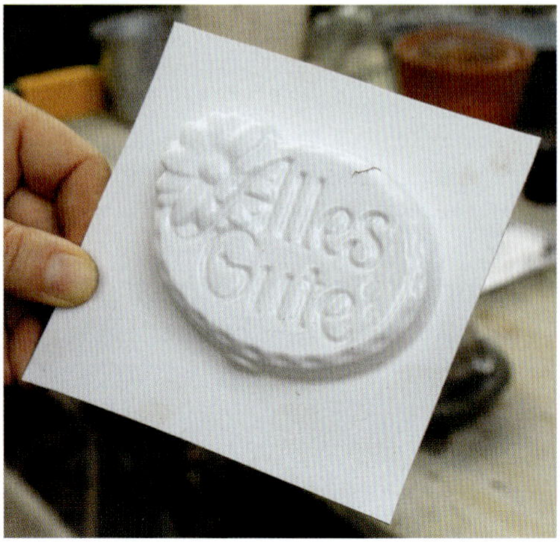

Fertige Gießformen aus Kunststoff gibt es in unzähligen Motiven.

Verwendung

Die relativ dünne Betonplatte darf nicht zu stark belastet und auf keinen Fall betreten werden! Sie dient lediglich zur Dekoration und kann entweder an Hauswänden angebracht, an Bäume gelehnt oder auf den Boden gelegt werden. Wer möchte, kann das Motiv dezent kolorieren, wozu wasserfeste Acrylfarben bestens geeignet sind.

Trittstein mit aufgesetzten Motiven

Trittsteine für den Garten werden immer benötigt. Im vorgestellten Beispiel wurden flache Natursteine als Oberfläche auf einen kreisrunden Betontrittstein aufgelegt.

Benötigtes Material

- runde Form aus Kunststoff oder wahlweise
- Kunststoffeimer bzw. Wanne mit ganz geraden Außenwänden
- 1 Netz bzw. Gitter (30 x 30 cm) mit flachen Steinen aus dem Baumarkt oder Fliesenhandel oder wahlweise selbst gesammelte, flache Kieselsteine

Arbeitsmethode

Eine geeignete Form wird mit sehr zähflüssigem Zementleim gefüllt, das Material zum Dekorieren des Trittsteins anschließend auf die Oberfläche des weichen Zements aufgelegt.

Schritt für Schritt

Zunächst wählen wir eine entsprechende Gießform für einen runden, ovalen oder rechteckigen Trittstein aus. Dies kann ein Tablett aus Kunststoff oder ein Eimer/eine Wanne sein.

Wichtig ist hierbei, dass die Außenwände der Form möglichst gerade sind!

Relativ dickflüssiger Zementleim wird nun in die Form gegeben und verdichtet (siehe hierzu auch S. 32)

Flache Steine, die es für wenig Geld in jedem Baumarkt gibt – oder die man selbst am Flussufer gesammelt hatte – werden nun in einem gleichmäßigen Muster auf den weichen Zement gelegt und nur ganz wenig eingedrückt. Nach Wunsch – und künstlerischem Geschick – kann hier auch ein bestimmtes Motiv entstehen.

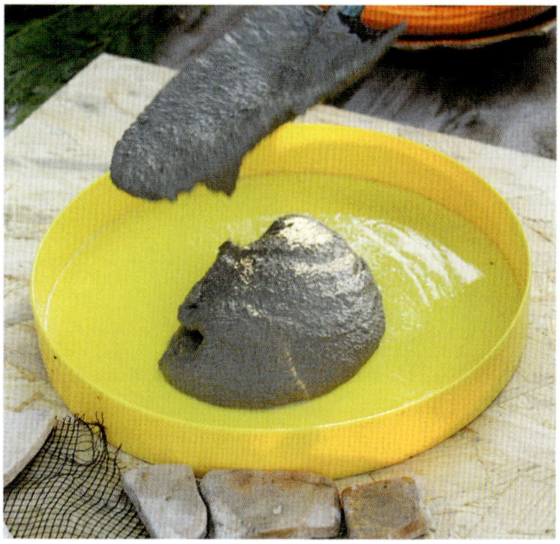

Zähflüssiger Zementleim wird in ein rundes Tablett gegeben.

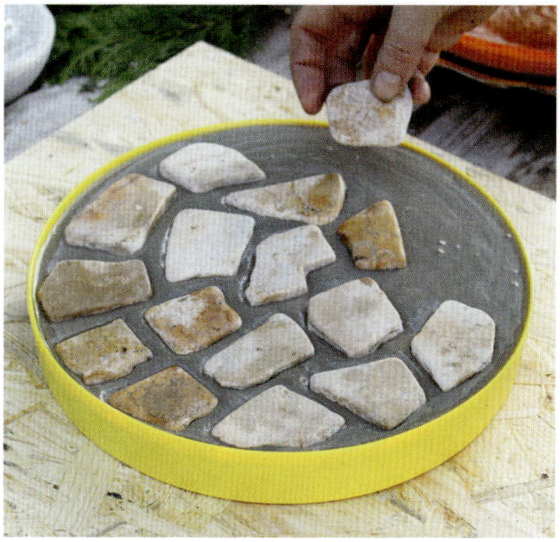

Flache Steine werden aufgelegt und nur ganz sachte eingedrückt.

Achtung!

Der angemachte Zementleim darf auf gar keinen Fall zu flüssig sein, damit die aufgelegten Steine nicht zu tief darin versinken können. Die Steine sollten noch etwa einen Millimeter aus dem Zement herausschauen und eine ebene Fläche bilden.

Verwendung

Trittsteine in vielen verschiedenen Variationen sind nützlich und schön zugleich, da sie uns sicher und sauberen Fußes quer durch den Garten führen und dabei noch einen hübschen Anblick bieten. Daher lohnt sich die Eigenanfertigung von Beton-Trittsteinen aller Arten, sodass für jeden Geschmack und jeden Anlass der rechte Trittstein vorhanden ist.

Wir können die Steine in Material, Form und Farbe dem Stil unseres Gartens anpassen.

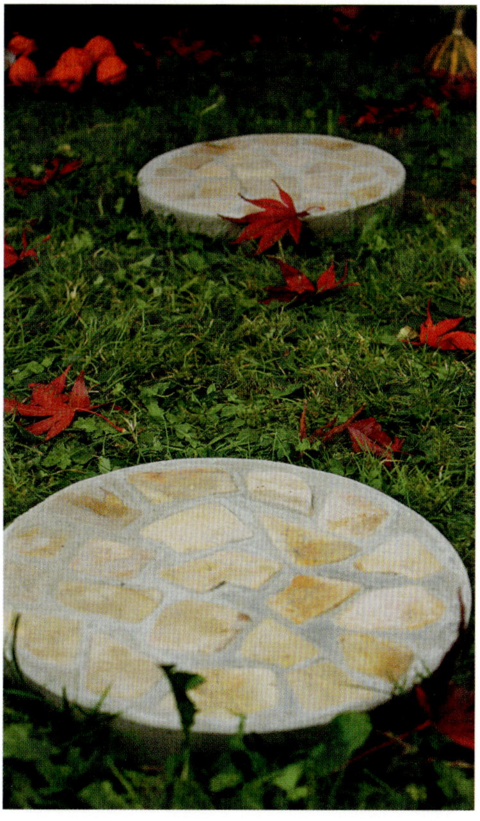

Runde Trittsteine mit einem Steinmosaik sehen überall gut aus.

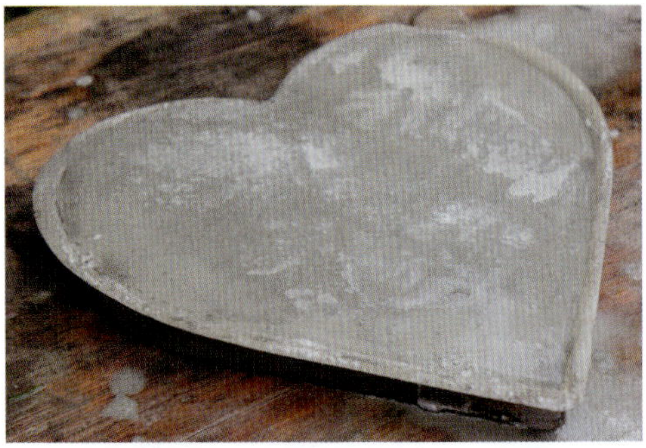

Zementleim wird in eine herzförmige Kunststoffverpackung gefüllt.

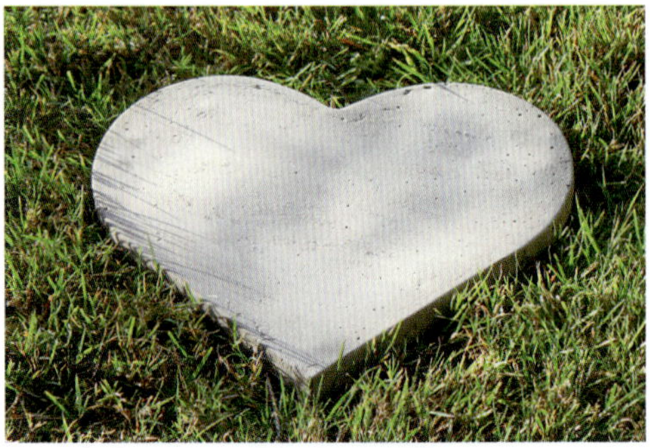

Mit wenig Aufwand entsteht ein auffälliger Trittstein.

Trittstein in Herzform – Einfach

Wem seine Pflanzen ganz besonders am Herzen liegen, dem gefallen mit Sicherheit Trittsteine in Herzform!

Benötigtes Material

- Herz-Gießform

Arbeitsmethode

Zementleim wird in eine als Herz geformte Gießform gegeben.

Schritt für Schritt

Eine herzförmige Gießform wird gründlich mit einem Trennmittel (Öl) eingepinselt und anschließend auf eine waagerecht ausgerichtete Fläche gestellt.

Der angemachte Zementleim nach Grundrezept von Seite 48 wird nun in die Form gefüllt.

Die Form sollte eine Tiefe von mindestens 2,5 Zentimetern haben, da ein zu flacher Trittstein ansonsten bruchgefährdet wäre.

Im hier gezeigten Beispiel wurde zur Anfertigung der Herz-Trittsteine ein Kunststoffdeckel einer herzförmigen Pralinenpackung verwendet.

Mit einem Stab wird der eingefüllte Leim verdichtet und ggf. wird auch ein wenig an der Form gerüttelt, damit Lufteinschlüsse sich auflösen können.

Nach zwei bis drei Tagen kann das Betonherz aus der Form genommen werden. Bis zur Nutzung als Trittstein sollte man es weitere 14 Tage aushärten lassen.

Verwendung

Die Trittsteine in Herzform eignen sich vor allem auch als gut sichtbare Wegführung durch eine kurz geschorene Rasenfläche, da hier die ungewöhnliche Form der Steine besonders gut zur Geltung kommt. Eine nette Idee und ein spannender „Eyecatcher" sind die herzförmigen Trittsteine, wenn sie in unterschiedlichen Farben gegossen wurden! Hierzu werden entsprechende Farbpigmente beim Anmischen des Zementleims zugegeben (siehe hierzu auch S. 29)

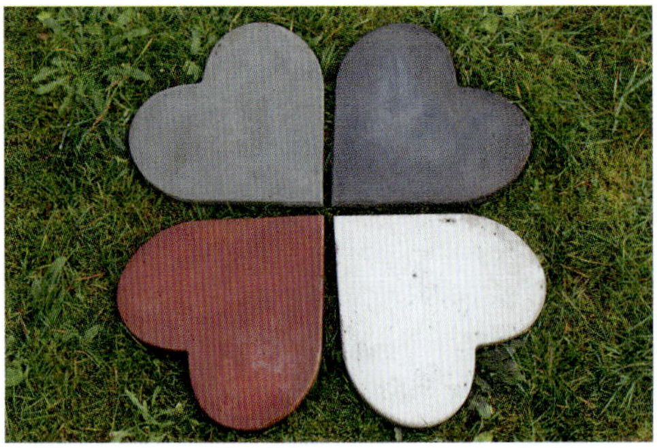

Farbige Herz-Trittsteine inspirieren zu eigenen Gestaltungsideen.

Tröge nach alter Tradition

Ein geradezu unvergleichliches nostalgisches Flair verströmen alte Steintröge, wie sie früher auf dem Lande häufig als Futtertrog oder Tränke für Nutztiere verwendet wurden.

Dabei stieg der Liebhaberwert für die seltenen Originale in den letzten Jahrzehnten derart rapide an, dass die seltenen Schmuckstücke inzwischen immer schwerer für den eigenen Garten zu bekommen sind und wir hier auf einen entsprechenden Ersatz zurückgreifen müssen.

Eine Eigenproduktion wäre da natürlich äußerst reizvoll und stellt auch eine gute Alternative zum Original dar!

Mit wenigen Tricks und Kniffen lassen wir Tröge sogar schon vorzeitig altern und versehen die schwergewichtigen Stücke mit einer geheimnisvollen Aura, wie sie alles Alte und Dauerhafte so rätselhaft und manchmal unerklärlich umgibt.

Großer Trog für Blumen oder als Wasserreservoir

Da wir doch inzwischen schon so viel Übung im Umgang mit dem Werkstoff Beton haben, gießen wir uns einen schönen Trog aus Beton doch einfach selber!

Ein selbst gegossener Trog aus Beton bringt Nostalgie in unser grünes Reich und begeistert noch dazu durch seine universelle Nutzbarkeit.

Benötigtes Material

- zwei große, rechteckige Formen aus Kunststoff, die aufgrund eines Größenunterschiedes ineinander gestellt werden können
- vier gleich große Korken

Arbeitsmethode

In eine mit Zement gefüllte Kunststoffkiste (oder einen rechteckigen Maurerkübel) wird eine klei-

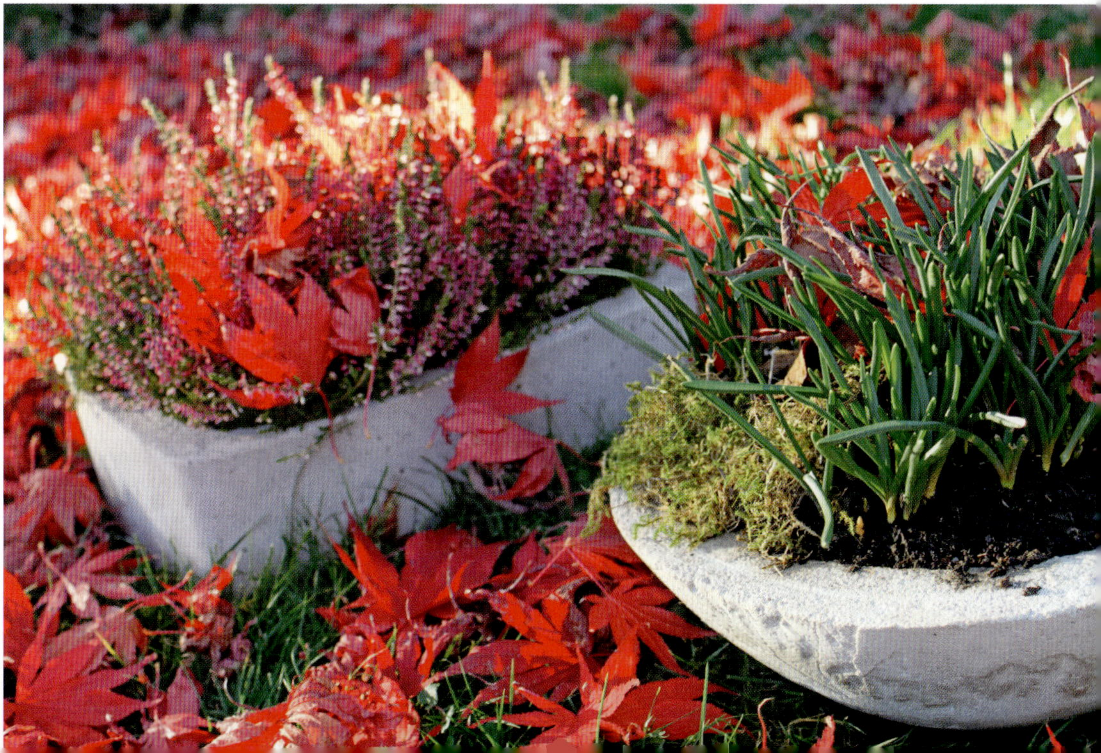

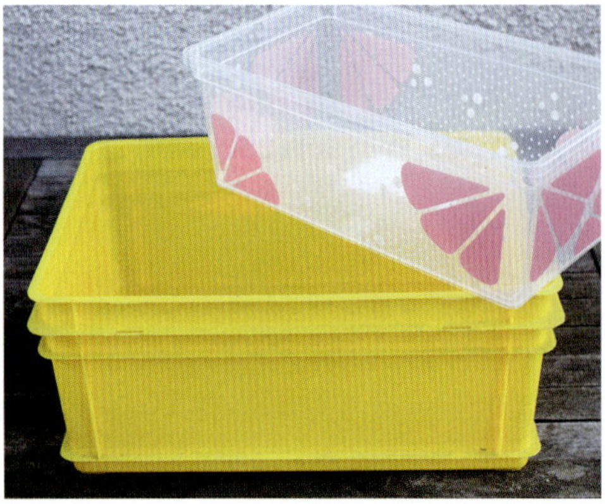

Gießformen zur Herstellung eines großen Beton-Trogs

nere Form gestellt und die Zwischenräume mit Zement gefüllt.

Wichtig!

Der Größenunterschied der beiden Formen sollte wenigstens so groß sein, dass eine ausreichend breite Lücke zum Einfüllen des Zementleims zwischen den beiden ineinander gestellten Kübeln entsteht.

Schritt für Schritt

Es wird für dieses Vorhaben eine größere Menge Zement angerührt. Das empfohlene **Mischungsverhältnis** beträgt in diesem Fall 1 : 3 bis 1 : 4 >> auf einen Teil Portland-Zement kommen etwa drei bis vier Teile Sand (Gesteinskörnung). Auch ein bereits fix und fertig gemischter Zementmörtel (Fertigmörtel) kann hier ohne weitere Zusätze verarbeitet werden.

Die größere der beiden Gießformen wird auf der Innenseite gut eingeölt und auf eine ebene und exakt waagerecht ausgerichtete Fläche gestellt. In der Höhe der Korken (etwa fünf Zentimeter) wird nun Zementleim eingefüllt.

Zum Zwecke der Verdichtung wird mit einem Stab im Zement gestochert, damit Lufteinschlüsse verringert werden. Zusätzlich kann an der Gießform kräftig gerüttelt werden.

Sollen später Pflanzen in den Trog gepflanzt werden, werden nun vier eingeölte Korken in gleichmäßiger Anordnung in den weichen Zement gedrückt. Man drückt sie ganz bis auf den Boden der Form hindurch.

Die oberen Enden der Korken sollten mit der Oberfläche des eingefüllten Zementleims exakt abschließen. Falls dies nicht der Fall sein sollte, kann Zementleim zugefügt oder entnommen werden. Die Korken dienen später als Abzugslöcher für den Trog!

Wichtig!

Möchte man lieber Wasser in den Trog füllen und ihn als Brunnen, Tränke oder Teich nutzen, verzichtet man auf Abzugslöcher und lässt die Korken einfach weg!

Nun wird der von außen eingeölte, kleinere Kunststoff-Kübel auf den Zement gestellt.

Die Korken dienen nun auch als Abstandshalter des kleineren Behälters zum Boden der großen Form und sorgen damit auch automatisch für einen ausreichend dicken Boden des späteren Troges. Gleichzeitig wird das innere Gefäß durch die Korken, auf denen es zu stehen kommt, an seinem Platz fixiert.

Man achte beim Ausbalancieren des inneren Gefäßes auch auf rundherum einheitliche Seitenabstände zum äußeren Kübel, damit später gleichmäßig dicke Außenwände entstehen.

In die kleinere Schale werden nun einige Gewichte gelegt. Dies können eine größere Menge Kieselsteine, Ziegelsteine, Betonschüsseln o. Ä. sein.

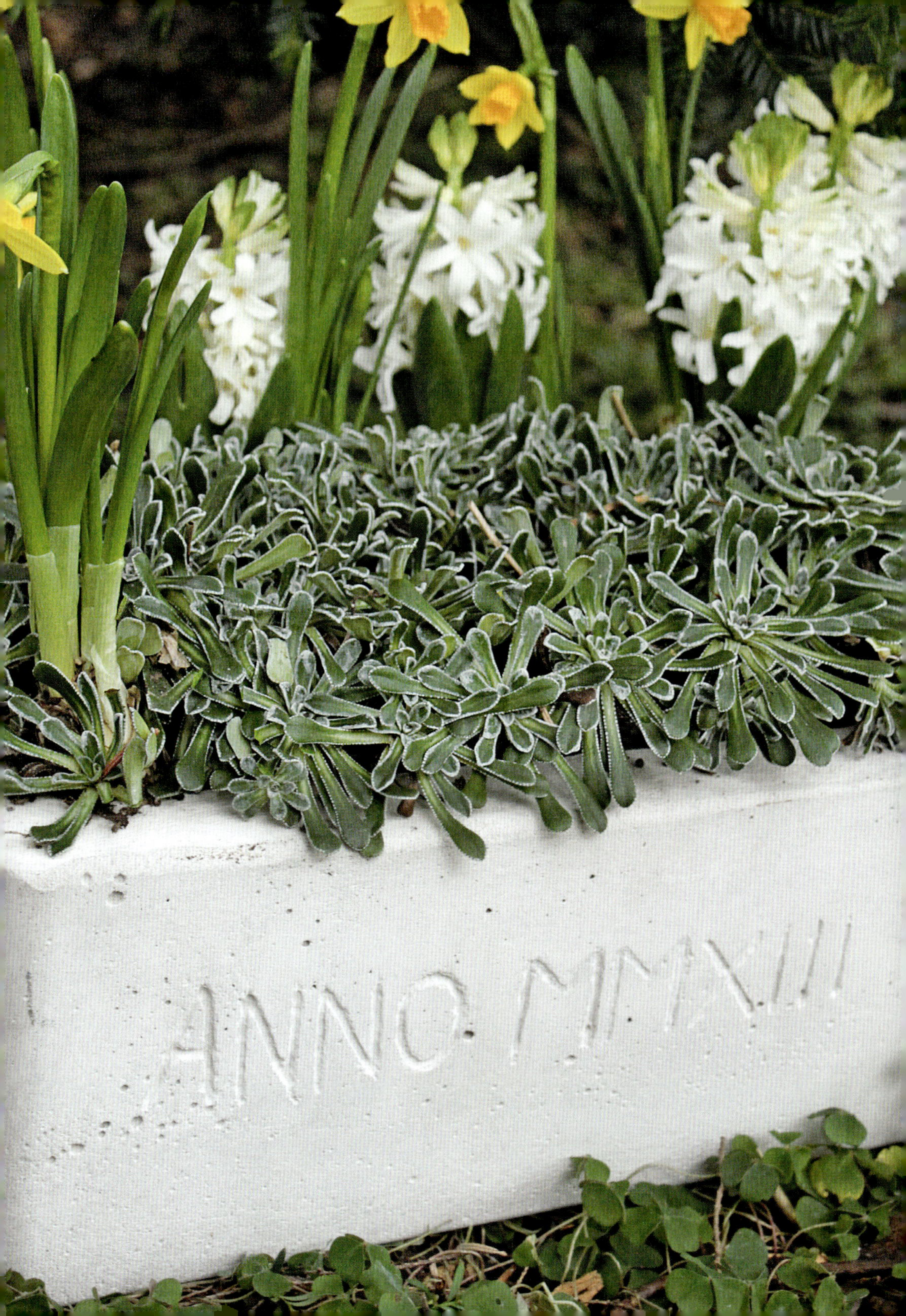
ANNO MMXII

Abzugslöcher mit Korken

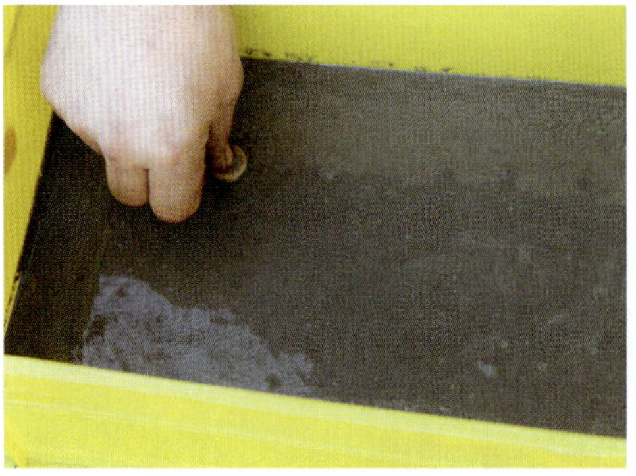

Korken werden in den weichen Zement eingedrückt.

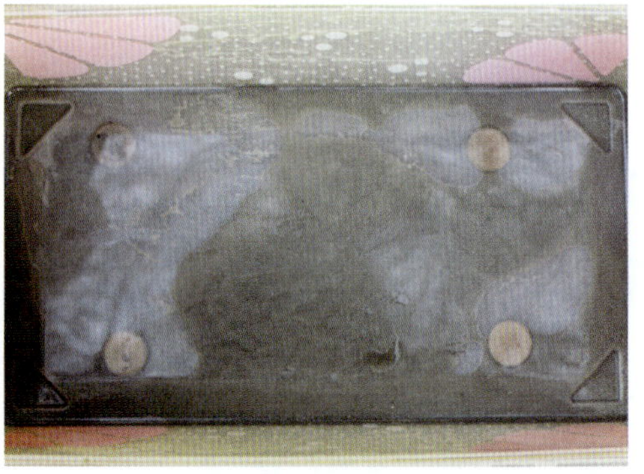

Die innere Form wird auf die Korken gestellt.

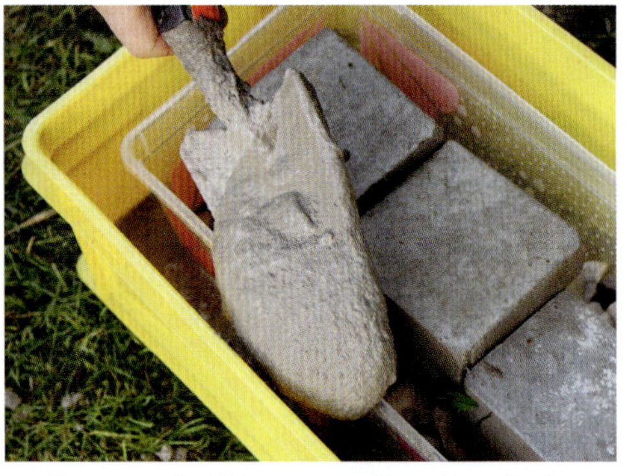

Zement wird bis zur gewünschten Höhe in die Zwischenräume gefüllt.

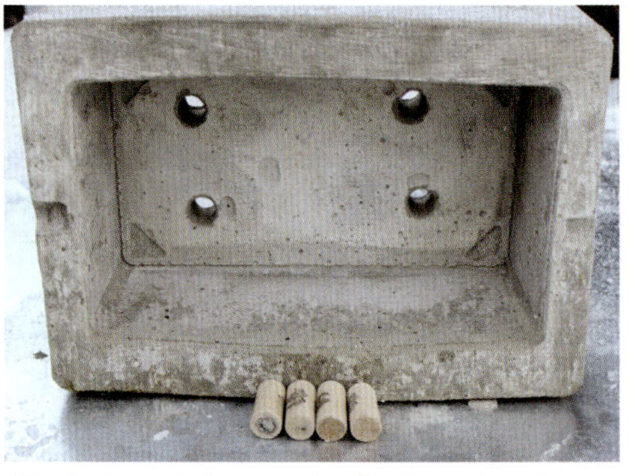

Nach dem Entfernen der Korken sind 4 ausreichend große Abzugslöcher entstanden.

Bei größeren Trögen ab einer Länge von etwa 70 Zentimetern darf hierbei nicht gespart werden. Etwa 30 kg an Gewichten sollte man in diesem Fall schon einfüllen, damit die Schale während des Aushärtens nicht mehr nach oben rutschen (= „aufschwimmen") kann.

Die Zwischenräume zwischen den beiden Gießformen werden nun vorsichtig mit Zementleim aufgefüllt, bis die gewünschte Höhe des späteren Betontroges erreicht ist.

Zum Verdichten wird wiederum mit einem Stab im weichen Zement gestochert.

Auf die exakte Ausrichtung der beiden Gießformen zueinander sollte man viel Wert legen, da es ausschlaggebend für die Schönheit des fertigen Betontroges ist, wie gleichmäßig und symmetrisch er in seinen Formen aushärten konnte.

Je nach Größe des Troges braucht der Zement auch bei hohen Außentemperaturen mindestens drei Tage, bis er ausreichend gefestigt ist und man das fertige Werk vorsichtig aus seiner Form entnehmen kann. An kühleren Tagen wird vorsichtshalber lieber einen oder zwei Tage länger gewartet, damit der Trog beim Herauslösen keinen Schaden nimmt!

Auf der Rückseite des Troges sind die Stellen erkennbar, an denen die Korken noch im festen

Zementstein stecken. Diese werden nun mit entsprechendem Werkzeug sehr vorsichtig aus dem Beton herausgeklopft.

Vorzeitiges Altern ist ausdrücklich erwünscht!

Natürlich hätten wir am liebsten ein Jahrhunderte altes Relikt aus Stein in unserem Garten, dem man sein Alter auf den ersten Blick schon recht ansieht: Ein uralter Steintrog, der von Flechten und Moosen überzogen, wie ein lebendiges Stück Geschichte den Garten schmückt, in dem das Wasser funkelnd ruht oder bunte Blumen sich über die vom Zahn der Zeit schon ein wenig angenagten Seitenwände schieben dürfen.

Doch haben nur die allerwenigsten Gartenbesitzer Glück oder das nötige Kleingeld, so ein bezauberndes Stück Historie in Form eines alten Steintroges für den eigenen Garten zu erwerben. Doch hilft hier kein Jammern!

Um der Zeit ein Schnippchen zu schlagen und die Uhren für unseren Trog schneller laufen zu lassen, begeben wir uns einfach in unsere Beton-Werkstatt und greifen dort ein wenig in die Beton-Trickkiste:

Alt, älter, am schönsten! – Torfbeton!

Eine gute Möglichkeit, Betonoberflächen ein natürliches und dabei „altes" Aussehen zu verleihen, stellt die Zugabe von Torf beim Anmachen des Zementleims dar. Wird Torf im Verhältnis 2 : 2 : 1 (Torf : Zementmörtel : Portland-Zement) beim Anmachen des Leims mit verwendet, entstehen in der Folge sehr nostalgisch wirkende Oberflächen. Der Trog aus Torf wirkt fast, als wäre er aus altem Stein gehauen.

Kurzanleitung: Torfbeton-Trog

Es werden zwei rechteckige Gießformen benötigt, wobei hier neben normalen Kunststoffboxen auch einfache Holzkisten zum Einsatz kommen können, die man zum Befüllen mit einer Kunststofffolie auslegt. Wichtig sind lediglich relativ glatte Innenwände der Form.

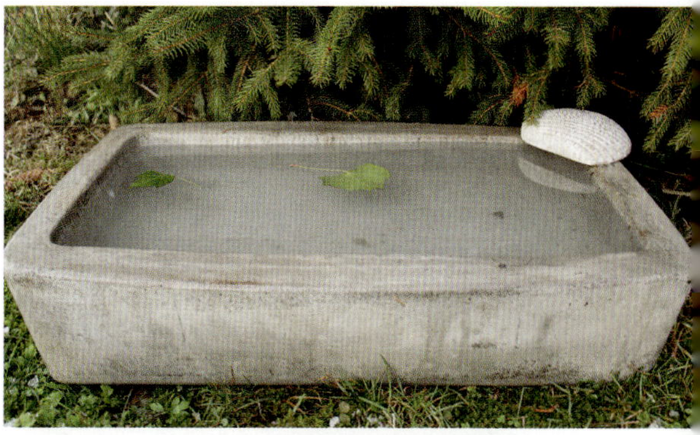

Aus zwei großen Maurerkübeln erstellter flacher Trog, der auch gut als Brunnen genutzt werden kann.

Der Torfbeton wird wie folgt angemacht:

Jeweils zwei Teile Zementmörtel werden mit zwei Teilen Torf sowie einem Teil reinen Portland-Zements gemischt und mit wenig Wasser zu einem sehr zähen Leim verrührt. Eine feste Mischung ergibt noch weit gröbere Oberflächen, die in diesem Fall ausdrücklich erwünscht sind.

In die größere der beiden Kisten wird eine Kunststofffolie eingelegt und ggf. mit Wäscheklammern befestigt. Es sollte darauf geachtet werden, dass die Folie nach Möglichkeit wenig sichtbare Falten bildet.

Die angemachte Torfzementmischung wird zunächst etwa fünf Zentimeter hoch eingefüllt und nach Bedarf werden zwei oder auch vier Korken in den Zement gedrückt, die später als Abzugslöcher dienen. Bei einer Verwendung als Wasserbehälter wird auf die Verwendung der Korken verzichtet!

Um eine kleinere und ebenfalls rechteckige Gießform aus beliebigem, festem Material wird von außen ebenfalls Folie gelegt und mit Wäscheklammern festgesteckt. Nun wird diese

Torfbeton-Trog

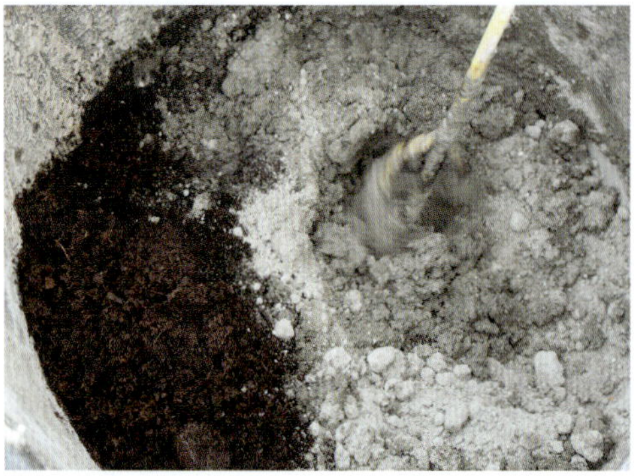

Zementmörtel, Portland-Zement und Torf werden gut vermischt.

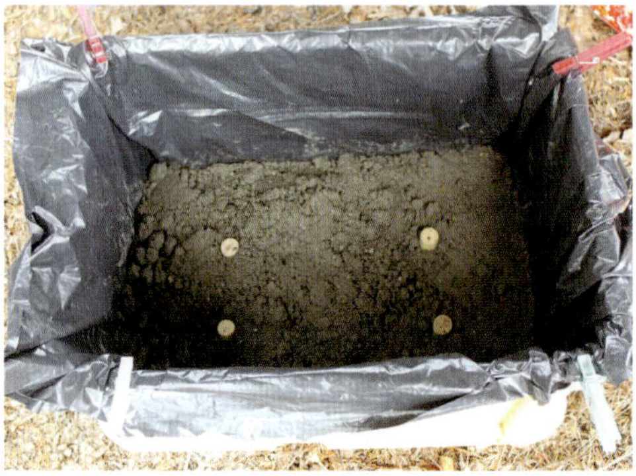

Die Mischung wird etwa 5 cm hoch in eine Kiste gefüllt und 4 Korken eingedrückt.

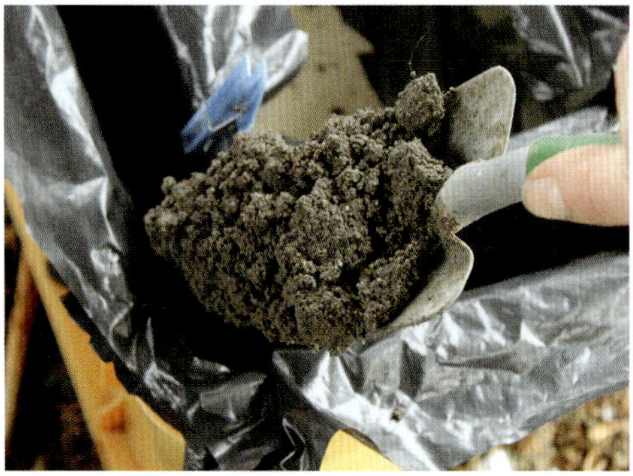

Eine kleinere Form wird auf den Zement gestellt, die Zwischenräume bis zur gewünschten Höhe des Trogs aufgefüllt.

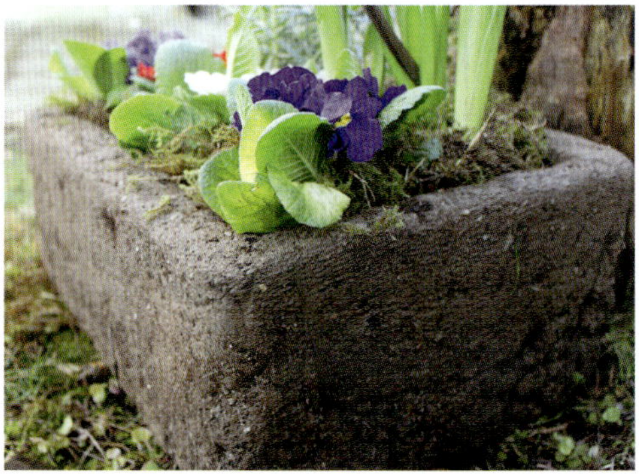

Bepflanzter Torfbeton-Trog

Manuelle Alterung von Beton

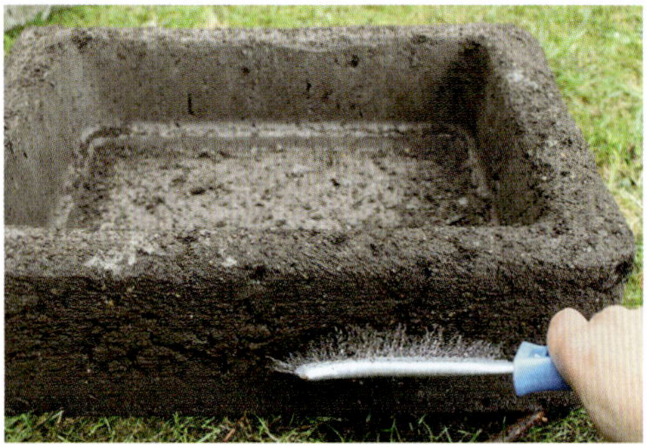

Bearbeitung der Oberflächen mit einer Stahlbürste

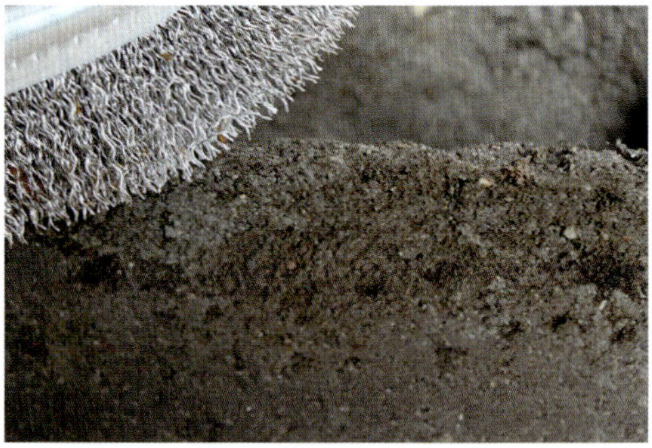

Die Oberflächen werden abgerundet und gebürstet.

kleinere Form auf den Zement gestellt und mit einigen Gewichten beschwert. Die Zwischenräume werden nun so hoch mit Torfzementleim angefüllt, wie der fertige Trog schließlich werden soll.

Da die angerührte Mischung eine relativ feste Konsistenz besitzt, ist das Verdichten des Zementleims von besonderer Bedeutung. Während des Einfüllens sollte daher mit einem langen Stab oder Stiel im Zement gestochert werden, damit die Zementmasse eine homogene Struktur erhält.

Während des Aushärtens sollte die Kiste auf einem ebenen, waagerecht ausgerichteten Untergrund stehen.

Nach etwa drei Tagen wird der fertige Trog vorsichtig aus den Formen befreit und kann nun entweder als schönes Pflanzgefäß oder als nostalgischer Brunnen genutzt werden.

Um ein noch individuelleres Stück zu erhalten, kann nun eine manuelle Nachbearbeitung seiner Oberfläche erfolgen.

Manuell bearbeiten – Der Zahn der Zeit ...

Bis Gestein sichtbar zu verwittern beginnt, ziehen viele Jahre ins Land. Je nach Steinart reicht ein Menschenleben nicht aus, um die äußeren Spuren nachzuvollziehen, die Wind und Wetter an einem Stein im Laufe der Zeit hinterlassen.

Geht es um ein – ebenfalls sehr beständiges – Werk aus Beton, reicht auch hier die Geduld niemals aus, wenn wir darauf warten wollen, dass aus ihm im Laufe der Zeit irgendwann ein geheimnisumwittertes „Altertümchen" geworden ist. Hier darf demnach ohne schlechtes Gewissen ein wenig nachgeholfen werden.

Schleifen und schmirgeln für den äußeren Verfall

Einen noch schnelleren Alterungsprozess meiner selbst gestalteten Beton-Objekte erreiche ich durch eine mechanische Bearbeitung der Oberflächen.

Vorweg sei dazu gesagt, dass die mechanische „Alterungs-Behandlung" immer in einer Weise durchgeführt werden sollte, dass dies auf keinen Fall als „Zerstörung" angesehen wird. Vielmehr gehe man hierbei mit sehr viel Liebe und Behutsamkeit zu Werke.

Als **Hilfsmittel** für eine **mechanische Behandlung** von Oberflächen aus Beton eignen sich:

- Stahl- oder Messingbürsten
- grober Schmirgelschwamm
- Stahlwolle
- verschiedene Metallfeilen
- verschiedene Töpfermesser aus Metall
- grobes Schmirgelpapier
- jegliches Bildhauer-Werkzeug

Sachte rücken wir dem Beton mit oben genannten Hilfsmitteln zu Leibe, führen die Bürste oder den Schwamm abwechselnd in kreisenden und ziehenden Bewegungen über den Beton, sodass man hinterher die Spuren dieser Arbeit nicht gleich auf Anhieb erkennen sollte.

Das Ziel dieser Maßnahmen besteht demnach immer darin, dass eine optisch gleichmäßige Oberfläche entsteht, die den Anschein einer Abnutzung durch Wind und Wetter erweckt.

Am besten funktioniert die manuelle Bearbeitung von Betonflächen alsbald nach der Entnahme des Werkes aus seiner Gießform, da die Konsistenz von Beton zu diesem Zeitpunkt noch relativ weich ist. In diesem noch nicht vollständig erhärteten Zustand des Betonwerkes können wir mit Bürste, Schmirgel oder Feile ohne viel Kraftaufwand noch am ehesten etwas erreichen.

Würde man dagegen zu lange warten, wäre der Beton inzwischen extrem hart und auch sehr fest in seiner Struktur geworden. Eine Bearbeitung seiner Oberfläche würde dann weitaus schwieriger werden.

Wichtig!

Beton lässt sich am leichtesten manuell bearbeiten, solange er noch nicht vollständig ausgehärtet ist. Das ist je nach Größe des Objektes nach ein bis drei Tagen der Fall.

Allerdings sollte der Beton schon über eine gewisse Grundfestigkeit verfügen, damit der Gegenstand – ohne dabei Schaden zu nehmen – aus seiner Form herausgelöst werden kann.

Verwendung

Nach dem Vorbild eines alten Steintroges hergestellte Gefäße aus Beton sind recht vielseitig verwendbar. Wir können sie wie unsere Vorfahren dazu benützen, Wasser hineinplätschern zu lassen oder wir bepflanzen sie üppig mit unseren schönsten Lieblingspflanzen.

Auch eine Nutzung als kleines Gemüsebeet wäre eine interessante Alternative!

Doch ganz egal, ob wir den schwergewichtigen Trog aus Beton nun als Pflanzkübel oder Brunnen nutzen möchten oder gar als Futtertrog wie in alten Zeiten, er verleiht mit seiner Dauerhaftigkeit und soliden Unzerstörbarkeit doch in jedem Fall dem Garten, in dem er stehen darf, ein hohes Maß an Attraktivität!

Und wem die Schlichtheit eines einfachen Betontroges einfach noch nicht charmant genug erscheint, der kann sich hierbei auch künstlerisch noch ein wenig einbringen, indem er seinem Trog durch das Einkerben von geheimnisvollen historischen Schriftzeichen in seine Seitenwände noch ein wenig „Altertümlichkeit" verpasst.

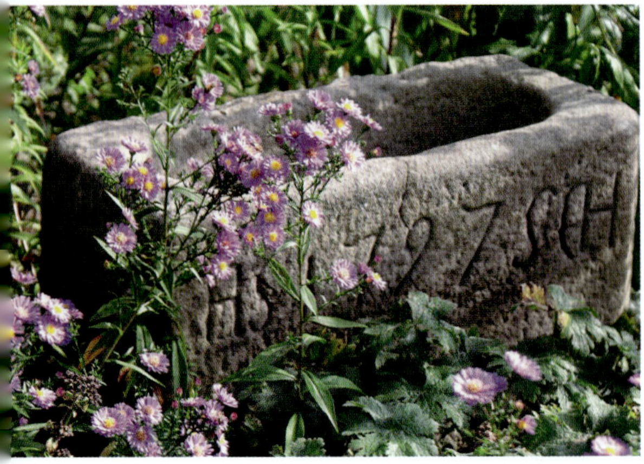

Uralter Steintrog in der Abtei Fulda

Schriftzeichen eingravieren

Mehr Nostalgie geht kaum noch! Ein uralter Trog, verwittert im Laufe von Jahrhunderten, in dessen steinerne Außenwände vor langer Zeit geheimnisvolle Schriftzeichen mühsam eingeritzt wurden!

Einen derart spannenden Blickfang für den Garten können wir uns mit wenig künstlerischem Geschick selber herbeizaubern, wobei das Zaubern allerdings schon ein wenig Mühe bereiten könnte.

Doch was unsere Vorfahren vor allzu langer Zeit mit hartem Naturstein geschafft haben, das können wir mit noch nicht vollständig ausgehärtetem Beton doch noch viel eher!

„Anno MMXIII" alias „im Jahr 2013" – so wird's gemacht:

Um bequemer arbeiten zu können, kippt man den Trog am besten zur Seite.

Wichtig!

Es macht Sinn, die Schriftzeichen vor dem Eingravieren zuvor mit Bleistift ganz dünn vorzuzeichnen!

Die Vertiefungen sollten schon einige Millimeter tief und auch entsprechend breit sein, damit

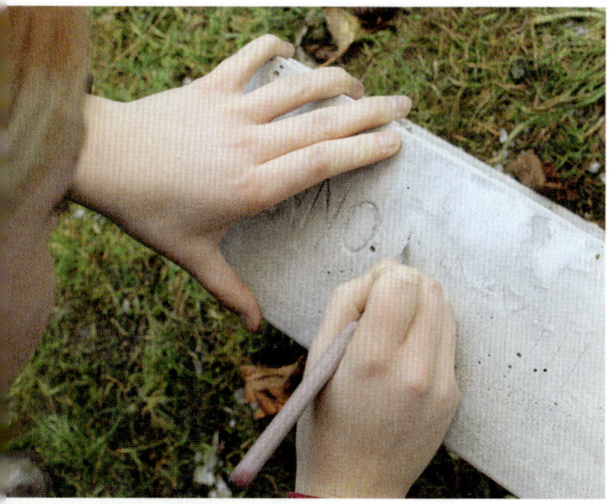

Die aufgemalten Buchstaben werden zunächst mit einem Messer eingeritzt.

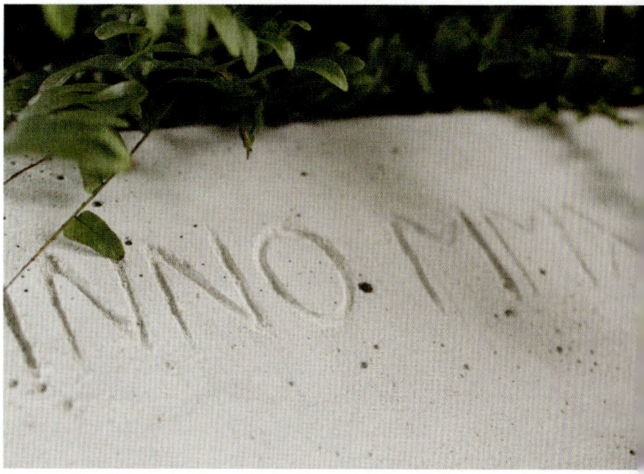

Buchstaben und Zeichen sollten mehrere Millimeter tief eingraviert werden.

man die Buchstaben, Zahlen oder Zeichen auch schon aus einiger Entfernung erkennen kann.

Maschinell gravieren!

Elektrische Graviergeräte erleichtern die Arbeit ungemein und können auch gebraucht gekauft oder ersteigert werden. Mit ihnen wird – fast wie beim Zahnarzt – mit einem kleinen Bohraufsatz gearbeitet. Haargenau werden entlang der vorgezeichneten Linien Vertiefungen in den gehärteten Zement gefräst.

Am effektivsten lassen sich die **Schriftzeichen in den Beton prägen**, wenn in folgender Reihenfolge gearbeitet wird:

1. Vorzeichnen der gewünschten Schriftzeichen mit einem Bleistift
2. Flaches Einritzen entlang der vorgezeichneten Linien mit einem spitzen Messer oder einem sehr spitzen Meißel
3. Tieferes Eingravieren der Zeichen mit einem elektrischen Graviergerät

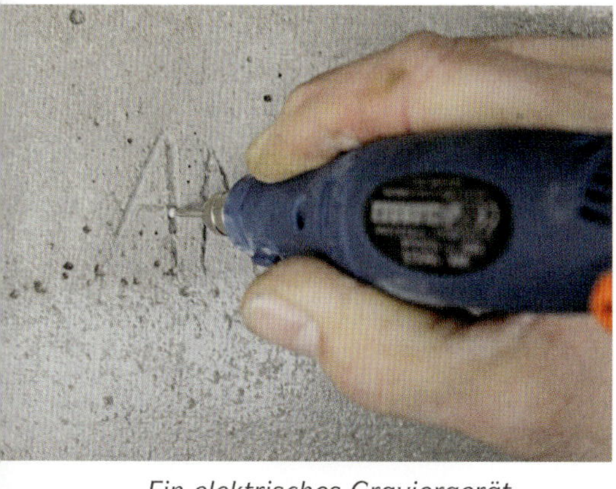

Ein elektrisches Graviergerät erleichtert die Arbeit.

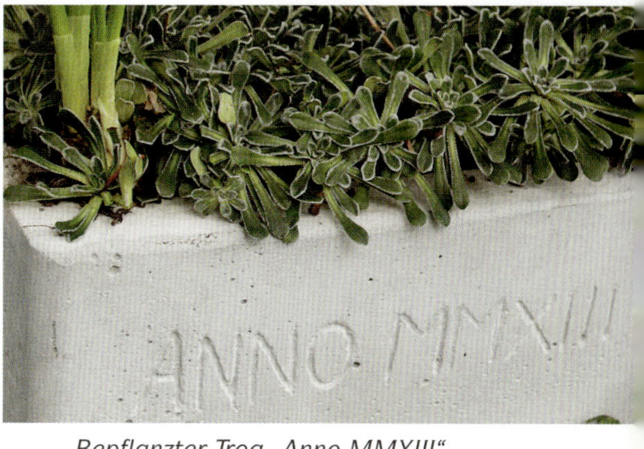

Bepflanzter Trog „Anno MMXIII“

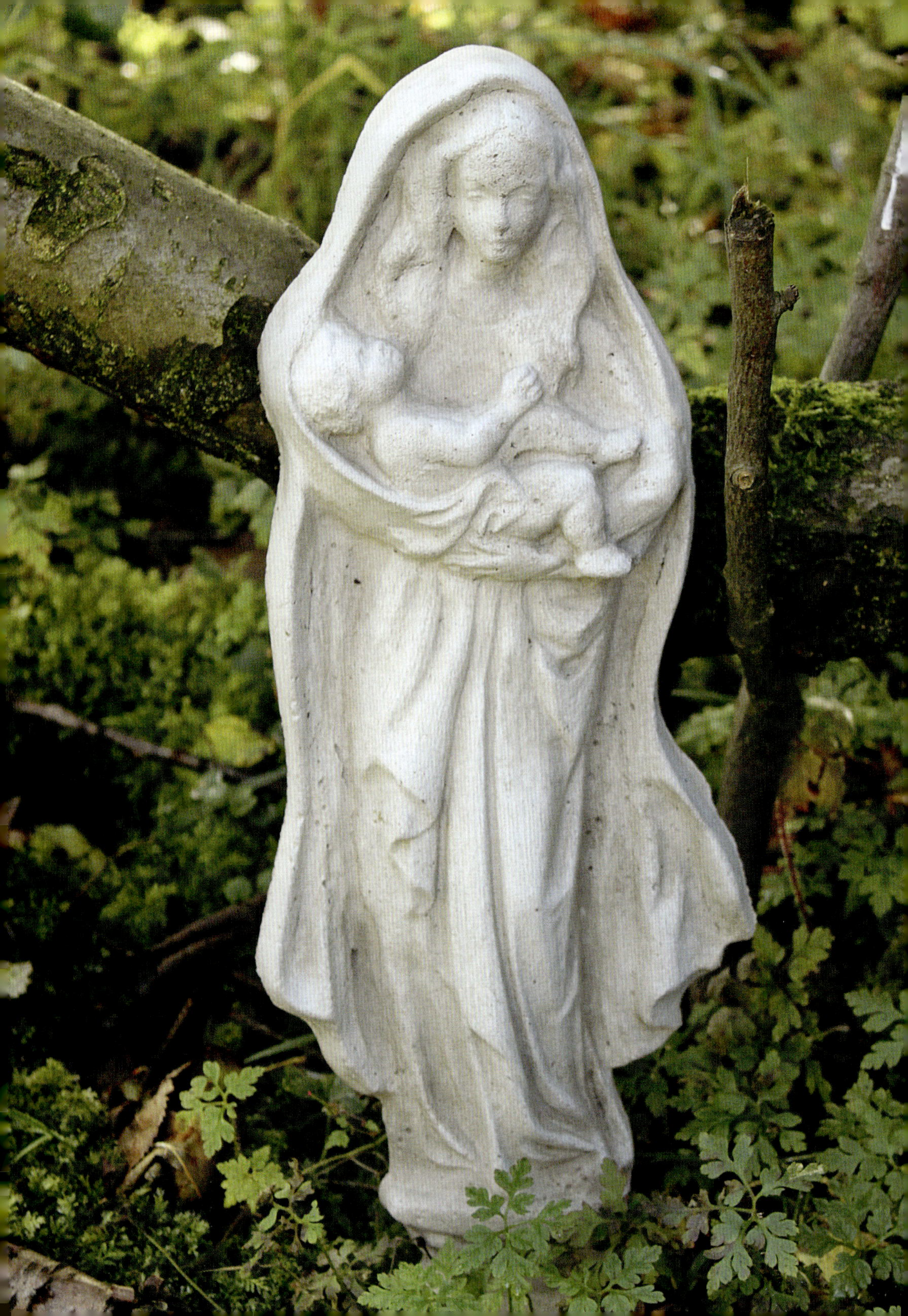

Schöne Skulpturen

Figuren aus Beton hauchen dem Garten Leben ein. Sie sagen oft viel über die Eigenschaften der Garteninhaber aus, über deren Vorlieben und Interessen. Wer sich eine Hundeskulptur in den Garten stellt, mag ganz offensichtlich Hunde, wer Beethoven in die Mitte seiner Lieblingsrabatte setzt, dem gefällt anscheinend seine Musik.

Um Skulpturen aus Beton zu gestalten, gibt es viele verschiedene Methoden. Wir haben einige Beispiele von „Einfach" bis „Schwierig" hier aufgeführt, sodass jeder die Möglichkeit bekommt, seine ganz spezielle „Passion" in Beton zu verewigen.

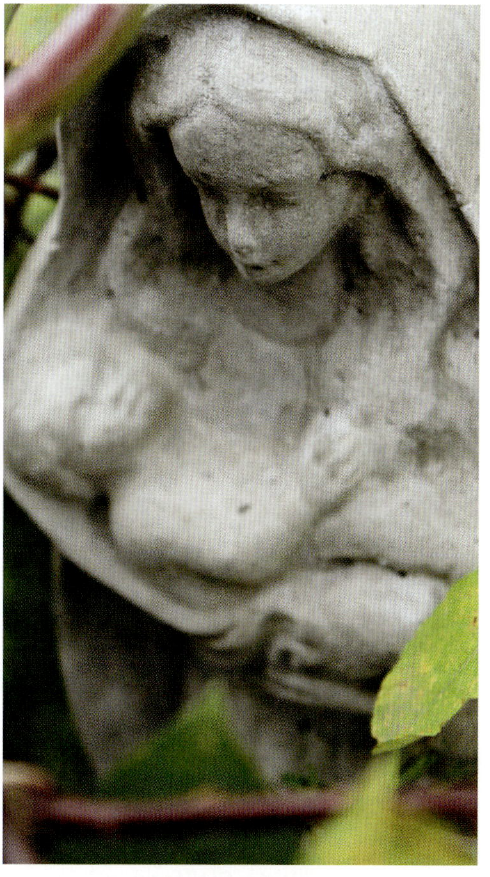

Ausdrucksstarke Madonnen-Skulptur

Madonna in fertiger Gießform – Einfach!

Kinderleicht ist der Betonguss mit einer schon fertigen Gießform aus Kunststoff, wie bei dem hier gezeigten Beispiel dieser bezaubernden Madonna mit Jesuskind.

Leider ist diese Art von Gießformen häufig nicht gerade preisgünstig. Ich fand „meine" Form im Internet und habe sie dort in einer Auktion recht günstig für rund zehn Euro ersteigern können!

Benötigtes Material

- fertige Gießform für eine Skulptur nach Wunsch
- eine größere Menge Sand zum Einbetten der Form

Arbeitsmethode

Eine vorgefertigte Gießform wird mit Zementleim gefüllt.

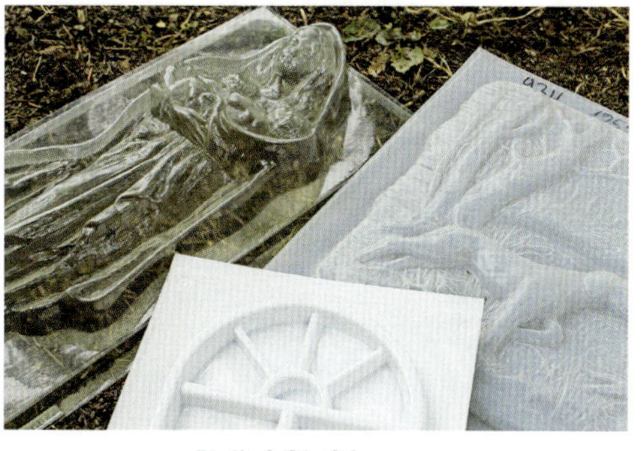

Relief-Gießformen

Schritt für Schritt

Der Sand wird als länglicher Hügel aufgeschichtet oder in einen größeren Maurerkübel gefüllt. Nun wird in die gut mit einem Trennmittel (Öl) eingepinselte Gießform der nach Grundrezept auf S. 48 angemachte Zementleim gefüllt. Dieser Leim sollte nicht zu fest sein, da sich ansonsten allzu schnell Verdichtungsporen in den feinen Gesichtszügen der Figur bilden könnten.

Zur Vermeidung von allzu vielen und großen Verdichtungsporen sollte der Leim außerdem besonders sorgfältig verdichtet werden: Mit einem Stab wird im Leim gestochert, die Form dann anschließend noch etwas gerüttelt. Ohne dass Leim aus der Form rinnt, kann die gesamte Form auch noch vorsichtig mehrmals auf einen harten Untergrund gestoßen werden. Hierbei lösen sich weitere Lufteinschlüsse aus dem Zement.

Anschließend wird die gefüllte Gießform vorsichtig in den Sand eingebettet. Ihre Position wird exakt waagerecht ausgerichtet!

Je nach Größe der Skulptur braucht diese zwischen zwei und vier Tagen, bis sie gut ausgehärtet ist. Im Zweifelsfall wartet man hier lieber einen Tag länger, da ansonsten die Gefahr besteht, dass filigrane Bestandteile der Figur, wie Gesichtszüge, Finger, Haare etc. beim Herauslösen aus der Form abbrechen könnten.

Wichtig!

In Sand gebettete Gießformen brauchen generell ein bis zwei Tage länger, bis der Zement ausgehärtet ist, da die schattig-kühle und dabei leicht feuchte Umgebung des Sandes den Vorgang des Erhärtens hemmt und somit auch zeitlich verzögert.

Verwendung

Schöne Skulpturen aus Beton zieren den Garten in herausragender Weise und werden daher an einer bedeutenden Stelle des Gartens aufgestellt. Dies kann an einem stark frequentierten Weg, in der Nähe eines Sitzplatzes oder inmitten der schönsten Blüten des Gartens sein. Man wird in jedem Fall über lange Zeit seine Freude an dem selbst geschaffenen Werk haben und gerne auch Besucher daran teilhaben lassen.

Mit Latex abformen – die schönsten Skulpturen schlechthin!

Latex als ein Naturprodukt wird aus dem Milchsaft des Kautschukbaumes gewonnen. Allerdings werden heutzutage schon etwa 60 % des weltweiten Bedarfs an Latex mit Hilfe von synthetischem Kautschuk hergestellt. Man unterscheidet daher zwischen „Naturlatex“ und „synthetischem Latex“.

Latex kommt heute recht vielfältig zum Einsatz, so etwa in Wandfarben, in Matratzen oder auch in der Möbelproduktion. Die meisten Rückenbeschichtungen von Teppichen etwa enthalten zu einem hohen Anteil Latex.

Latex hat viele positive Eigenschaften, er ist allgemein sehr strapazierfähig, hält dabei den verschiedensten Witterungen stand und ist äußerst reißfest. Er kann außerordentlich stark gedehnt werden, ohne zu reißen oder zu brechen. Selbst nach starker Verformung behält Latex seine ursprünglichen, positiven Eigenschaften, sodass wir Latex auch sehr gut zum Abformen verwenden können.

Für unsere Beton-Werkstatt bedeutet dies eine große Bereicherung, da wir auch plastisch figürlich abformen können:

Mit dickflüssigem Latex erstellen wir demnach eine elastische Gießform eines geeigneten Gegenstandes, um diesen anschließend mit weichem Zementleim zu füllen. Der Leim wiederum härtet in wenigen Tagen aus, um nach dem Entfernen seiner elastischen Latexhülle eine Beton-Skulptur freizugeben, die unser Wunschthema recht ansprechend verkörpert.

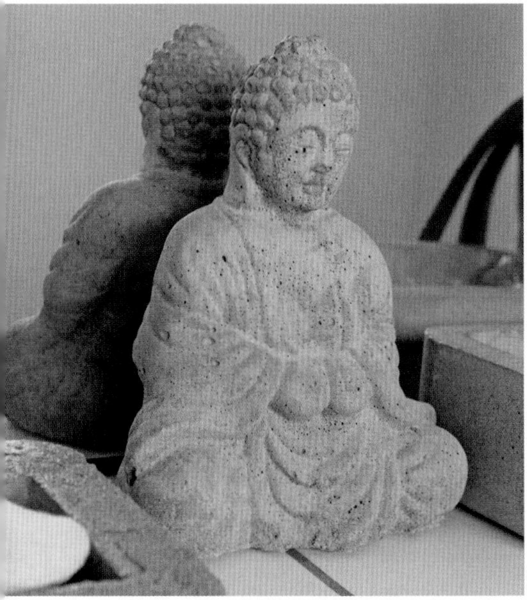

Ein Buddha aus Beton strahlt immer und überall Ruhe aus.

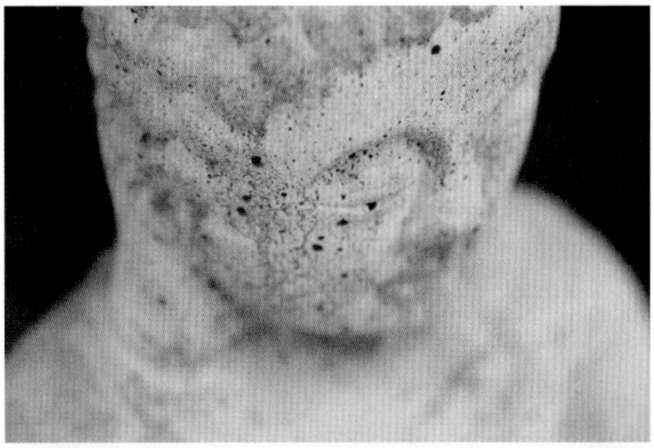

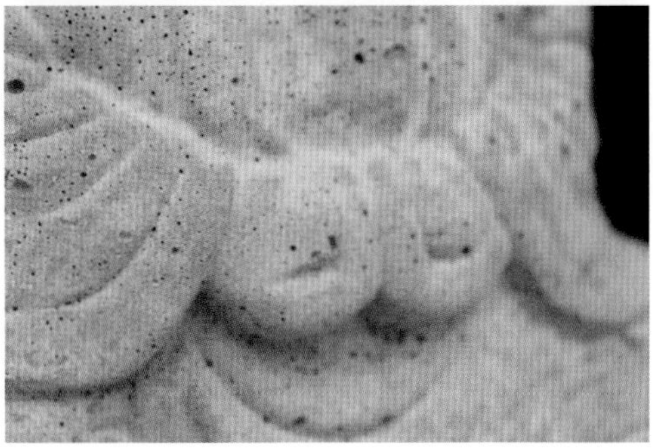

„Meditation in Beton" – Buddha-Skulptur

Ein Garten sollte immer auch ein Ort der Inspiration sein. Ein Plätzchen fernab von Alltagsstress und Hektik, an dem man einfach mal „auf andere Gedanken" kommen kann.

Ein Symbol für Muse und innere Ausgeglichenheit schlechthin ist die Figur des Buddhas.

Ob es sich nun um einen dicken lächelnden Buddha oder um einen in sich gekehrten Mönch im Meditationssitz handelt, spielt nicht so sehr eine Rolle.

Haben wir erst einen wetterfesten Buddha im Garten sitzen, lassen wir uns gerne von seiner Gelassenheit anstecken.

Aus beständigem Beton gegossen bleibt er standhaft und für lange Zeit unser stummer Begleiter bei der Gartenarbeit oder während ruhiger Musestunden. Seine schlichte Erscheinung in Betongrau oder in dezenter Farbgebung mittels verwendeter Betonfarben (Farbpigmente) verträgt sich mit vielen Garteneinrichtungsstilen.

Benötigtes Material

- eine relativ kompakte Buddha-Figur aus beliebigem festem Material
- ca. ¼ Liter dickflüssige Latexmilch oder Latexpaste
- Pinsel zum Auftragen
- Sand (Spielsand, Quarzsand) zum Einbetten der Form

Arbeitsmethode

Gewinnung einer Latex-Form durch Auftragen von Latexmilch oder -paste auf die Buddha-Figur und anschließendes Eingießen von Zementleim in die entstandene Form.

Schritt für Schritt

Man verwende eine kleine bis mittelgroße Buddha-Figur mit einer maximalen Größe von höchstens 40 Zentimetern und setze diese auf eine wasserdichte Unterlage.

Die Figur sollte relativ kompakt gestaltet, also weder zu stark gefurcht sein noch sollten irgendwelche Teile zu stark hervorstechen, wie etwa Hände, Gewand o. Ä.

Nun wird auf die gesamte Figur eine dickflüssige Latexmilch oder -paste mit einem Pinsel aufgetragen und etwa drei Stunden trocknen gelassen. Am besten geeignet ist entweder Latexmilch von „extra dickflüssiger" Konsistenz oder eine noch zähflüssigere „Latexpaste".

Die zweite Schicht wird erst aufgetragen, wenn die vorherige gut getrocknet ist. Diesen Vorgang wiederholt man etwa acht- bis zehnmal, bis eine ausreichend dicke Beschichtung aus Latex entstanden ist.

Entgegen vieler Hinweise von Herstellern dieser Latexpasten reichen in unserem Fall vier bis fünf Schichten auf gar keinen Fall aus, da normalerweise mit Gips abgeformt wird, der wesentlich leichter in seiner Konsistenz ist als Beton.

Durch den schweren Zementleim kann sich die Latexhülle sehr schnell verformen und man sollte daher auf eine stabile und gleichmäßig dicke Beschichtung des Gegenstandes mit Latex achten!

Mit einer zu dünnen und labilen Form aus elastischem Latex funktioniert das Abformen in Beton leider nicht!

Faustregel!

Je dicker und fester die erstellte Form ist, desto originalgetreuer kann mit ihr in Beton abgebildet werden! Zehn Schichten reichen meist aus!

Eine zu dünne Beschaffenheit der Latexform würde unbefriedigende Ergebnisse zur Folge haben, da sie sich unter dem Gewicht des eingefüllten Zementleims sowie aufgrund der sandigen Umgebung allzu stark verformen würde!

Die Latexmilch erscheint zunächst als weiße (oder farbige) Schicht, sodass man auch gut erkennen kann, ob man diese schön gleichmäßig auf die Figur aufgetragen hatte. Während des Trocknungsvorgangs wird Latex jedoch beinahe klar!

Der gesamte Vorgang zur Anfertigung einer Latexform dauert in etwa drei Tage.

Wichtig!

Den verwendeten Pinsel wickelt man während der Trocknungszeiten der einzelnen Latexschichten gut in Folie ein, so bleibt er über einen längeren Zeitraum weich und kann mehrfach wiederverwendet werden.

Sobald die fertige Latexhülle gut getrocknet ist, kann sie vorsichtig, vom unteren Rand der Figur beginnend, abgezogen werden.

In einen Hügel aus Sand wird nun eine Vertiefung hineingedrückt, sodass die Form mit dem Kopf nach unten dort hineingesetzt werden kann. Der Kopf der Figur ist demnach der tiefste Punkt der Form beim Befüllen mit Zementleim. Der obere Rand der Form (die Öffnung) sollte exakt waagerecht ausgerichtet sein, damit die Skulptur hinterher eine schöne gerade Standfläche erhält.

Man kann den Sand auch in einen ausreichend großen Kübel geben. Das hat den Vorteil, dass man diesen zum Schutz vor freilaufenden Katzen leicht abdecken kann.

Die Innenseite der Form wird ganz dünn mit einem Trennmittel bestrichen und anschließend mit Zementleim gefüllt.

Abformen mit Latex

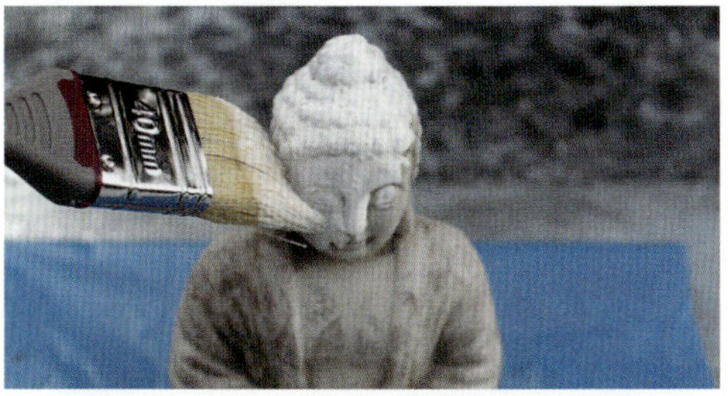

Latex wird in etwa 10 Schichten auf eine einfache Keramik-Figur aufgetragen.

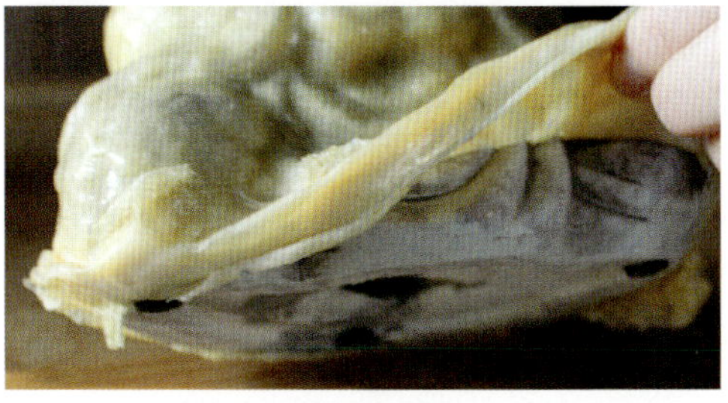

Die elastische Latexbeschichtung wird abgenommen.

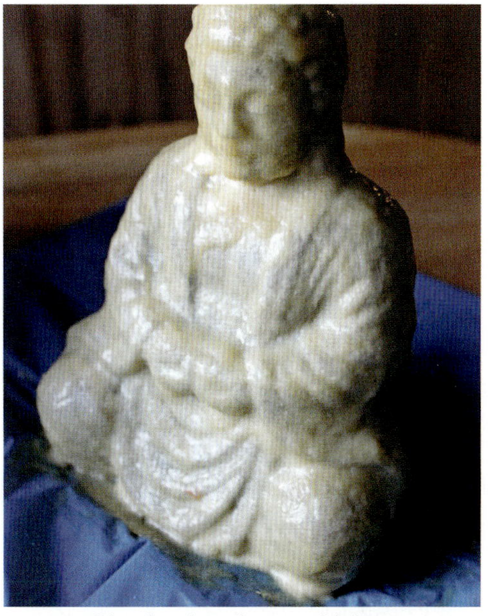

Die einzelnen Latexschichten müssen gut trocknen.

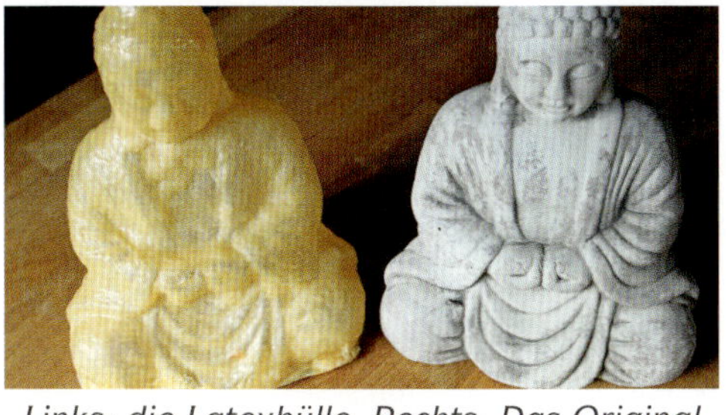

Links: die Latexhülle Rechts: Das Original aus Keramik

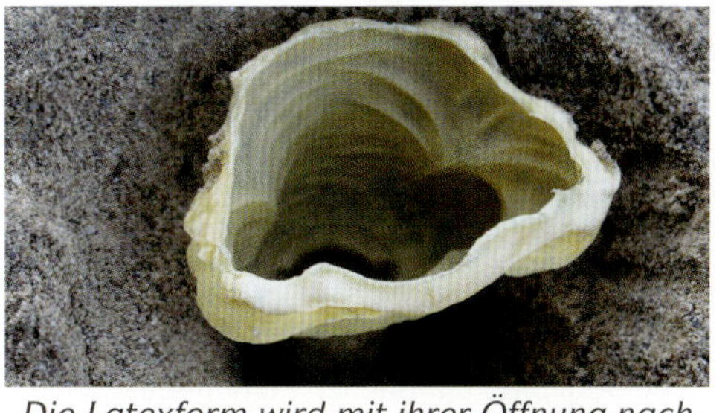

Die Latexform wird mit ihrer Öffnung nach oben in feinen Sand eingebettet.

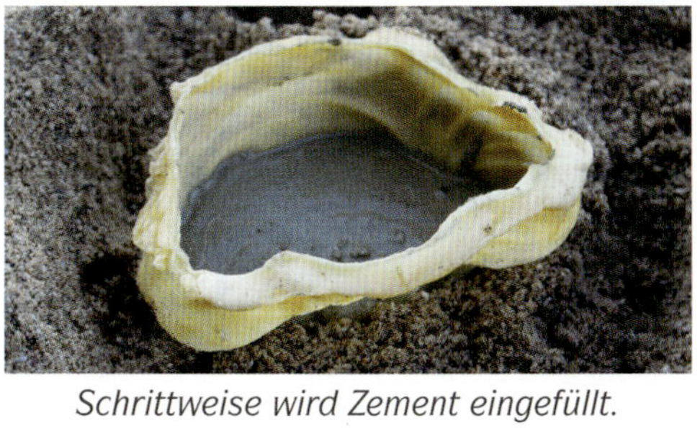

Schrittweise wird Zement eingefüllt.

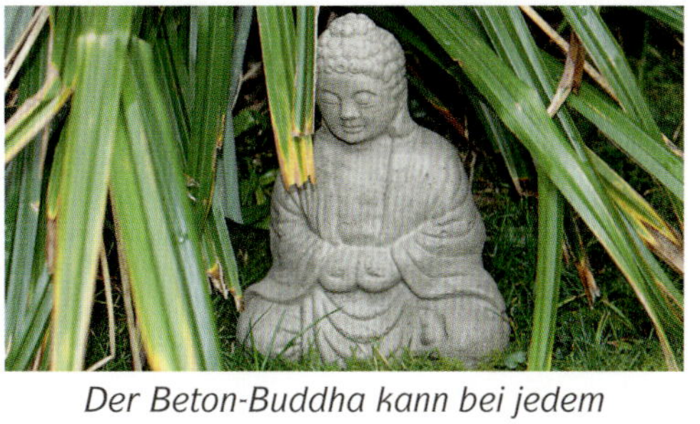

Der Beton-Buddha kann bei jedem Wetter draußen bleiben.

Es ist allerdings ratsam, den Zement immer Stück für Stück in die Form zu füllen und die Lücken zwischen Form und Sand jeweils soweit mit sehr feinem Sand (z. B. Quarzsand) aufzufüllen, wie hoch der Zement schon eingefüllt wurde:

Man arbeitet sich demnach stückweise nach oben vor: Sand wird immer erst dann um den Teilabschnitt der Form gelegt, wenn zuvor entsprechend hoch Zement eingefüllt wurde.

Hierzu lässt man den Sand nur locker einrieseln und drückt ihn nicht mehr gegen die Form.

Die Form soll von außen lückenlos vom Sand eingefasst werden und so einen guten Halt bekommen. Zuviel Druck von außen gegen die Form würde allerdings unschöne Dellen in der fertigen Figur ergeben.

Der angemachte Zementleim im Verhältnis 1 : 3 (auf eine Schaufel Zement kommen etwa drei Schaufeln Sand), darf hierbei auf keinen Fall zu dünnflüssig sein.

Ein besonders zäher Zementleim verhält sich wesentlich formstabiler in der Latexform und bringt daher weit bessere Erfolge als ein zu flüssig angerührter Leim, der sich beim Befüllen der Latexform und hier beim Einbetten in den Sand nicht so gut kontrollieren und formieren lässt.

Wurde die Latexform bis zu ihrem oberen Rand mit Zement gefüllt, wird zum Verdichten mit einem Stab im weichen Zement gestochert.

Nach drei bis vier Tagen ist der Zement zu Beton erstarrt und kann aus der Form genommen werden. Die elastische Latexform wird vom Buddha aus Beton abgezogen und kann beliebig oft wiederverwendet werden.

Kürbisse aus Beton

Die Geschenke unseres Gartens in Form von zauberhaften Blüten oder Früchten sind leider allzu vergänglich! Wie gerne würden wir uns auch noch im Winter oder gar über Jahre hinweg an ihrem Anblick erfreuen!

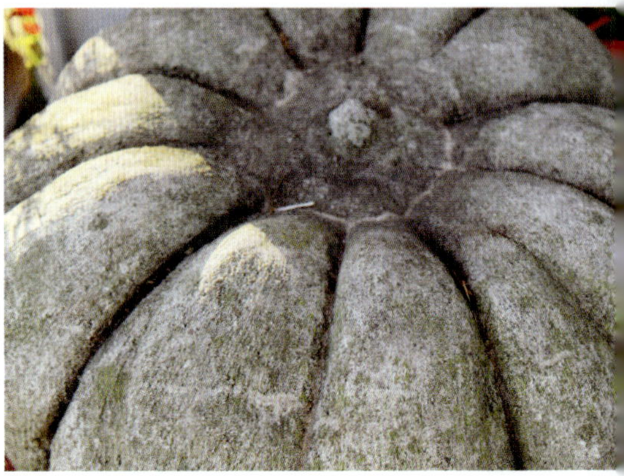

Nicht essbar, aber ungeheuer dekorativ sind in Beton gegossene Kürbisse.

Ausgesprochen dekorativ sind Kürbisse. Sie werden daher immer gerne zu herbstlichen Arrangements in Haus und Garten verwendet!

Manchmal sehen wir auf dem Markt ein besonders ansehnliches Exemplar oder es gelingt uns sogar im eigenen Garten, ob nun beabsichtigt oder rein zufällig, eine ausgesprochen makellose Frucht heranzuziehen, die man am allerliebsten für die Ewigkeit erhalten möchte.

Ein Maler würde nun den Pinsel zücken, ein Betonkünstler Zement und Sand besorgen! Und dazu ein kleines Döschen Latexpaste!

Benötigtes Material

- ein besonders schön gewachsener Kürbis mit wulstiger Oberfläche
- ca. ¼ Liter dickflüssige Latexmilch oder -paste
- Pinsel zum Auftragen
- Sand (Spielsand, Quarzsand) zum Einbetten der Form

Arbeitsmethode

Anfertigen einer Latex-Form durch Aufpinseln von Latexmilch auf den Kürbis und anschließendes Eingießen von Zementleim in die entstandene Form.

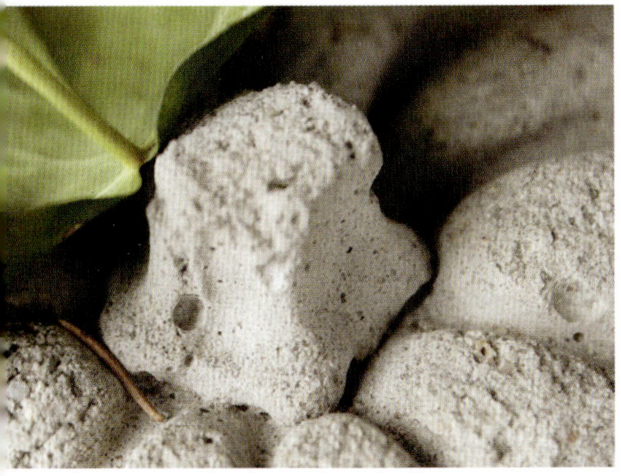

Beton-Kürbis im Detail

Schritt für Schritt

Ein besonders ansehnlicher Kürbis wird auf eine wasserdichte Unterlage gesetzt und nach der Anleitung von Seite 92 mit dickflüssiger Latexmilch oder -paste in mehreren Schichten eingepinselt.

Ist die Latexbeschichtung gut getrocknet und hat sie ihre endgültige Stärke erreicht – was meist nach etwa zehn aufgetragenen Schichten der Fall ist – kann die elastische Hülle nun vorsichtig vom unteren Rand des Kürbisses beginnend abgezogen werden.

Die entstandene Form aus flexiblem Latex wird nun mit der Öffnung nach oben in einen kleinen Eimer (oder Hügel) Sand gebettet.

Hierzu wird im Sand zunächst eine Kuhle in der Form des Kürbisses geformt und die Form mit der Öffnung nach oben hineingestellt. Man achte hier darauf, dass die Kuhle nicht zu eng ist. Die Form sollte, ohne anzustoßen, darin Platz finden.

Es sollte auch auf eine waagerechte Lage der gesamten Form im Sand geachtet werden.

Von der Innenseite her kann man die Form nun sachte gegen den sandigen Untergrund drücken. Sie sollte gut in den Sand eingebettet werden!

Nachdem die Innenseite der Kürbisform mit einem Trennmittel (Speiseöl) eingepinselt wurde, wird ein eher fester Zementleim im Verhältnis 1 : 4 (auf eine Schaufel Zement kommen vier Schaufeln Sand) oder wahlweise ein aus Fertigmörtel (Zementmörtel) erstellter Leim, in die Form gefüllt. Die vorhandenen Lücken zwischen Form und Sand werden nun mit sehr feinem Sand (z. B. Quarzsand) aufgefüllt. Der Sand sollte die Form dabei – ohne sie einzudrücken – nur ganz locker einfassen.

Zum Verdichten wird vorsichtig mit einem Stab im Zement gestochert und gegebenenfalls noch etwas Zement nachgefüllt.

Je nach Größe des Kürbisses kann die elastische Form nach zwei bis vier Tagen vom fertigen Betonkürbis abgezogen werden und ist sogleich bereit zur weiteren Verwendung als Gießform.

Wichtig!

Man achte darauf, dass der verwendete Sand nicht zu feucht ist! Nasser Sand würde die Form von außen zu sehr eindrücken und schmiegt sich weniger gut an die elastische Latexform an.

Verwendung

Aus Beton gegossene Kürbisse sind reine Allround-Talente, wenn es um Dekorationen rund um Haus und Garten geht! Das ganze Jahr über zieren sie Hauseingänge, Sitzplätze, Gartentische, Wege oder Beete. Es gibt kaum einen Ort, der durch einen hübschen Kürbis aus Beton nicht verschönert würde.

Die Betonfrüchte sind praktisch unbegrenzt haltbar und setzen mit der Zeit eine dekorative Patina an, vor allem, wenn man sie in eher feuchten und schattigen Gartenbereichen arrangiert hatte.

Abformen eines Kürbisses mit Latex

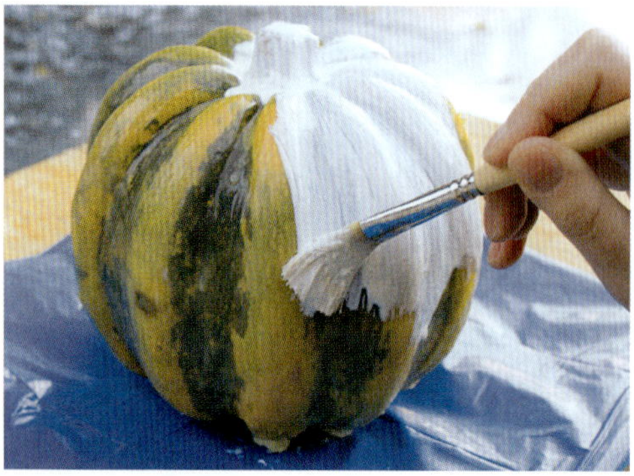

Latex wird in 10 Schichten aufgetragen.

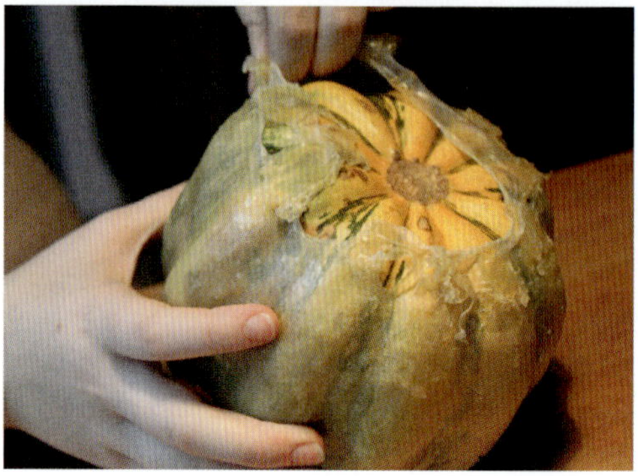

Nach dem Trocknen wird die Latexform vom Kürbis abgestreift.

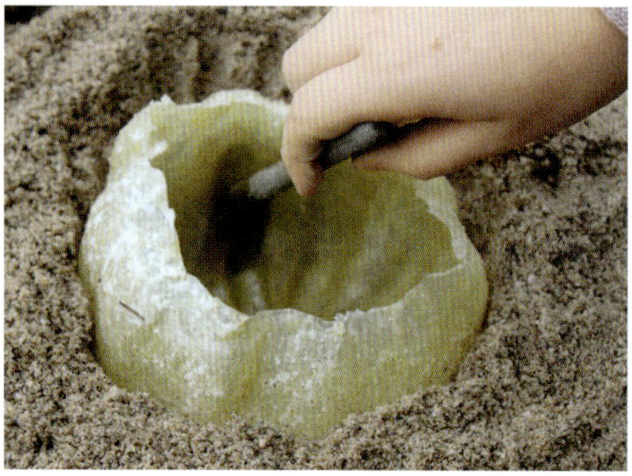

Die in Sand gebettete Form wird eingeölt.

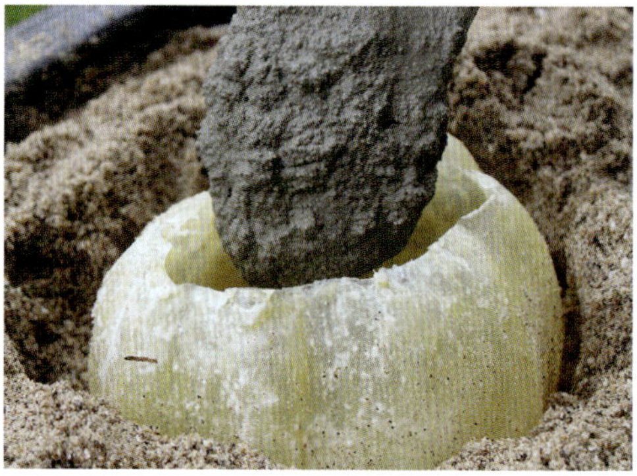

Zementleim wird eingefüllt.

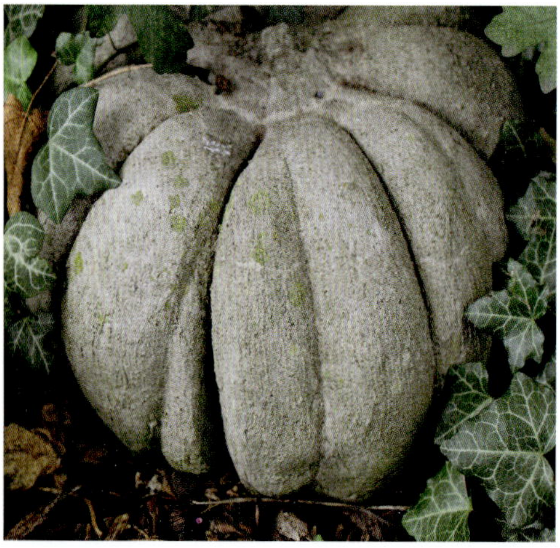

Alternative zu Latex: „Silikon“

Alternativ zu Latex kann auch mit Silikon in gleicher Weise verfahren werden. Allerdings ist Silikon etwas teurer in der Beschaffung als Latex, dem flüssigen Silikon muss zudem ein Härter hinzufügt werden, damit eine flexible und dabei beständige Form entstehen kann.

Silikon ist absolut wasserfest und formbeständig. Es zeichnet sich auch durch seine sehr gute Hautverträglichkeit aus.

Wer auf Latex allergisch reagiert – was leider immer häufiger vorkommt – der kann auf Silikon zur Herstellung einer Gießform ausweichen.

Ein eigenes Familienwappen adelt den Garten

In Beton gegossene Wappenmotive sind nicht nur in geschichtlicher Hinsicht hochinteressant.

Wurden sie in die Gesamtgestaltung eines Gartens effektvoll integriert, lassen sie ihre Umgebung sogleich ein wenig feudaler erscheinen.

Man sieht einem Betonwappen nicht gleich sein genaues Alter an, doch vermutet man hier meist, dass es sich bei ihm um etwas Altes, Vergangenes oder gar Geschichtsträchtiges handeln muss.

Besucher des Gartens wollen für gewöhnlich wissen, was es mit dem Wappenbild auf sich hat und ob sich in ihm vielleicht sogar ein altes Familiengeheimnis verbirgt.

Wer historische Gärten und damit verbunden alte Geheimnisse mag, wird in jedem Fall auch seine Freude am Gestalten von alten Wappenbildern in Beton haben. Wie wir gleich sehen werden, ist es tatsächlich gar nicht so schwer, ein vorhandenes Wappenmotiv in Beton zu verewigen und mit ihm den Garten recht spektakulär zu dekorieren.

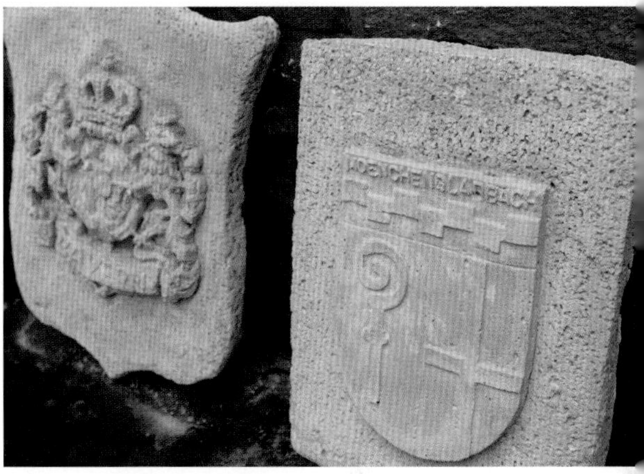

Wappen in Beton sind immer „schwer" beeindruckend.

Benötigtes Material

- Wappen als Relief-Form aus Metall, Kunststoff, Wachs oder jedem anderen festen Material
- eine etwa drei Zentimeter dicke Platte aus Styropor (oder Moosgummi) zum Auflegen des Wappens
- ca. ¼ Liter dickflüssige Latexmilch oder -paste
- Pinsel zum Auftragen
- Sand zum Einbetten der Form
- ev. einige Holzlatten zum Einschalen der (rechteckigen) Latexform

Arbeitsmethode

Anfertigen einer Latex-Form durch Aufpinseln von Latexmilch auf das Wappen inkl. der Platte aus Styropor und anschließendes Eingießen von Zementleim in die entstandene Form.

Schritt für Schritt

Zunächst wird aus dem Styropor die Unterlage für das Wappen-Relief ausgeschnitten. Nach Wunsch kann diese Platte rechteckig, rund, wabenförmig oder in jeder anderen Form gestaltet sein. Die gewünschte Form der Platte wird zunächst aufgezeichnet, anschließend wird mit einem Messer mit gerader Klinge entlang der vorgegebenen Linien geschnitten.

Das Wappen wird nun auf die Unterlage aus Styropor aufgelegt. Zwischen Untergrund und Wappen sollten möglichst keine Lücken vorhanden sein. Das bedeutet, dass dieses ganz plan auf dem Untergrund aufliegen muss, damit möglichst keine Latexmilch darunterfließen kann! Nun wird die Platte samt Wappen auf eine wasserfeste Unterlage gelegt.

Latexmilch oder -paste wird nun auf Wappen und seine Unterlage aufgepinselt und gut trocknen gelassen. Bei sehr zerklüfteten Motiven kann die Latexmilch zunächst auch vorsichtig

Abgießen eines Familienwappens mit Latex

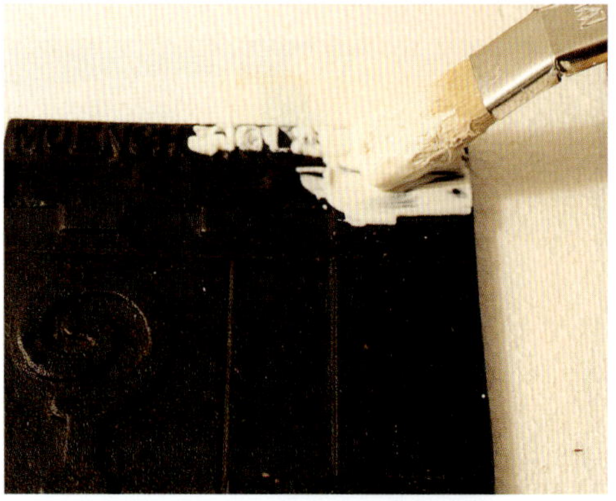

Das Wappen wird samt seiner Unterlage mit Latex eingepinselt.

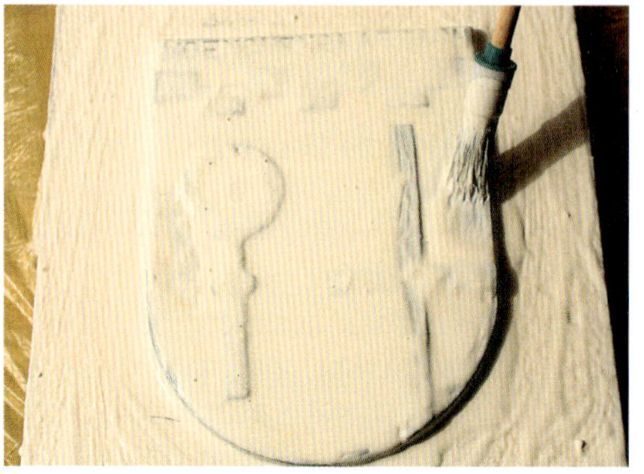

Nachdem eine Schicht gut getrocknet ist, wird der Vorgang noch etwa 8 bis 9 Mal wiederholt.

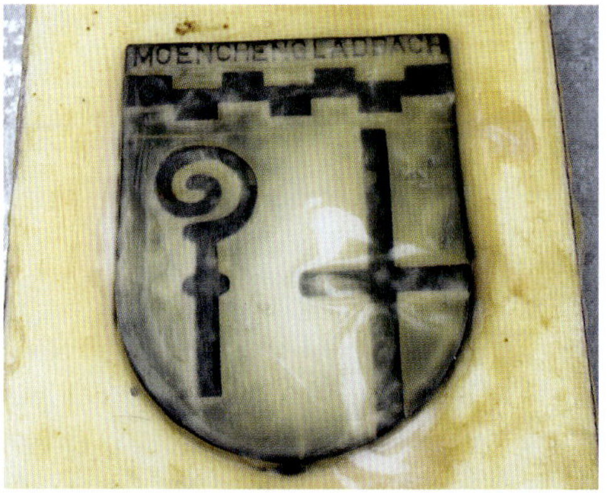

Die Latexmilch wird während des Trocknens beinahe klar.

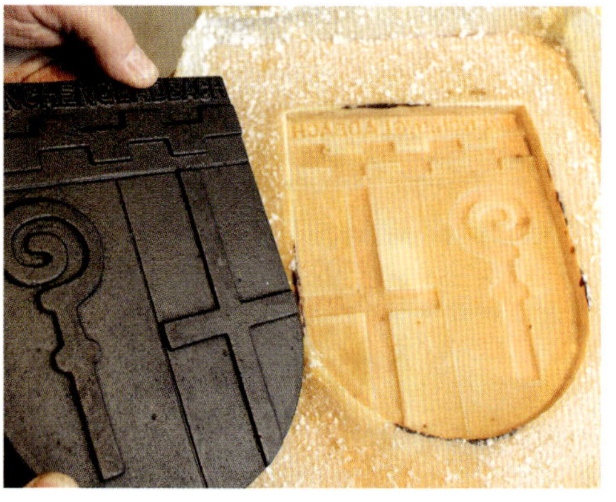

Es ist eine elastische Gießform entstanden.

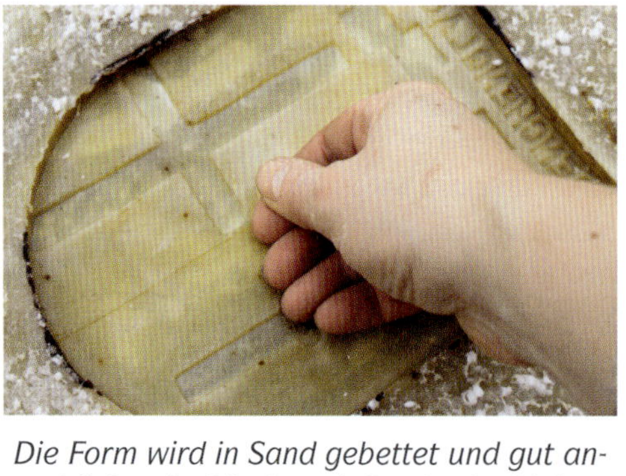

Die Form wird in Sand gebettet und gut angedrückt, die Ränder mit Sand oder kleinen Holzleisten stabilisiert.

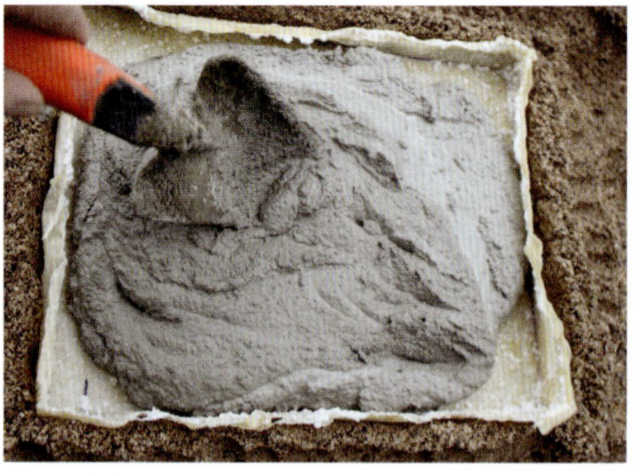

Zähflüssiger Zement wird in die eingeölte Form gegeben und glattgestrichen.

aufgegossen und von der Mitte her mit einem Pinsel verteilt werden. So gelangt Latex auch in jede noch so kleine Lücke! Die weiteren Schichten werden dann mit einem Pinsel aufgetragen.

Der Vorgang wird mindestens achtmal wiederholt, damit eine ausreichend dicke Latexbeschichtung entstanden ist (siehe hierzu auch S. 92).

Sobald die letzte Schicht vollständig getrocknet ist, kann die elastische Latexhülle von Wappen und Unterlage abgezogen werden. Reste vom Styropor werden ggf. von der Innenseite der Latexhülle entfernt!

Achtung!

Vom Styropor löst sich die Latexhülle meist nicht ganz sauber ab. Es entsteht eine leicht unregelmäßige Oberfläche der Latexhülle, was aber – meiner Meinung nach – erst den besonderen Reiz der späteren Wappentafel ausmacht, da hier eine „vorzeitige Alterung" der Betonoberfläche bereits inbegriffen ist.

Wer eine ganz glatte Betontafel erhalten möchte, verwendet besser Moosgummi anstelle von Styropor oder ein anderes glattes Material als Unterlage für das Wappen. Auch Holz als Untergrund funktioniert gut.

Man bettet die entstandene Form in einen flachen Hügel Sand und drückt sie leicht an. Die Form sollte exakt waagerecht ausgerichtet werden!

Mit der flachen Hand und/oder einer flachen Kachel wird die Latexhülle gründlich an den Untergrund aus Sand gedrückt, bis die Form schön eben auf dem Sand aufliegt. Dies ist sehr wichtig, damit die spätere Wappentafel eine ebenmäßige Oberfläche erhält.

Die Latexform sollte sich exakt an ihren sandigen Untergrund anschmiegen. Es dürfen keine Lücken mehr zwischen Form und Sand vorhanden sein! Von außen wird Sand stützend an die Außenwände der Latexform gelegt.

Nun wird Zementleim in die Form gegeben und verteilt. Mit einem Stab wird ganz vorsichtig im weichen Zementleim gestochert (= verdichtet), die Oberfläche dann schön glattgezogen.

In drei bis vier Tagen kann die erhärtete Tafel aus ihrer Form genommen werden.

Achtung!

An kalten Wintertagen dauert die Aushärtung von Zement sehr viel länger, wenn die Gegenstände im Freien aufgestellt werden! Bei Temperaturen unter dem Gefrierpunkt sollte man die Schalungsformen zum Aushärten unbedingt in einen frostfreien Raum stellen!

Tipp!

Wurde eine rechteckige Platte aus Styropor, Moosgummi oder Holz als Unterlage für das Wappen verwendet, können die labilen Ränder der Latexform zusätzlich mit Hilfe einiger Holzleisten stabilisiert werden. Man legt die Bretter einfach von außen stützend gegen den Rand der Latexform.

Verwendung

Lediglich dem Hochadel angehörende, besonders hochrangige Familien verfügten einst über ein eigenes Familienwappen.

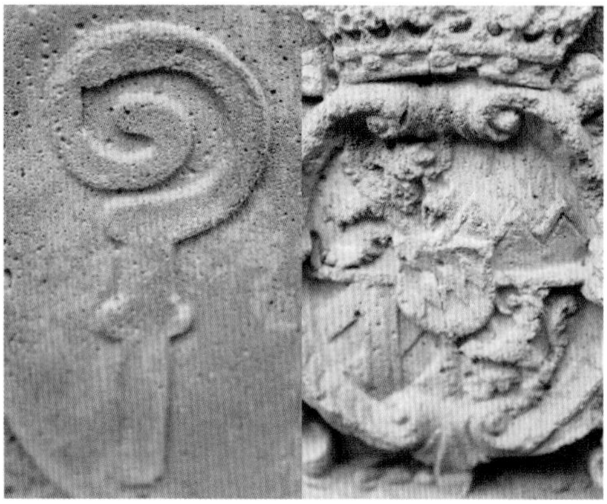

Mit Hilfe von Latex lassen sich auch feine Strukturen sehr detailliert abformen.

Heute dagegen darf ungestraft jeder, der den Wunsch verspürt, ein Wappen wählen oder gar in Eigenregie kreieren, um Haus und Garten damit zu verzieren.

In Beton gegossene Tafeln mit den Motiven alter Stadt-, Zunft- oder Familienwappen trotzen Wind und Wetter.

Die schweren Tafeln lieben Plätze am Rande des Gartens. Unter Gehölzen oder an einen Baumstamm gelehnt bilden sie mit dem Garten alsbald eine charismatische Einheit und wirken auf uns fast so, als wären sie sozusagen schon immer da gewesen.

Kurzanleitung: Wandmaske als Betontafel

Ähnlich der vorangegangenen Anleitung zur Gestaltung eines Wappenbildes wird nun aus einer alten Wandmaske und einer Unterlage aus Styropor eine hübsche Betontafel zur dauerhaften Zierde für den Garten.

Die Maske wird hierfür samt einer Platte aus Styropor, Moosgummi oder Holz auf einen wasserdichten Untergrund gelegt.

Die Maske sowie ihr Untergrund werden mit dickflüssiger Latexmilch oder Latexpaste in mehreren Schichten eingepinselt.

Etwa acht bis zehn Schichten Latex werden benötigt, damit eine zwar elastische aber gleichzeitig ausreichend feste Gießform entsteht, die den angemachten Zementleim aufnehmen kann, ohne sich unter dessen Druck zu verformen.

Hat die Beschichtung aus Latex ihre endgültige Stärke erreicht und ist sie vollständig getrocknet, wird diese von der Maske sowie ihrem Untergrund abgenommen und in ein Bett aus Sand gelegt, bevor Zementleim eingefüllt wird.

Wie auf S. 97 beschrieben, wird die in den Sand gebettete Latexform nun sorgfältig angedrückt. Eine dünne Schicht aus feinem Quarzsand erleichtert die exakte Einpassung der Form.

Tipp!

Wurde eine rechteckige Platte aus Styropor, Moosgummi oder Holz als Unterlage für die Maske verwendet, können die labilen Ränder der Latexform zusätzlich mit Hilfe einiger Holzleisten stabilisiert werden. Man legt die Bretter einfach von außen stützend gegen den Rand der Latexform.

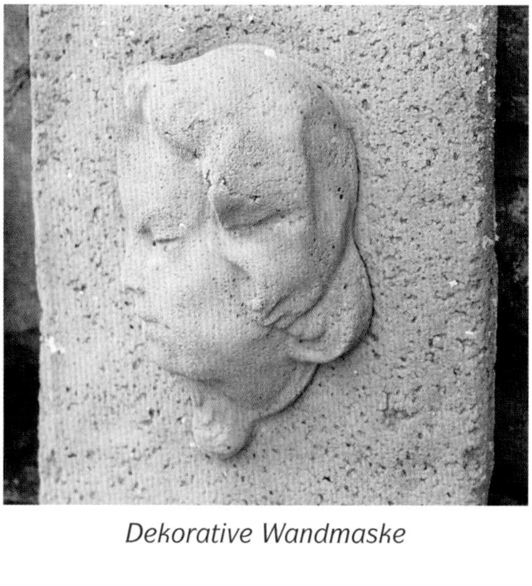

Dekorative Wandmaske

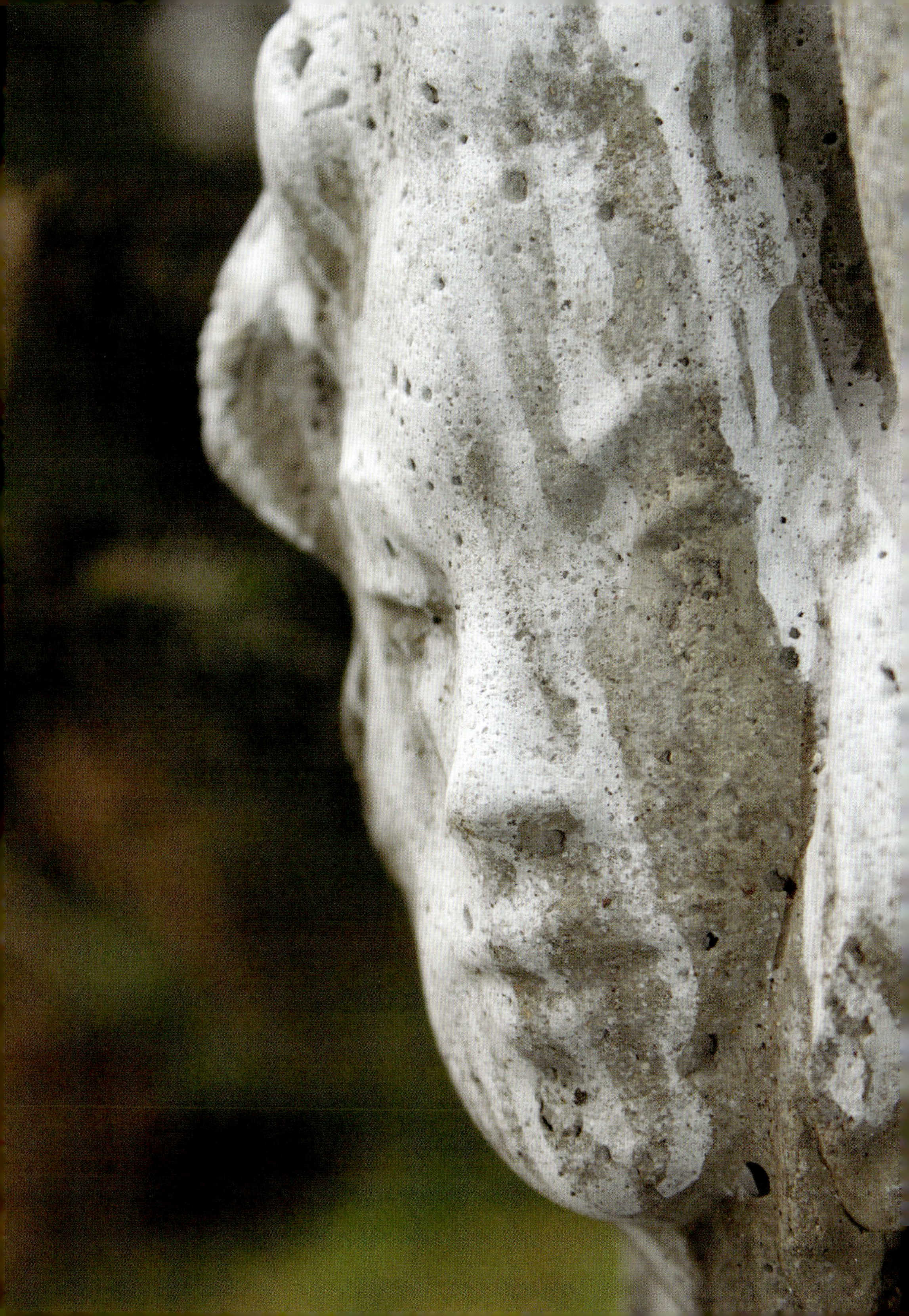

Abgießen einer Wandmaske mit Latex

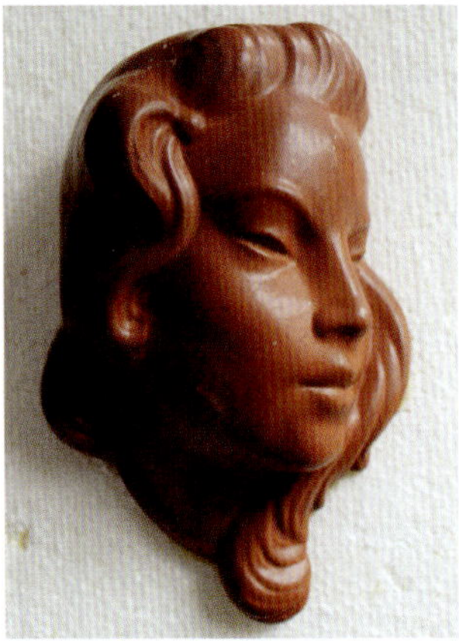

Eine alte Keramik-Wandmaske wird auf eine feste Unterlage (z. B. Styropor) gelegt.

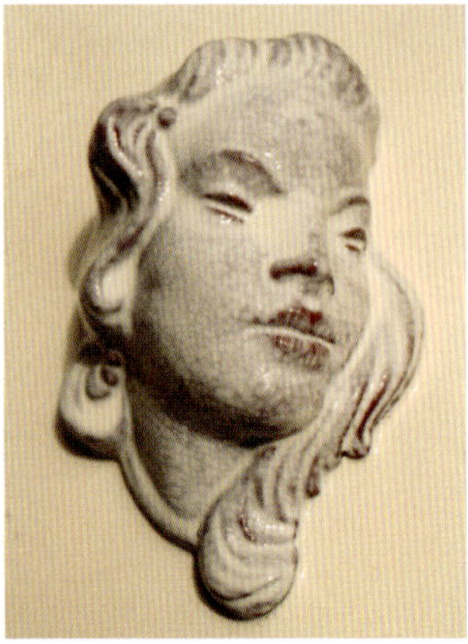

Es werden etwa 10 Schichten dickflüssige Latexmilch aufgetragen.

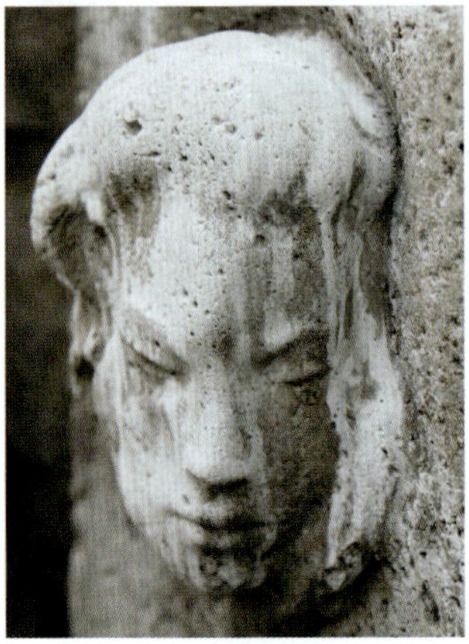

Das Portrait der Dame schaut aus einer Betontafel heraus.

Mit einem Stab wird der Leim durch vorsichtiges Herumstochern verdichtet und anschließend drei bis vier Tage ruhen gelassen, bis der Zement ausreichend gehärtet ist, um ihn aus seiner elastischen Latex-Gießform zu entnehmen.

Verwendung

Das ausdrucksstarke Portrait der Dame mit seiner fast schon mystischen Ausstrahlung schmückt nun am allerliebsten die Geheimnis umwitterten Orte des Gartens, wie etwa Rosenlauben, einen alten Baumstumpf oder auch schon einmal eine alte verwitterte Natursteinmauer.

Betontafel „Yin & Yang“

Mit Hilfe eines alten Tabletts aus Kunststoff, etwas Moosgummi sowie Zementleim in drei verschiedenen Farbtönen wird unser Garten zu einem Ort des dynamischen Ausgleichs.

„Yin & Yang“ heißen die beiden Zauberworte fernöstlicher Weltanschauung. Bei ihnen handelt es sich um zwei gegensätzliche Aspekte, die aus einem Ursprung entstanden sind, um dann wiederum die Vielfalt aller Erscheinungen aufzuzeigen. Das gesamte Universum, so heißt es, sei vom Wechselspiel dieser beiden Kräfte bedingt. Es gibt kein „Yin“ ohne ein „Yang“ und kein „Yang“ ohne „Yin“. Alle Dinge und jede Erscheinung tragen ihr Gegenteil bereits in sich und bilden mit ihm eine Einheit!

Damit ein Mensch die Ebenen der Schöpfung im Rückwärtsgang bis zu seinem Ursprung durchlaufen kann, muss er ein Gleichgewicht zwischen „Yin“ und „Yang“ herstellen.

Doch auch bei ganz alltäglichen Aspekten im Leben eines jeden von uns müssen sich „Yin“ und „Yang“ im Gleichgewicht befinden, ganz egal, ob es sich nun um familiäre Verhältnisse, um die Gesundheit oder das ganz persönliche Glück handelt.

„Yin & Yang“ gehen – trotz ihrer Gegensätzlichkeit – immer Hand in Hand und sind dabei auch voneinander abhängig: „Yin“ ernährt „Yang“, „Yang“ dagegen schützt „Yin“. Bei „Yang“ handelt es sich um die aktive, veränderliche Kraft, „Yin“ dagegen repräsentiert das Materielle, Körperliche. „Yin“ symbolisiert die Erde, die Nacht und den Winter, „Yang" den Himmel, den Tag und den Sommer. Beide gemeinsam bilden sie die Ganzheit sowie den Ursprung aller Dinge.

Das auch ästhetisch sehr ansprechende Symbol für „Yin & Yang" wird immer häufiger auch in die Gartengestaltung miteinbezogen, um hier auch die meditative Komponente im Lebensraum „Garten" mit anzusprechen.

Trifft das kreisförmige Symbol auf ein entsprechendes Umfeld, geht von ihm sogleich eine magische Anziehungskraft aus. Wird es aus dauerhaftem Beton in den Farben Schwarz und Weiß gegossen, erfüllt es auch vom künstlerischen Aspekt her selbst höchste Ansprüche.

Benötigtes Material

- ein altes Tablett aus Holz oder Kunststoff oder jede andere eckige, ovale oder runde Gießform mit einer Mindestgröße von 30 x 30 Zentimeter
- ein mindestens 30 x 30 Zentimeter großes Stück Moosgummi, etwa zwei bis drei Zentimeter dick
- ein für Moosgummi und Kunststoff geeigneter Klebstoff
- jeweils eine kleine Menge Farbpigmente in Weiß und Schwarz
- je eine schwarze und eine weiße runde Abdeckkappe (Blindstopfen) aus Kunststoff (Durchmesser etwa ein Zentimeter) oder alternativ zwei kreisrunde Kieselsteine in Weiß und Schwarz

Tipp!

Moosgummi in verschiedenen Stärken gibt es recht preiswert im Fach- oder Großhandel (für Verpackungssysteme, Kunststoff oder Gummi, siehe auch unter „Bezugsquellen").

Benötigtes Werkzeug

- Laubsäge oder alternativ: Dekupiersäge

Arbeitsmethode

In eine große, flächige Gießform wird das aus Moosgummi ausgeschnittene Symbol für „Yin & Yang" mittig eingeklebt, die Form anschließend mit Zementleim gefüllt. In einem zweiten Arbeitsgang wird in die durch den Schaumstoff entstandenen Vertiefungen zweifarbiger Zementleim eingefüllt.

Schritt für Schritt

Zunächst wird eine große, flächige Gießform in der Mindestgröße von 30 x 30 Zentimeter benötigt. Gut geeignet ist in diesem Fall ein altes, nicht mehr benötigtes Tablett aus Kunststoff oder Holz.

Auf einer etwa zwei bis drei Zentimeter dicken Moosgummiplatte wird ein „Yin & Yang"-Symbol mittig aufgezeichnet. Das geht am einfachsten, wenn man das Symbol zuvor auf einem Blatt Papier vorgezeichnet hatte.

Die in der Mitte des Symbols befindliche geschlängelte Linie zwischen den beiden Einzelsymbolen wird hierbei wie eine Art „Brücke" ausgespart. Hierdurch sollen die beiden Vertiefungen für „Yin" und für „Yang" voneinander getrennt werden, damit später weißer und schwarzer Zement separat eingefüllt werden können.

Entlang der vorgezeichneten Linien werden die Symbole mit einer Laubsäge oder alternativ mit einer Dekupiersäge einzeln ausgeschnitten.

Die Symbole werden nun mit Klebstoff in der Mitte der Kiste aufgeklebt. Auch hier wird wiederum in der Mitte, also zwischen den beiden zusammengehörigen Symbolen eine geschlängelte Lücke frei gelassen. Man lässt den Kleber sehr gut trocknen.

Der gesamte Innenraum des Tabletts wird sodann mit Öl (Speiseöl) eingepinselt oder -gesprüht.

Yin & Yang Betontafel – ganz einfach!

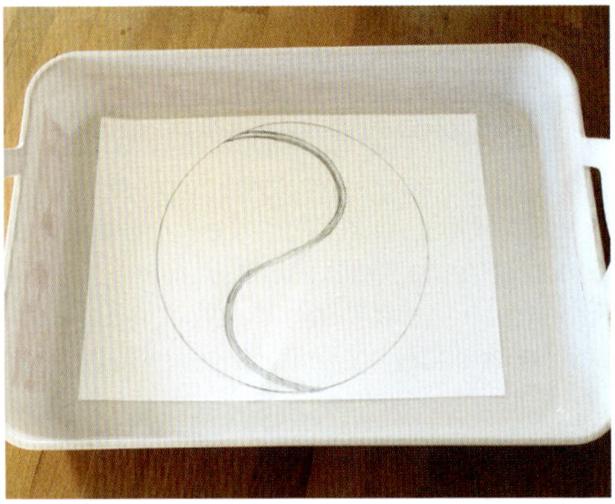

Das „Yin & Yang"-Symbol wird auf ein Blatt Papier vorgezeichnet.

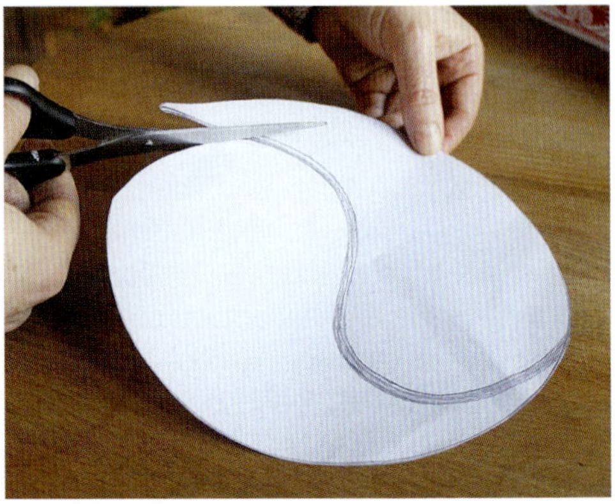

Die Symbole werden – jedes für sich – ausgeschnitten.

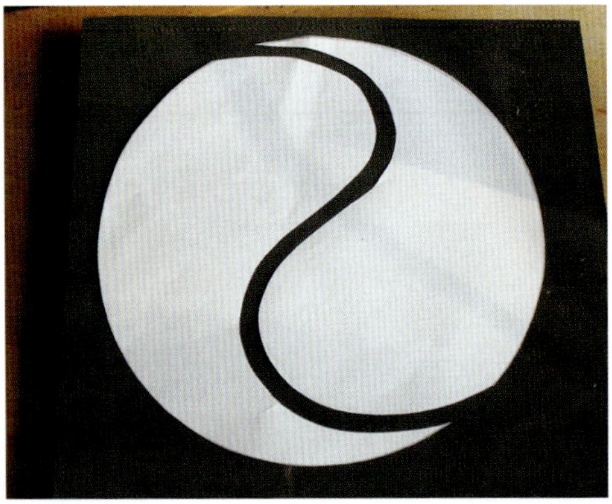

Die ausgeschnittenen Symbole werden auf eine Moosgummiplatte übertragen.

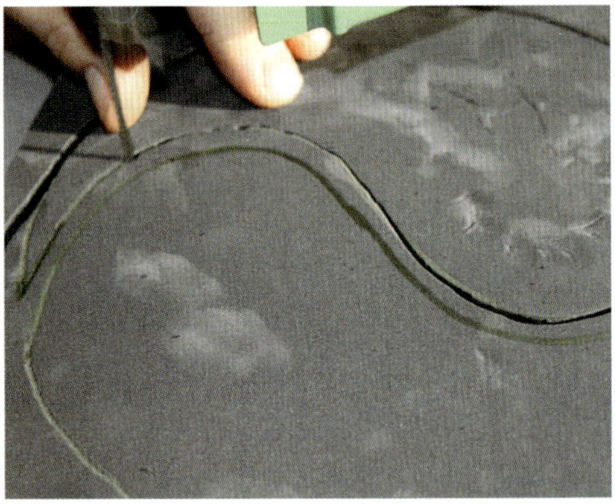

Mit einer Dekupiersäge wird Yin & Yang entlang der Linien ausgeschnitten.

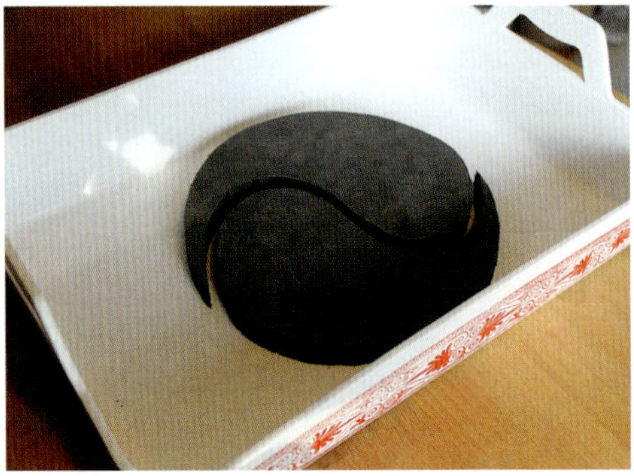

Die Moosgummi-Teilstücke werden in das Tablett geklebt.

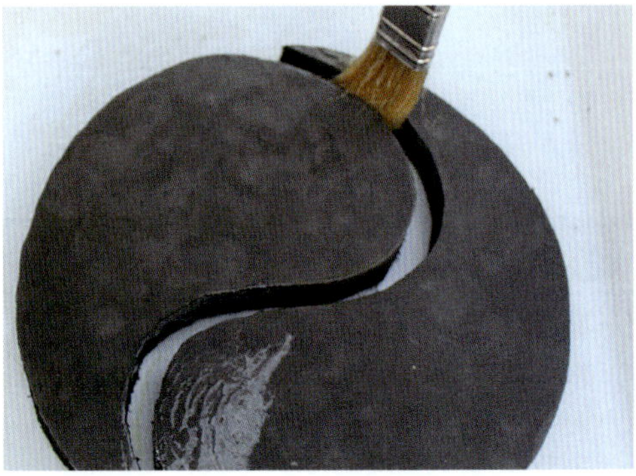

Der gesamte Innenraum des Tabletts wird mit dem Trennmittel eingepinselt.

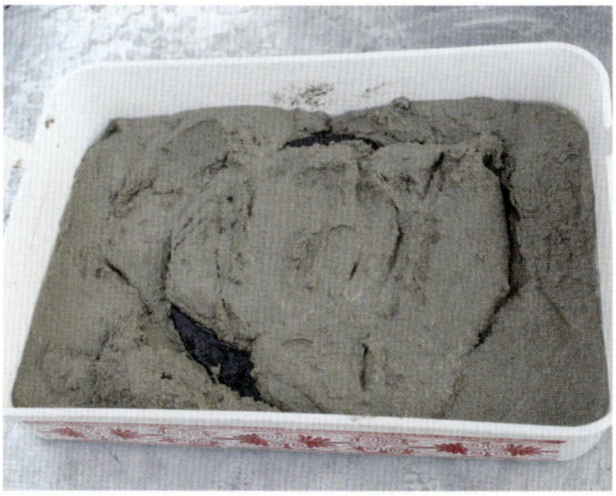

Zementleim wird in der gewünschten Höhe eingefüllt.

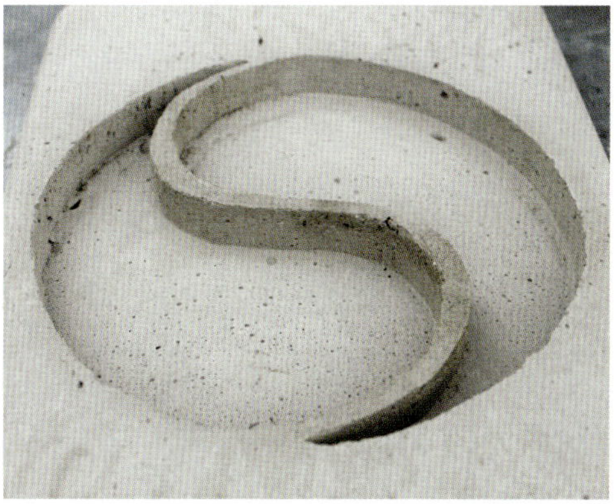

Nach etwa 2 Tagen wird die gehärtete Tafel aus dem Tablett entnommen.

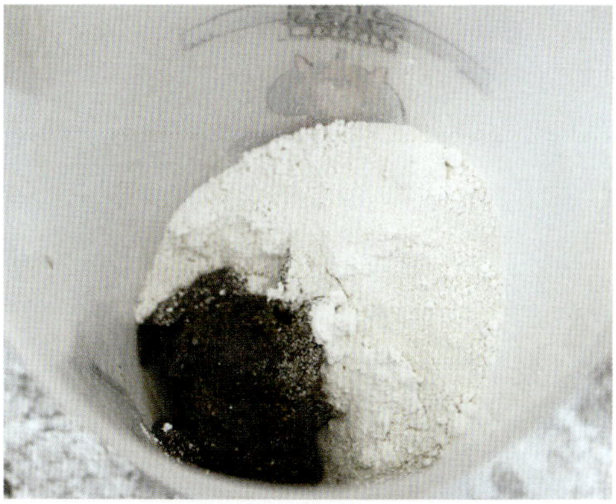

Mit Pigmentfarben wird jeweils eine kleine Menge Zement in weiß und schwarz eingefärbt.

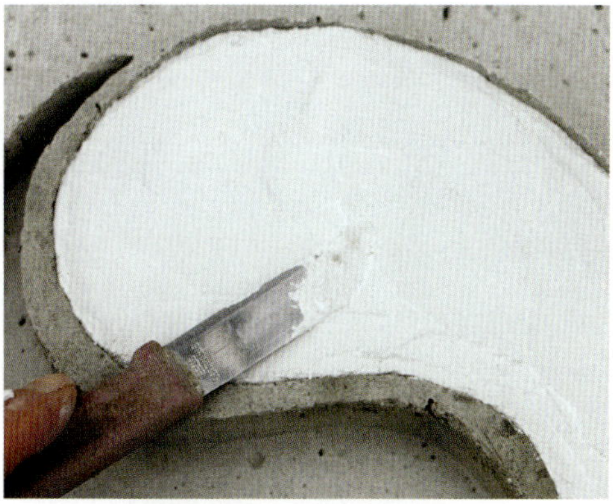

Die Felder werden vorsichtig mit dem gefärbten Zement gefüllt und glattgestrichen.

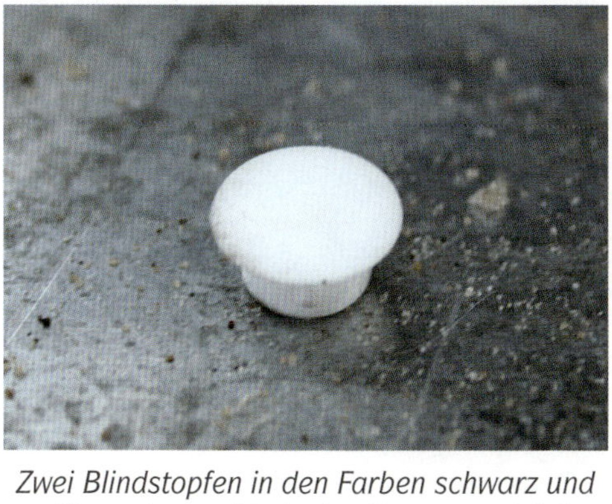

Zwei Blindstopfen in den Farben schwarz und weiß werden sachte in den Zement gedrückt.

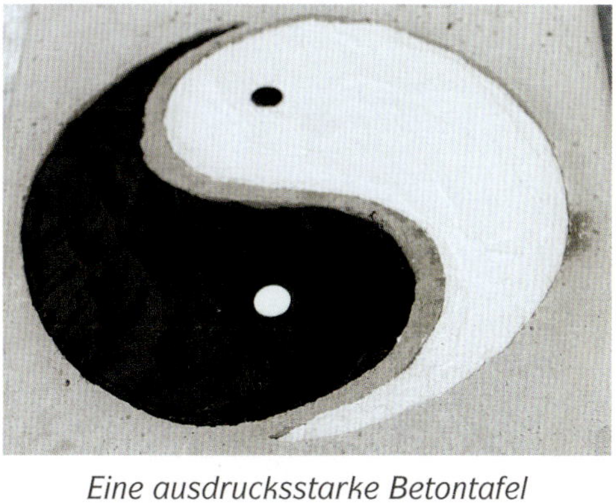

Eine ausdrucksstarke Betontafel ist entstanden.

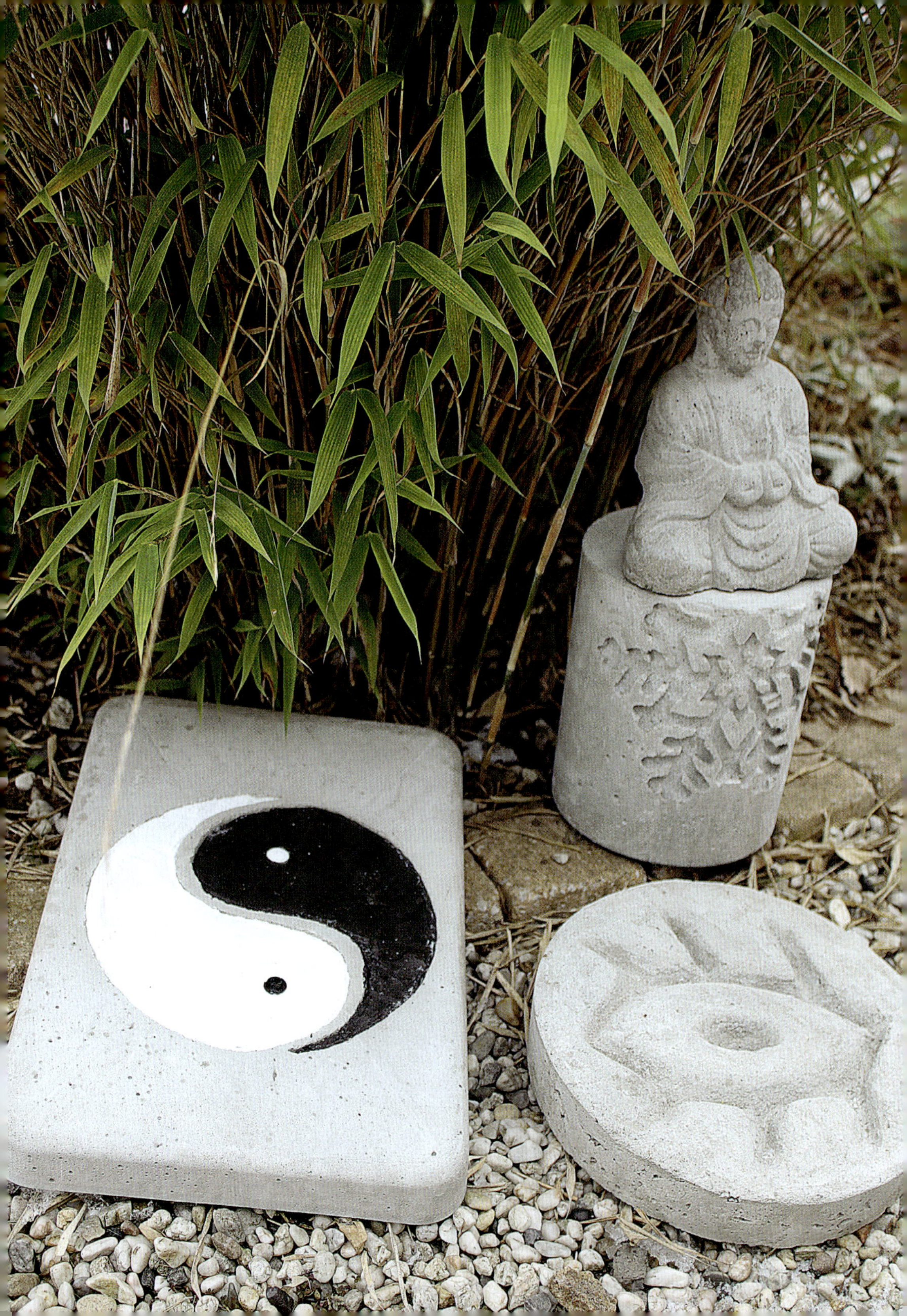

Anschließend wird Zementleim etwa drei bis vier Zentimeter hoch eingefüllt. Durch Stochern im Leim sowie Schütteln der Gießform wird der Zement verdichtet.

Zum Aushärten sollte die Form auf einer ebenen Fläche stehen, damit die spätere Betonplatte überall gleich dick ist. Nach zwei bis drei Tagen kann die gehärtete Betonplatte aus dem Tablett herausgelöst werden.

Durch die aufgeklebten Symbole im Inneren des Tabletts sind nun Vertiefungen im Beton entstanden.

Sollte sich der aufgeklebte Moosgummi beim Herauslösen des Betons ebenfalls mit ablösen – was gelegentlich vorkommen kann – ist dies nicht weiter schlimm. Mit einem spitzen Gegenstand können die Moosgummieinsätze meist problemlos aus dem Beton entfernt werden. Dabei sollte man sehr behutsam mit den Betonrändern umgehen, damit diese keinen Schaden nehmen!

Die entstandenen Vertiefungen in der Platte aus Beton können nun mit dem zweifarbigen Zementleim gefüllt werden.

Hierzu wird jeweils eine kleine Menge Zement mit den entsprechenden Farbpigmenten eingefärbt.

Beim Einfüllen des farbigen Zementleims sollte sehr sauber gearbeitet werden, damit klar umrissene Felder entstehen. Man gibt den farbigen Zement jeweils in die Mitte der Vertiefung und verteilt ihn von dort mit einem Schaber, Löffel o. Ä.

In den Mittelpunkt der beiden Symbole werden nun jeweils eine runde Abdeckkappe oder wahlweise auch jeweils ein weißer und ein schwarzer runder Kieselstein ganz sachte in den weichen Zement eingedrückt. Das schwarze Feld bekommt ein weißes, das weiße Feld dagegen ein schwarzes „Auge“.

Nun erst ist das „Yin & Yang“-Symbol vollständig!

Nach dem Erhärten der beiden dünnen Zementschichten, was in etwa ein bis zwei Tagen der Fall sein wird, kann „Yin & Yang“ als dekorative Betontafel im Garten aufgestellt werden.

Kurzanleitung: „Yin & Yang“ alternativ als Mosaik gelegt!

Als Alternative zum zweifarbigen Zement, mit dessen Hilfe „Yin & Yang“ in der Anleitung ab Seite 102 farbig in Beton dargestellt wurde, kann auch ein Mosaik in die entstandenen Vertiefungen der nach obiger Anleitung hergestellten Betontafel gelegt werden.

Hierzu werden einige Fliesenreste in Schwarz und Weiß benötigt, die man nach Farben getrennt voneinander in einen Stoffbeutel gibt und mit einem Hammer zerkleinert. Dazu schlägt man mit dem Hammer solange auf den Beutel, bis die Fliesenstückchen in etwa eine Größe von ein bis drei Zentimetern im Durchmesser haben.

Die Fliesenscherben werden nun kunstvoll auf Fliesenkleber gelegt und leicht angedrückt. Es entstehen zwei separate Mosaike in Weiß und in Schwarz.

Für den farbigen Punkt in der Mitte der Symbole können kleine, runde Kieselsteine in Schwarz und Weiß, runde Abdeckkappen aus Kunststoff (s. o.) oder kleine, runde Fliesenstücke verwendet werden. Mit einer farblich passenden Fugenmasse wird das Kunstwerk vollendet und später – nach dem Trocknen – schön sauber abgebürstet.

Verwendung

Symbole der fernöstlichen Weltanschauung erfreuen sich einer ungebremsten Beliebtheit und werden gerne in Haus und Garten als schmückende Accessoires eingesetzt.

Im Garten sind ganz allgemein kreisförmige Elemente beliebt, da sie für einen gesunden und erfrischenden Fluss von „Chi“ (Lebensenergie) sorgen sollen.

Das Symbol für „Yin & Yang“ mit seinen geschwungenen Linien passt hier ebenfalls sehr gut und sorgt für den seelischen Ausgleich der Gartenbewohner.

Um die fernöstlichen Wurzeln des verwendeten Symbols zu unterstreichen, werden weitere Elemente oder Pflanzen dieses Kulturkreises mit dem „Yin & Yang“-Symbol kombiniert, wie etwa Bambus, ein lächelnder Buddha oder ein Teich mit Koi-Karpfen und sorgen so für das ideale Umfeld von „Yin & Yang“ sowie für einen optimalen spirituellen Effekt.

Alginat

Die Salze der Alginsäure – auch Algin genannt – werden im Allgemeinen auch als Alginate bezeichnet. Gebildet wird der Stoff von Braunalgen und einigen Bakterien, wie z. B. „Azotobacter“.

Alginat bildet in den Zellwänden das maßgeblich Struktur gebende Element.

Gewonnen wird Algin entweder durch Extraktion direkt aus den Braunalgen oder als Nebenprodukt bei der Iod-Gewinnung. Es wird in der Lebensmittel-, der Pharma- und der Kosmetikindustrie vor allem als Verdickungs- oder Geliermittel verwendet.

In der zahnmedizinischen Praxis dient Alginat zum Abformen von Zahnreihen. Es ist als Abformmaterial selbst im Mundraum physiologisch völlig unbedenklich und ermöglicht Abformungen von äußerst detaillierter Genauigkeit.

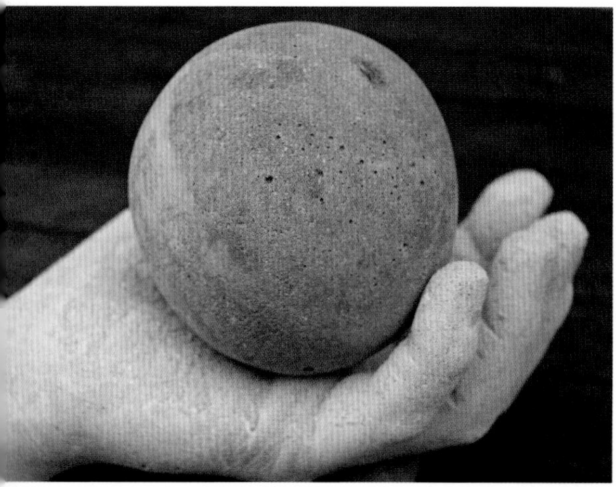

Abformen einer menschlichen Hand mit Alginat

Die guten Eigenschaften von Alginat machen wir uns gerne auch in unserer Beton-Werkstatt zunutze und formen eine ästhetisch schöne Hand zunächst mit Hilfe von Alginat ab, um sie hinterher in Beton als künstlerisch ansprechende Skulptur für den Garten zu gießen.

Es ist dabei erstaunlich, wie exakt jedes einzelne Detail im Beton sichtbar wird, sodass wir hier tatsächlich ein Werk mit ganz eigenem Charakter erschaffen können.

Benötigtes Material

- etwa ein Kilogramm Alginat
- ein höheres Gefäß aus Kunststoff

Arbeitsmethode

Alginat wird mit Wasser zu einem dickflüssigen Gel angerührt, eine Hand in die Masse gesteckt und nach einer kurzen Härtephase von etwa zehn Minuten wieder herausgezogen. In den entstandenen Hohlraum wird später Zementleim eingegossen.

Schritt für Schritt

Wir brauchen zunächst ein hohes Gefäß zum Anrühren des Alginats mit Wasser.

Das Gefäß sollte mindestens so geräumig sein, dass eine Hand, so wie sie später abgeformt werden soll, bequem in das Gefäß hineinpasst, ohne an den Innenseiten anzustoßen. Meist reicht ein Behältnis mit einem Fassungs-

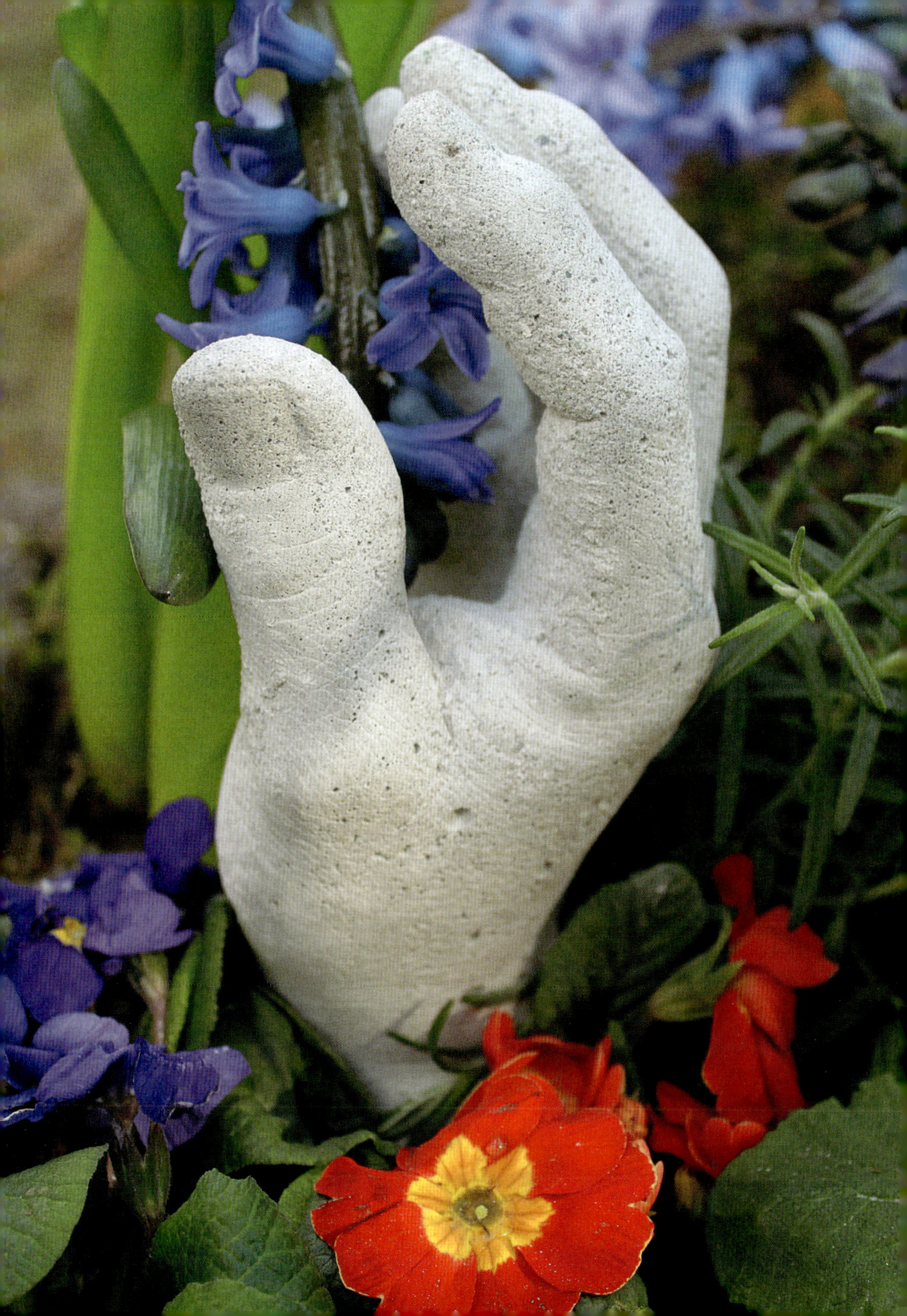

Abformen einer Hand mit Alginat

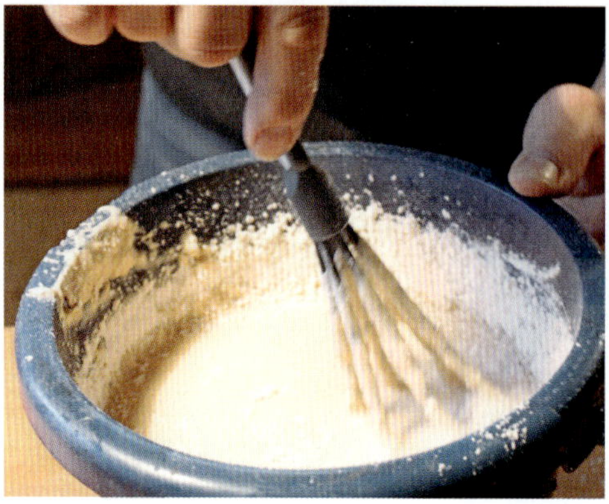

Alginat wird im vorgeschriebenen Mischungsverhältnis mit Wasser angerührt.

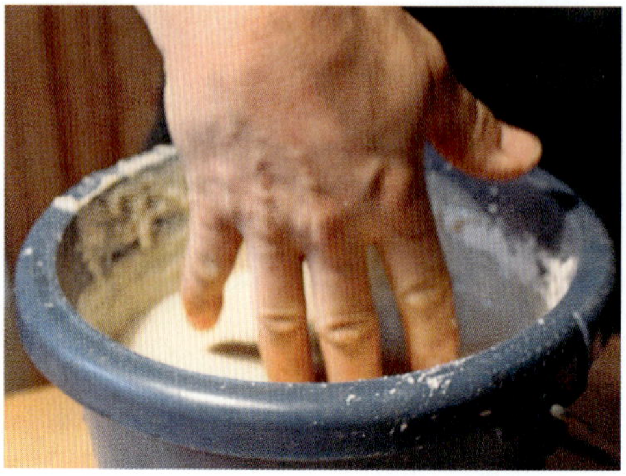

Die abzuformende Hand wird in der gewünschten Pose in die Alginat-Masse gesteckt.

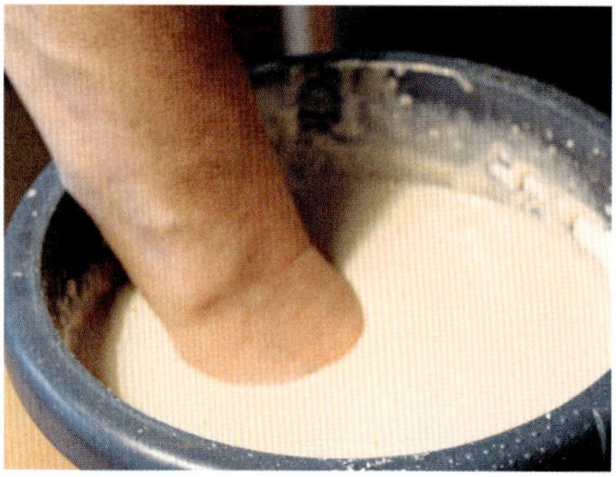

5 bis 10 Minuten nicht bewegen! Danach wird die Hand vorsichtig aus dem erstarrten Alginat herausgezogen.

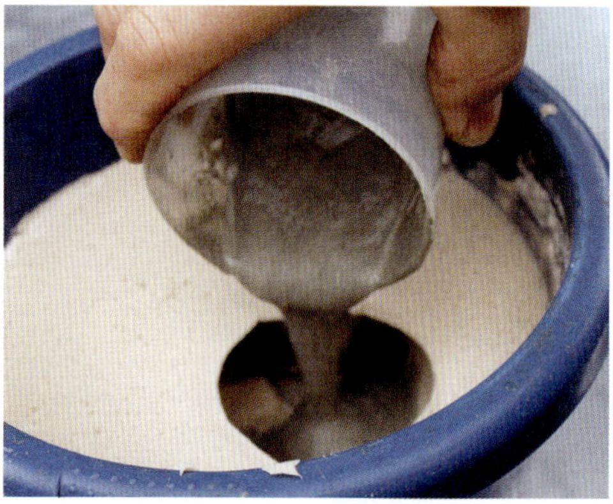

Der entstandene Hohlraum wird mit flüssigem Zement gefüllt.

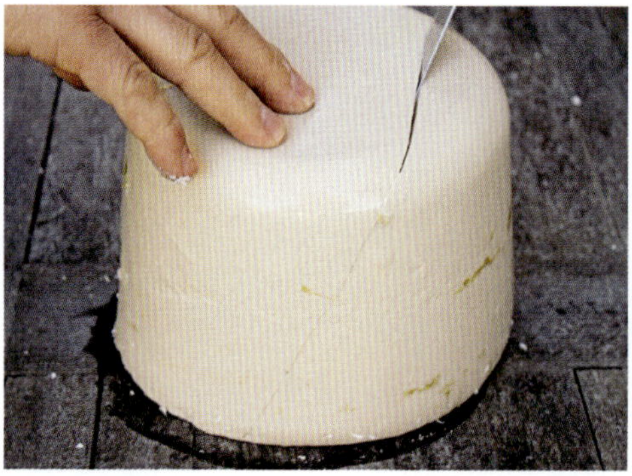

Nach ca. 1 Woche wird der Block vorsichtig aufgeschnitten.

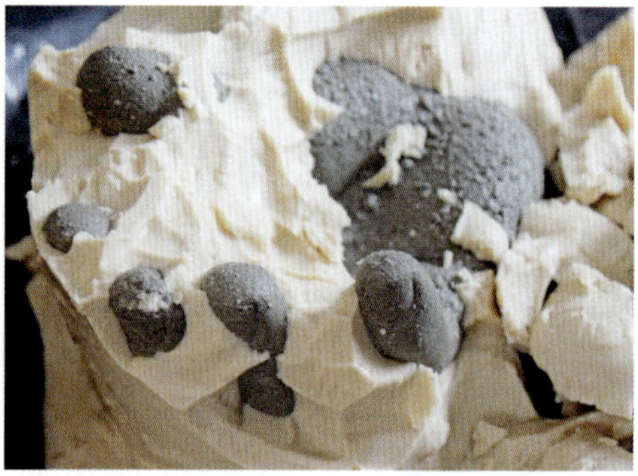

Die gehärtete Betonhand kommt langsam zum Vorschein.

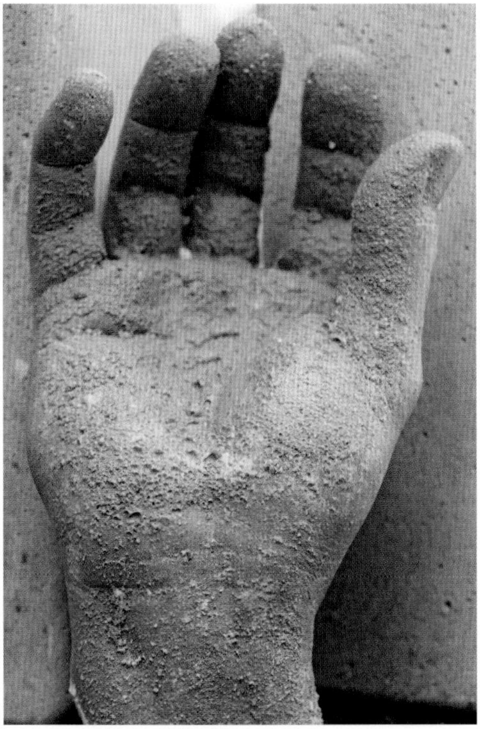

In Alginat abgeformte originalgetreue Hand aus Beton

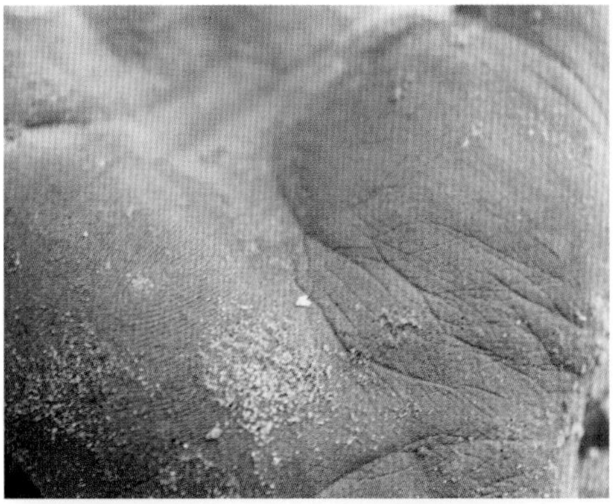

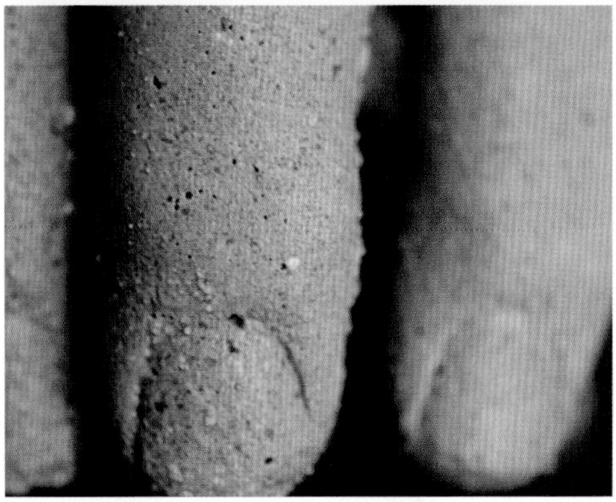

vermögen von etwa zwei Litern. Man sollte alles gut vorbereiten, da Alginat, ist es einmal mit Wasser angerührt worden, sehr schnell erstarrt.

Die Pose der Hand sollte demnach schon vorher festgelegt und eingeübt werden, der Unterarm wird ein wenig frei gemacht, ein bequemer Stuhl zurechtgerückt und ein nicht zu hoher Tisch, damit man später relativ entspannt für etwa zehn Minuten in einer ruhigen Position verharren kann.

Nun wird das Pulver mit einer entsprechenden Menge Wasser glatt gerührt. Auf einen Liter Wasser werden etwa 500 Gramm Alginat in Pulverform eingerührt! Für eine normal große Hand braucht man in etwa 750 Gramm Alginat und dementsprechend wird das Pulver demnach mit etwa 1,5 Litern Wasser verrührt.

Sobald die Masse gut glatt gerührt ist, was schnell geschehen sollte (mit einem Handmixer oder Schneebesen), wird die Hand von oben ganz gerade in das Gel hineingesteckt.

Man darf noch einmal kurz die Finger bewegen, damit sich Luftbläschen gegebenenfalls lösen können und dann sollte man die Hand in der gewünschten Pose ganz ruhig halten, bis die zunächst noch flüssige Masse vollständig erstarrt ist, was spätestens nach zehn Minuten der Fall sein sollte.

Keine Sorge, auch wenn es sich zunächst so anfühlt, als wäre die Hand nun in der Alginat-Masse eingeschlossen worden, so klappt das Herausziehen der Hand aus der erstarrten

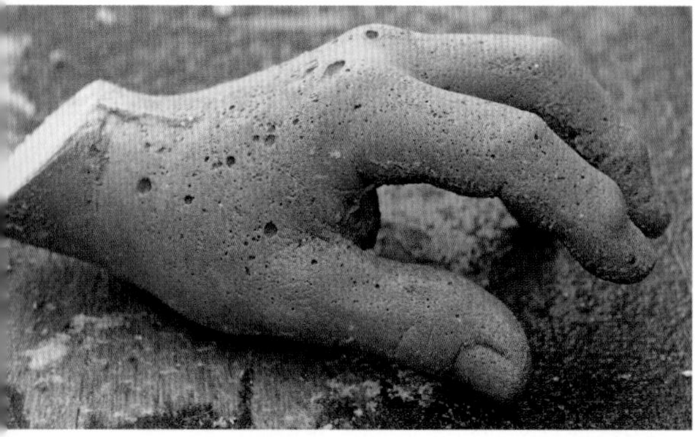

Die Betonhand kann nun Garten oder Haus schmücken.

Masse doch normalerweise recht gut. Leichte Drehbewegungen erleichtern den Vorgang.

Es ist eine Hohlform entstanden! In diese Höhlung kann nun zähflüssiger Zementleim gegeben werden.

Man lässt das Gefäß samt seinem Inhalt nun für einige Zeit an einem nicht zu kalten Ort trocknen, bis der Zement im Inneren der Form vollständig erhärtet ist. In der feuchten Umgebung der Alginat-Masse dauert die Härtung von Beton ungleich länger, als wir es bisher kennen gelernt haben. Daher sollte man, um das Werk nicht zu zerstören, schon etwa ein bis zwei Wochen Geduld aufbringen, bevor man den Beton aus dem erstarrten Alginat herausschälen kann. Etwas beschleunigen kann man die Härtephase des Betons, indem man das erstarrte Alginat nach einigen Tagen aus dem Gefäß entnimmt und es an einem warmen Ort wiederum einige Tage trocknen lässt. Im Zweifelsfall wartet man immer ein paar Tage länger bis zur Entnahme des Betons. Als Test prüfe man den aus dem Alginat herausschauenden Zement, der sich sehr hart anfühlen sollte.

Zur Entnahme der Betonhand aus dem inzwischen gut getrockneten Block aus Alginat wird die erstarrte Algenmasse rundherum mit einem Messer aufgeschnitten. Sehr vorsichtig wird nun die gelige Masse von ihrem Kern aus Beton abgenommen. Die fertige Hand bekommt zum vollständigen Aushärten einen geschützten und warmen Platz.

Verwendung

Die Skulptur einer menschlichen Hand besitzt eine ganz besondere Ausstrahlung, die immer auch mit dem Menschen zu tun hat, um dessen Hand es sich handelt.

Darüber hinaus ist gerade eine Hand in Beton ein sehr attraktives Element für jeden Garten! Schließlich ist ein Gärtner auch ein Handwerker.

Teils mühsam, teils mit großer Leichtigkeit führt der von der Gartenleidenschaft Befallene die notwendigen Tätigkeiten aus, um den Garten nach eigenen Wünschen und Ideen zu gestalten.

Daher passt die Hand aus Beton überall dort hin, wo die „Handschrift" eines Gärtners allzu deutlich ins Auge fällt: Umspielt von zarten Blüten, vor einer geschnittenen Hecke oder in der Nähe eines Sitzplatzes macht sich eine dekorative Beton-Hand ebenso gut, wie auch als Tischdekoration, auf einem Sockel in einer blühenden Blumenwiese oder am Ufer eines Teiches.

Nisthilfen aus Beton

Wird der Garten nicht nur als Lebensraum für den Menschen empfunden, sondern vielmehr auch als Refugium für schützenswerte Pflanzen und Tiere, kann Beton als Ausgangsstoff für ein recht umfangreiches Nisthilfen-Sortiment zur Verfügung stehen.

Seltene Wildbienen, Igel, Kröten, Schmetterlinge oder muntere Vogelfamilien fühlen sich in den selbst gestalteten Behausungen aus Beton besonders wohl, so als spürten sie die Liebe und Hingabe, mit der ein Naturfreund die hübschen Unterkünfte für sie erschaffen hat.

Umso mehr Tierarten sich in unserem grünen Reich tummeln, desto besser ist dies für eine harmonische Balance, die sich immer dann einstellen kann, wenn sich eine lebendige Vielfalt an Pflanzen und Tieren entwickeln konnte.

Insekten

Ein Garten ohne Insekten ist völlig undenkbar! Wir sollten die so zahlreich im Garten vorkommenden „Krabbeltiere“ nicht gleich verteufeln, sondern uns an deren Vielfalt erfreuen!

Schmetterlinge und Marienkäfer ernten ja noch allseits Sympathien, doch wie sieht es mit Ameisen, Wespen, Bienen, Kellerasseln oder Ohrwürmern aus?

Wer in seinem Garten ein biologisches Gleichgewicht anstrebt, sollte sie alle lieben, denn jede einzelne Tierart erfüllt eine wichtige und absolut notwendige Funktion im Naturgefüge.

Ein Blick in unsere Betonwerkstatt zeigt, dass wir mit recht einfachen Mitteln und ein wenig Kreativität funktionale, formschöne und dabei dauerhafte Behausungen für Insekten anfertigen können.

Grundrezept für Nisthilfen-Beton

Holz ist ein reines Naturprodukt! Bewohner von Holzhäusern schätzen vor allem dessen Klima ausgleichende Eigenschaften in allen mit Holz gestalteten Wohnräumen.

Damit auch nistende Insekten und andere Wildtiere in den Genuss eines gesunden Wohnklimas kommen können, ohne auf die Stabilität einer sicheren Bleibe aus solidem Beton verzichten zu müssen, geben wir dem Zement zur Herstellung nachfolgend beschriebener Nisthilfen immer auch einen Anteil an Sägespänen

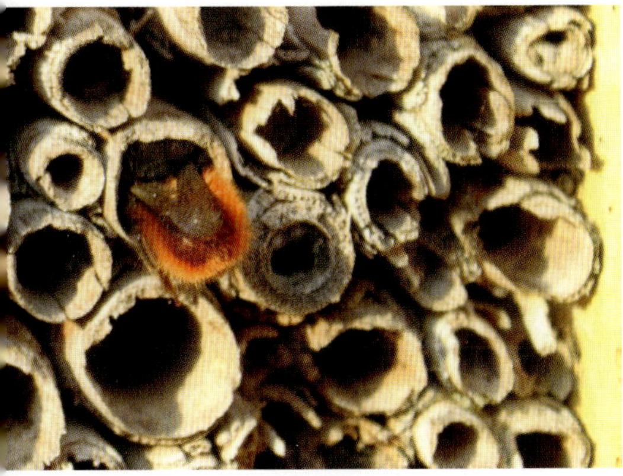

Rote Mauerbiene an einer Niströhre

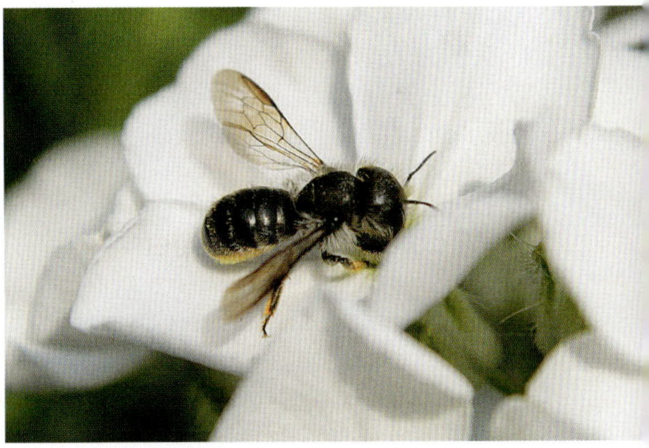

Wildbiene beim Blütenbesuch auf einer weißen Nachtviole

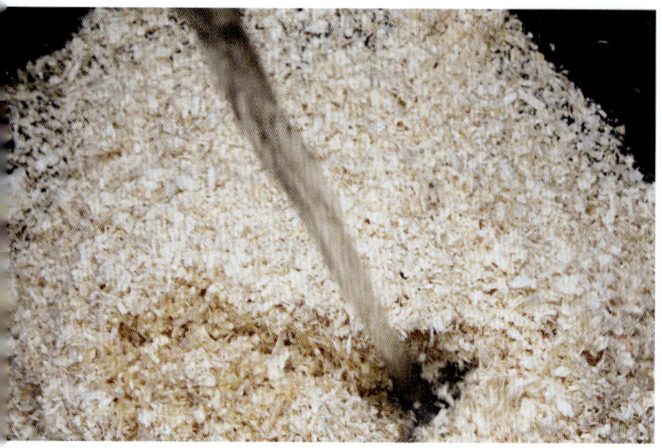

Sägespäne werden mit Zement zu Nisthilfenbeton verarbeitet.

hinzu, sodass eine sichere und dabei atmungsaktive Bleibe für alle Wohnung suchenden Tiere im Garten entsteht.

Schritt für Schritt

Einige Handvoll Sägespäne werden mit etwas Wasser in den Mörteleimer gegeben, in welchem der Zement angemacht werden soll.

Tierstreu kann hier ebenso verwendet werden wie auch Sägemehl oder Späne, die in jeder Schreinerwerkstatt bei der Bearbeitung von rohen Hölzern anfallen.

Nun wird ein Fertigmörtel (Zementmörtel oder Estrichbeton) in einer Menge zugegeben, dass beim Vermischen ein recht zähflüssiger Zementleim entsteht. Dieser steht nun zur weiteren Verarbeitung zur Verfügung.

Behausung für solitäre Wildbienen und Wespen

Um hohle Stängel oder Halme optimal im Garten zu platzieren, werden entsprechende Behältnisse benötigt, in welche die Röhrchen gefüllt werden. Solitär lebende Bienen und Wespen nutzen die hohlen Zweige sowie Halme aus Reet oder Stroh als Niströhren, in welche sie ihre Eier ablegen.

Als Gegenleistung für die ihnen entgegengebrachte Gastfreundschaft bestäuben sie unsere Blütenpflanzen (Wildbienen) oder fressen eine Vielzahl an kleinen Spinnen, Fliegen, Mücken und anderen Insekten (Wespen).

Beton mit einer Zugabe von Sägespänen stellt den idealen Baustoff für Nisthilfen jeglicher Art dar. Auch Insekten schätzen ein geschütztes Plätzchen im Trockenen. Auf der Suche nach geeigneten Niströhren wählen wilde Bienen oder Wespen daher immer wieder gerne Orte in einer soliden Umgebung. Beton ist daher auch hier die 1. Wahl!

Benötigtes Material

- zwei ähnlich geformte Gießformen aus Kunststoff, mit einem geringen Größenunterschied
- Reetmatten zum Zerschneiden und/oder andere hohle Stängel und Halme
- Metalldübel mit einem Innengewinde der Größe M6 und dazu jeweils eine passende Schraube
- einige Unterlegscheiben
- ggf. wasserabweisende Zementfarbe

Arbeitsmethode

Herstellung einer Betonschale inkl. einer Aufhängung, welche anschließend mit hohlen Stängeln und Halmen befüllt wird.

Schritt für Schritt

Von zwei ähnlich geformten Kunststoffformen wird in die äußere (größere) Form mit einer Bohrmaschine auf ihrer Rückseite ein Loch gebohrt.

Eine passende Schraube wird nun von außen durch das Loch eingeschraubt, zusätzlich wird eine Unterlegscheibe verwendet.

Ein kleiner zur Schraube passender Metalldübel wird von der Innenseite her festgeschraubt.

Nisthilfe aus Beton mit Aufhängevorrichtung – ganz einfach!

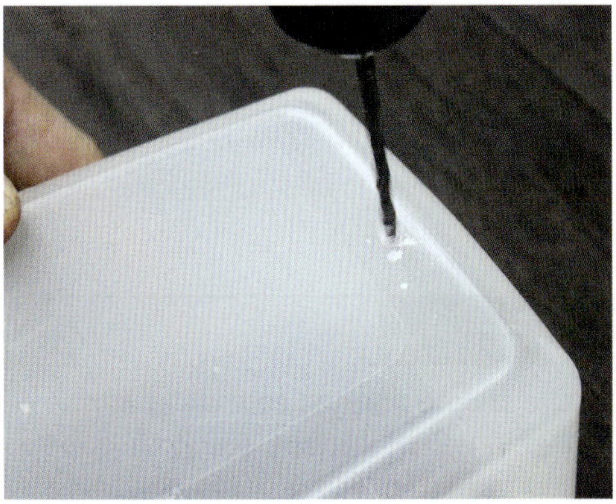

Mit einer Bohrmaschine wird ein Loch in die Gießform gebohrt und eine Schraube eingesetzt.

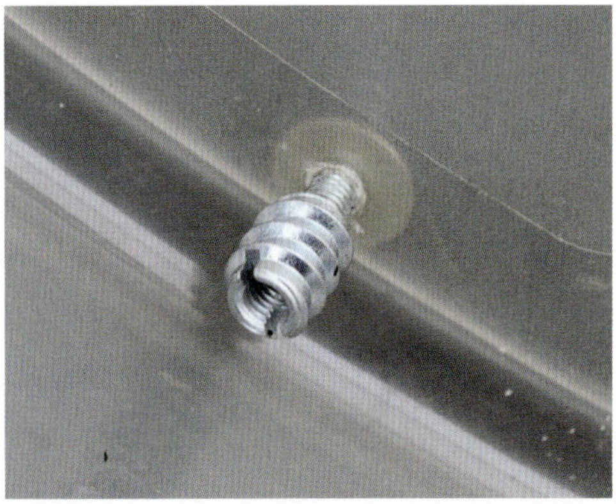

Auf der Innenseite wird ein passender Metalldübel aufgeschraubt.

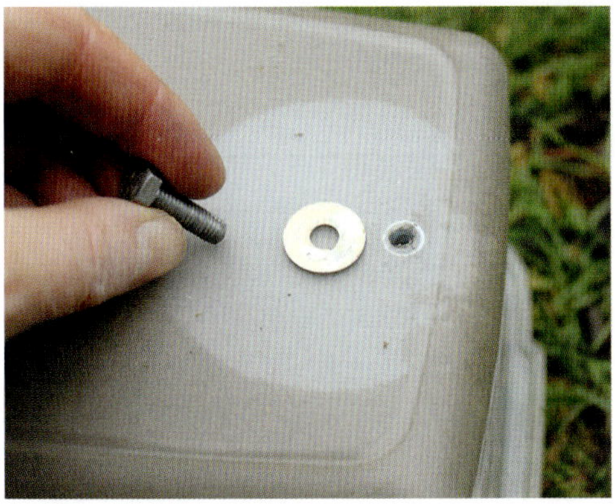

Vor der Entnahme der Nisthilfe wird die Schraube entfernt.

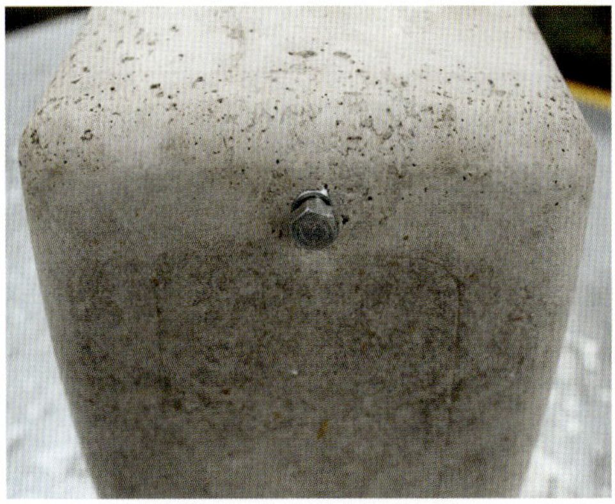

Nisthilfe von hinten mit fertiger Aufhängevorrichtung.

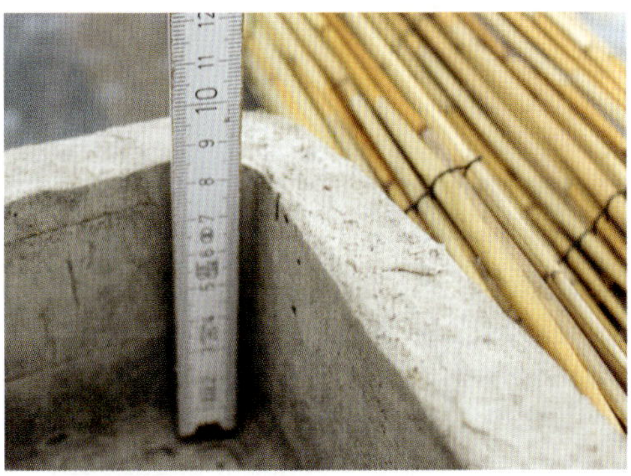

Die Höhe der Schale wird gemessen.

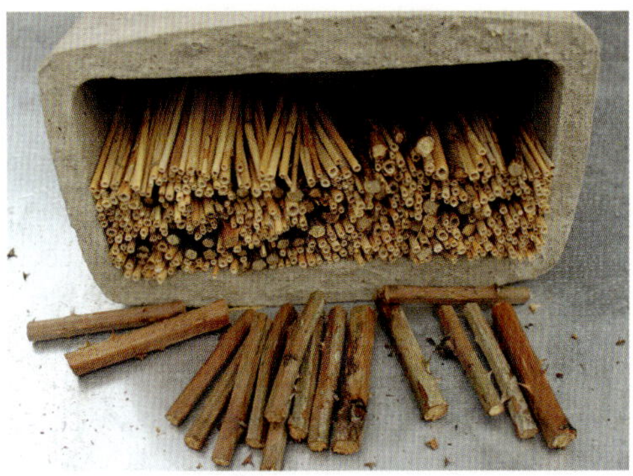

Halme und Stängel werden auf Länge geschnitten und in die Schale gefüllt.

Die Form wird nun auf ihrer Innenseite gut eingeölt und der nach Grundrezept auf S. 113 (Nisthilfen-Beton!) hergestellte Zementleim anschließend in die Form gegeben.

Die zweite, kleinere Form wird von außen eingeölt und in den weichen Zement eingedrückt. Damit die Form an ihrem Ort fixiert wird, muss sie mit Gewichten gut beschwert werden.

Auf eine gleichmäßig symmetrische Ausrichtung der beiden Formen zueinander wird ebenso geachtet wie auch auf einen ebenen Untergrund zum Aufstellen der Form. Ungefähr zwei bis drei Tage braucht der Nisthilfen-Beton, bis er ausreichend gefestigt ist und aus der Form entnommen werden kann.

Achtung!

Bevor die Schale aus ihrer Gießform genommen werden kann, muss die Schraube auf der Rückseite gelöst werden!

Nachdem die Schraube auf der Rückseite der Form gelöst wurde, kann die Schale vorsichtig aus der Form genommen werden.

Sollte es hierbei Probleme geben, lässt man einfach heißes Wasser über die Gießform laufen. Die Betonschale löst sich so am schnellsten aus ihrer Form.

Achtung!

Zum Herauslösen des Betons niemals heißes Wasser in die kleinere im Inneren befindliche Form füllen, da eine Ausdehnung des Kunststoffs durch Wärmeeinwirkung das Betonwerk zerstören könnte!

Die Tiefe der Schale wird gemessen. Nun werden die Halme von Reetmatten und/oder hohle bzw. markhaltige Stängel von Holunder, Himbeere, Brombeere, Heckenrose, Forsythie und vielen anderen Sträuchern auf eben diese Länge zugeschnitten und ordentlich in die Betonschale geschichtet.

Wichtig!

Die Halme müssen sehr dicht in das Gefäß gefüllt werden, damit sie ganz fest an ihrem Platz sitzen und nicht mehr frei beweglich sind.

Hungrige Vögel haben so weniger die Möglichkeit, die Halme wieder herauszuzupfen.

Die Schraube kann nun auf der Rückseite der Schale wieder angebracht und die Schale an einem geschützten Platz aufgehängt werden.

Sehr geeignet sind Plätze gleich unterhalb eines Dachvorsprungs oder ein überdachter Sitzplatz.

Ist die Nisthilfe an ihrem Hängeplatz dennoch häufiger dem Regen ausgesetzt, muss sie entweder eine Abdeckung aus Dachpappe oder einen Anstrich aus wasserdichter Zement- oder Acryl-Bodenfarbe erhalten (siehe hierzu auch S. 118 (Igelburg)).

Tipp!

Anstelle von eckigen Nisthilfen können auch ovale oder runde Behältnisse gegossen werden, die auch optisch ein wenig Abwechslung in das bereitgestellte Nisthilfenangebot bringen.

Verwendung

Nisthilfen für solitär lebende Insekten finden praktisch überall noch ein Plätzchen.

Sogar auf dem Balkon eines Hochhauses macht es Sinn, Nisthilfen für Insekten aufzustellen, da selbst in diesen luftigen Höhen Bienen und Wespen noch auf Nahrungs- bzw. Nistplatzsuche gehen. Geeignete Nistplätze sind zudem gerade in Städten Mangelware.

Man bringt die Insektennisthilfen geschützt an Hauswänden oder Bäumen an. Sie sollten nach Süden hin ausgerichtet und vor Schlagregen geschützt sein. Unter einem Dachvorsprung etwa erhalten sie einen idealen Standort.

Werden die Nisthilfen an einem warmen Tag im Frühjahr bereitgestellt, lassen die Bewohner nicht lange auf sich warten.

Besonders auffallend um diese Jahreszeit sind Rote Mauerbienen, die dicht behaart mit ausgeprägtem orangefarbenem Hinterteil als eine der ersten Wildbienen des Jahres auf Nahrungssuche gehen.

Sogleich wird man sie auch schon an den Niströhren entdecken, wo sie eifrig Pollen einbringen und schließlich ein Ei in eine Kammer legen, bevor sie diese mit einer lehmhaltigen Substanz verschließen.

Im Laufe des Sommers nimmt die Anzahl der Arten deutlich zu. Reger Verkehr an den von uns aufgestellten Nisthilfen beweist dies. Auch Kinder haben viel Freude beim Beobachten der friedlichen Tiere, die – entgegen vieler Annahmen –, völlig ungefährlich sind und nicht stechen.

... oder wahlweise als Quartier für Ohrwürmer, Marienkäfer und Florfliegen

Alternativ kann die gleiche Schale aus Beton auch als Quartier für Ohrwürmer, Marienkäfer oder Florfliegen eingerichtet werden.

Hierzu wird anstatt der Halme einfach Holzwolle oder trockenes Laub in die Betonfassung eingefüllt. Auch trockene Moospolster, in die Nistschale gefüllt, werden von vielen Insekten und Spinnen als sichere Bleibe geschätzt.

Verwendung

An einem trockenen, halbschattigen Plätzchen fühlen sich Käfer und Ohrwürmer besonders wohl. Gelegentlich ziehen auch Asseln, Florfliegen oder Schmetterlinge ein, sodass vielfältige Beobachtungen möglich sind.

Das Quartier aus Beton für Käfer und Co. kann im kleinsten Garten oder sogar auf einem Balkon einen Platz finden.

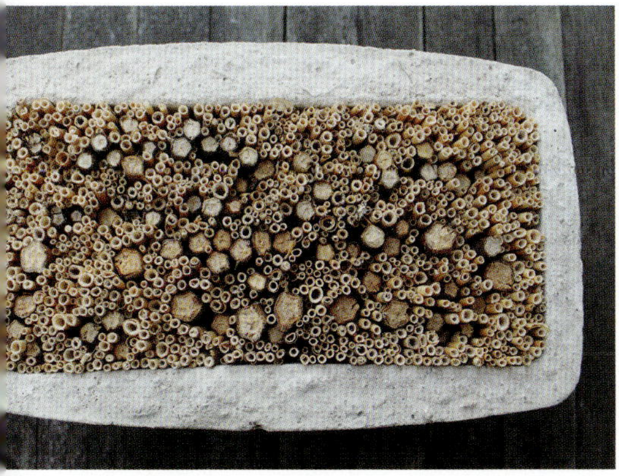

Reichhaltiges Nistangebot für Wildbienen

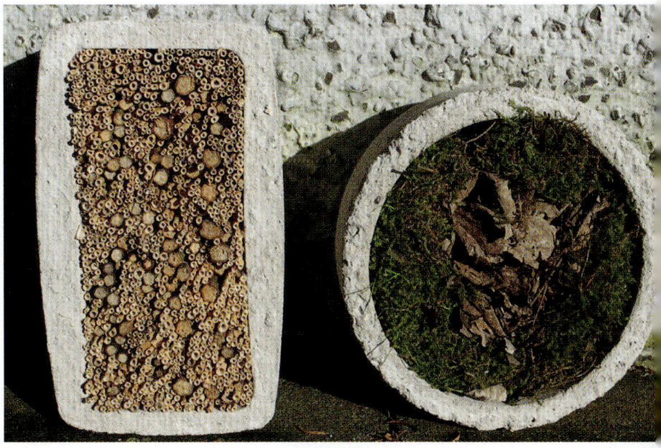

Nisthilfen mit Halmen, Moos und Laub für mehr Artenvielfalt im Garten

Massive Igelburg aus Beton

Darüber freut sich jede Igelfamilie: Ein eigenes massives Häuschen, welches standsicher Wind und Wetter trotzt und in kalten Nächten die gespeicherte Wärme des Tages zur Freude seiner Bewohner wieder abgibt.

Beton macht's möglich! Der Baustoff, der aufgrund seiner guten Baueigenschaften sowie optischer Geradlinigkeit gerade wieder eine Renaissance erlebt, darf auch beim „Hausbau" für unsere Wildtiere im Garten nicht fehlen. Ein kleiner Kuppelbau aus Nisthilfen-Beton sieht außerdem noch schick aus und erfreut daher auch die Garteninhaber selber.

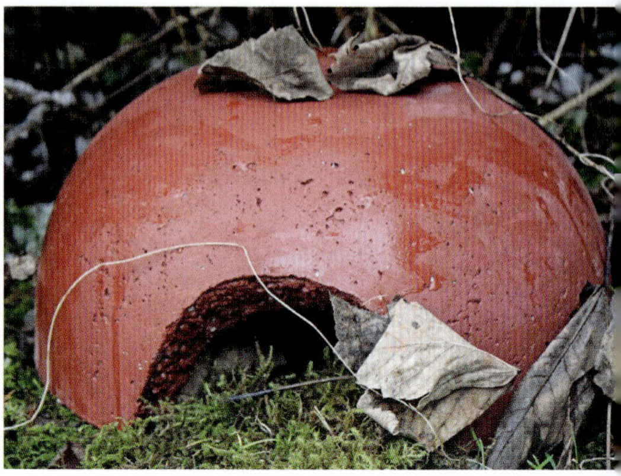

Igel bevorzugen Rückzugsorte in einer ruhigen, „unaufgeräumten" Gartenecke

Benötigtes Material

- zwei große, runde Plastikschüsseln, wobei eine von ihnen etwas kleiner als die andere ist
- ein Stück Styropor (oder wahlweise Moosgummi) in der Größe von etwa 20 x 20 Zentimetern, etwa drei Zentimeter dick
- Zementfarbe oder Acryl-Bodenbeschichtung

Arbeitsmethode

Aus zwei Schüsseln wird eine Kuppel aus Beton gegossen. Mit Styropor oder Moosgummi wird ein Eingang ausgespart.

Schritt für Schritt

Wir verwenden den speziellen Nisthilfen-Beton nach Grundrezept auf S. 113 und geben den Zementleim in die größere der beiden Schüsseln, nachdem wir diese von innen mit einem Trennmittel (Speiseöl) eingepinselt oder besprüht hatten.

Die Schüssel wird ungefähr zur Hälfte mit Zementleim gefüllt. Die kleinere Schüssel wird von außen ebenfalls mit Öl eingepinselt und in den weichen Zement hineingedrückt.

Zur Fixierung der kleineren Schüssel wird diese mit Gewichten beschwert, wozu eine größere Menge Kieselsteine sowie einige schwerere Gewichte (Steine, Ziegel u. a.) dienen können.

Zusätzlich können die Abstände der beiden Schüsseln mit Abstandshaltern (Korken o. Ä.) fixiert werden, sodass die Wände der späteren Kuppel rundherum schön gleichmäßig dick sind.

Aus dem Styropor (oder wahlweise aus Moosgummi) wird ein kleiner, etwa 15 Zentimeter breiter Halbkreis ausgeschnitten. Dieser sollte in etwa so dick sein, wie der Abstand der beiden Schüsseln zueinander breit ist.

Man bestreicht den Halbkreis ebenfalls mit dem Trennmittel und drückt ihn nun mit der Rundung nach unten an einer beliebigen Stelle zwischen den beiden Gießformen in den weichen Zement, bis er mit der Oberfläche des Zements in etwa bündig abschließt.

Nach zwei bis drei Tagen ist die Rundkuppel ausgehärtet und kann aus den Gießformen entnommen werden.

Der Halbkreis aus Styropor (oder Moosgummi) wird nun ebenfalls entfernt. Unter Umständen muss dieser Eingang ein wenig mit einer Feile oder einem Messer nachgearbeitet werden, damit hier ein ausreichend großer Eingang für die späteren Bewohner der „Betonburg“ entstanden ist! Dies sollte rechtzeitig geschehen, bevor der Beton vollständig erhärtet ist.

Damit der Nisthilfen-Beton vor Feuchtigkeit geschützt wird, streichen wir die gesamte Burg von außen mit einer wasserabweisenden Zement- oder Acryl-Bodenfarbe.

Man sollte hier unbedingt auf eine schadstoffarme Farbe (mit blauem Engel) zurückgreifen, um Mensch und Tier nicht unnötig zu belasten. Vor dem Aufstellen im Garten sollte die gestrichene Behausung sehr gut getrocknet sein!

Verwendung

Igel sind stets gern gesehene Besucher eines Gartens. Sie fühlen sich allerdings nur dort wohl, wo es für sie neben einem reichlichen Nahrungsangebot (Käfer, Spinnen, Schnecken, Obst) auch hinreichend viele Rückzugsmöglichkeiten gibt.

Die nette, kleine Betonkuppel stellt für einen Igel schon eine Luxusbehausung dar. Sie sollte im Garten in einer ruhigeren, halbschattigen bis schattigen Ecke aufgestellt werden. Ein wenig trockenes Laub oder Moospolster können als

Igelburg – ganz einfach!

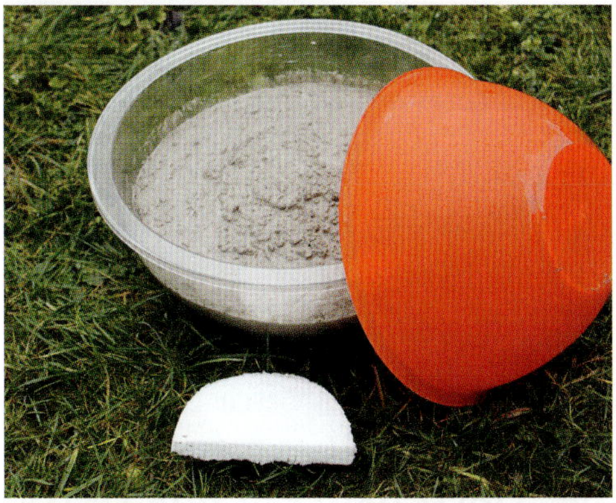

Eine große Schüssel wird mit Zement gefüllt.

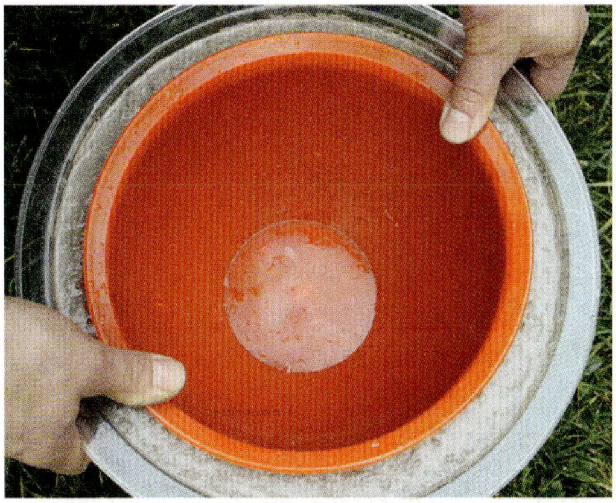

Die etwas kleinere Schüssel wird in den Zement eingedrückt.

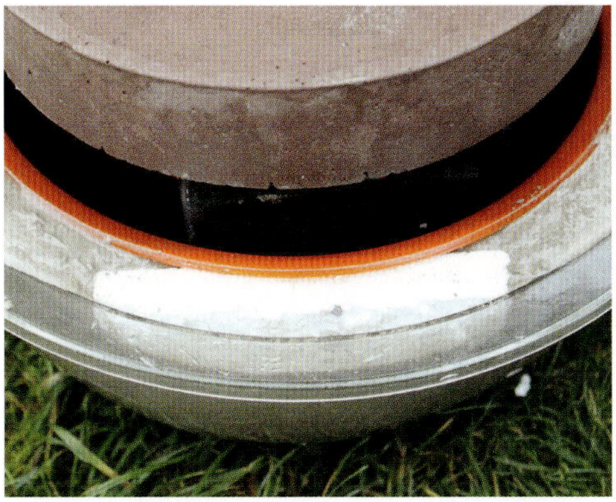

Mit einem halbrunden Keil aus Styropor wird der spätere Eingang ausgespart.

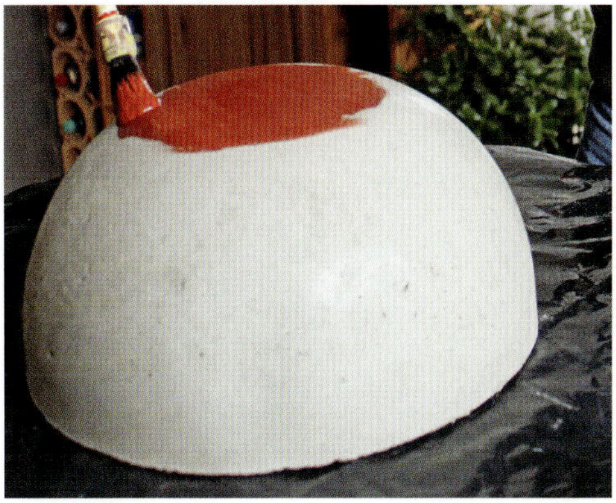

Die Kuppel wird von außen mit Zement- oder Acryl-Bodenfarbe angestrichen.

Innenausstattung schon in den Bau hineingegeben werden oder man sorgt dafür, dass ausreichend viel Polstermaterial in der Nähe der Burg vorhanden ist. Igel haben es gerne gemütlich.

Mit etwas Glück zieht gar eine Igelmutter ihre Jungen in der Burg aus Beton auf. Die Igel danken es uns mit der Vertilgung immenser Mengen an Insekten. Hungrige Igel verlieren recht schnell ihre Scheu vor dem Menschen und werden sehr zutraulich.

Es gab schon Igel, die ganz ungeniert jeden Abend mit „ihren" Menschen gemeinsam speisten. Sie schätzen einen gut gefüllten kleinen Napf mit allerhand Leckereien und bringen dann als Überraschung schon einmal ihre ganze Kinderschar gleich mit.

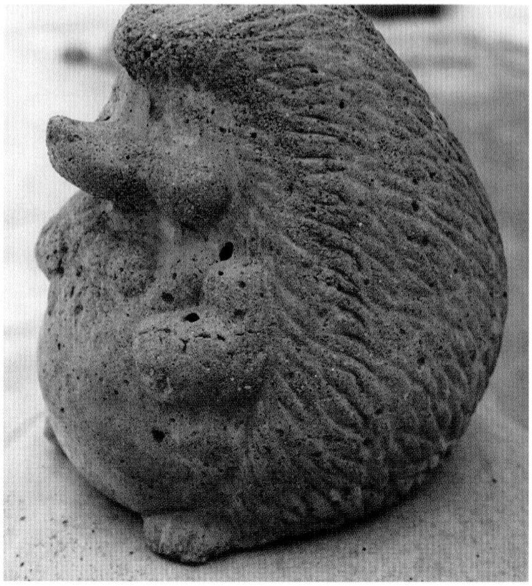

Mit Latex abgeformte und in Beton gegossene Igelfigur

Ergänzung zur Igelburg: Igelfigur aus Beton

Damit auch keinerlei Zweifel an der Herkunft der Burgbewohner entstehen, schmückt eine nette Igel-Skulptur die Kuppel der Behausung.

Hergestellt wurde der Betonigel, indem eine alte Tonfigur in etwa zehn Schichten mit dickflüssiger Latexmilch eingepinselt wurde und diese Form dann in Sand gebettet und mit flüssigem Zementleim befüllt wurde.

Wie die Abformung mit Latex im Detail funktioniert, ist ab Seite 90 beschrieben.

Eine ganz und gar „runde" Sache: Gartenkugeln aus Beton

Beinahe jeder Garten liebt runde Formen! Nicht umsonst schmücken Gartenkugeln in unterschiedlichen Größen, Farben und Oberflächen so viele Gärten und sorgen dort für spannende Akzente.

Auch aus Beton gefertigt gefallen die Kugeln. Selbst gegossen sind sie natürlich am allerschönsten. Es gibt unzählig viele Möglichkeiten, die runden Schmuckstücke dekorativ in Szene zu setzen.

Benötigtes Material

- alte, nicht mehr benötigte Spielbälle aus Kunststoff in verschiedenen Größen
- Sand zum Einbetten der Form
- ev. Trichter (PET-Flasche) zum Einfüllen des Zements

Arbeitsmethode

Bälle aus Kunststoff werden mit Zement gefüllt.

Schritt für Schritt

Bälle zum Spielen gibt es in ganz verschiedenen Größen und auch in unterschiedlichem Material.

Sind die Kinder längst erwachsen geworden oder liegen „vergessene" Bälle monatelang im Freien herum, wird es höchste Zeit, sie einzusammeln und als Ausgangsmaterial für wunderschöne Gartenkugeln mit in unsere Betonwerkstatt zu nehmen.

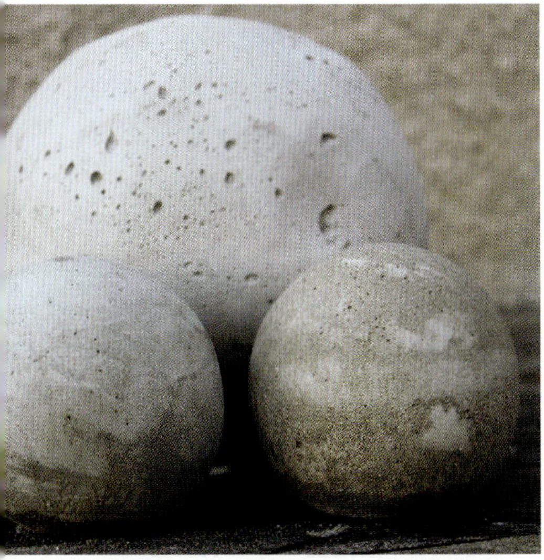

Gartenkugeln aus Beton können in verschiedenen Größen erstellt werden.

Um aus den alten Spielbällen dekorative Betonkugeln für den Garten zu gestalten, sollten sie im besten Fall aus Kunststoff sein. Das Material sollte mindestens so weich und flexibel sein, dass es mit einer Schere durchgeschnitten werden kann. Allerdings darf die Kunststoffhülle des Balles auch nicht zu dünn und nachgiebig sein, damit sie sich unter dem Gewicht des Zements nicht allzu sehr verformen kann.

Hiermit beginnt auch schon der erste Arbeitsschritt: In jeden Ball wird eine kreisrunde Öffnung geschnitten, wo später der Zement hineingegeben wird.

Nun werden die Bälle mit ihrer Öffnung nach oben in einen Hügel Sand gebettet.

Das Innere der Bälle wird mit einem Trennmittel (Speiseöl) eingepinselt und im Anschluss daran wird Zementleim durch die Öffnung in die Bälle eingefüllt.

Wichtig ist die horizontale Ausrichtung der Bälle im Sand, damit die fertigen Kugeln später eine gleichmäßige und gerade Standfläche erhalten.

Gartenkugeln aus Spielbällen

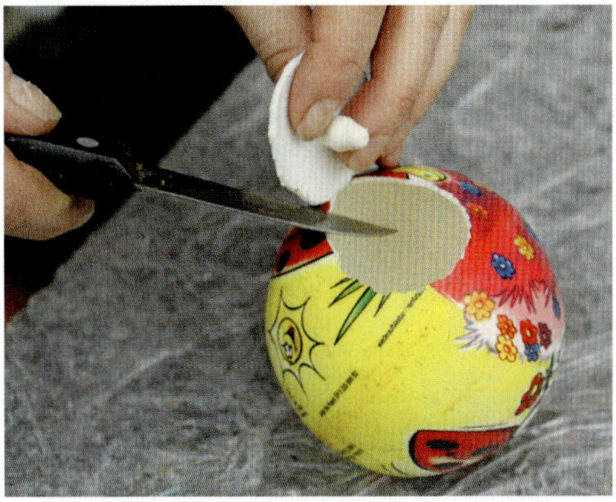

In einen kleinen Spielball wird eine Öffnung hineingeschnitten.

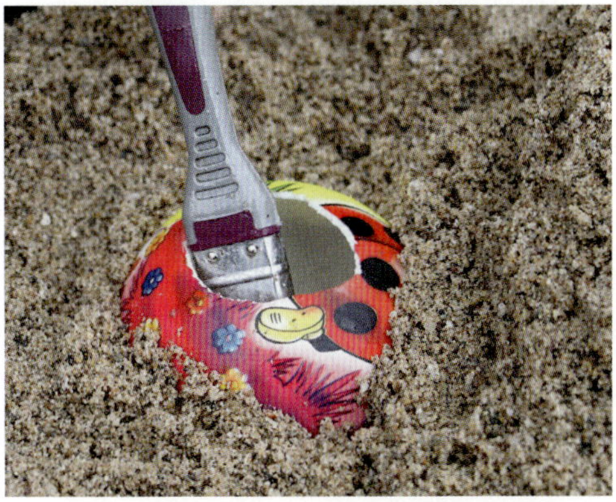

Die in Sand gebettete Ballhülle wird eingeölt und mit Zement gefüllt.

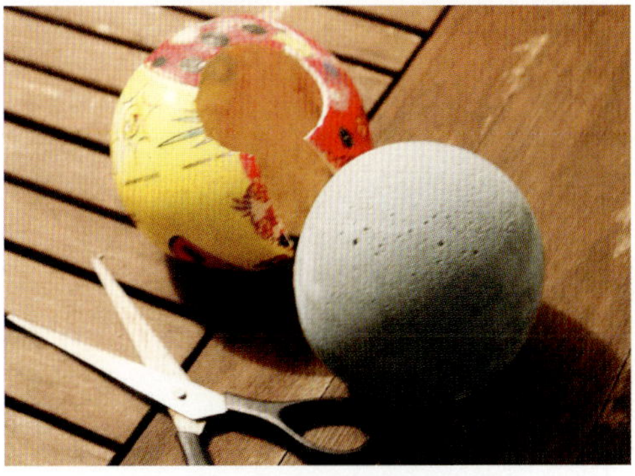

Zum Abstreifen muss die Hülle mit einer Schere eingeschnitten werden.

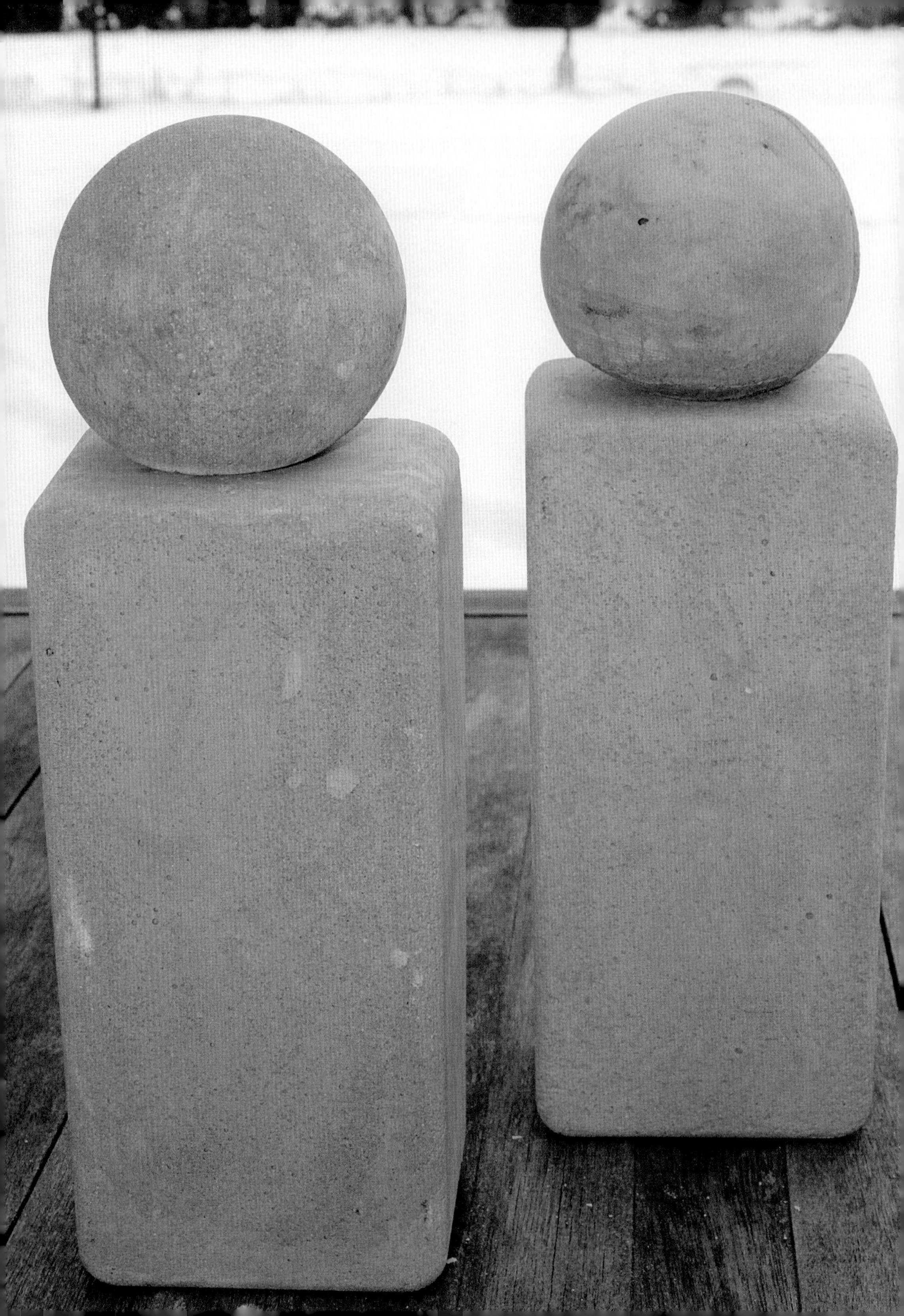

Bei sehr kleinen Bällen mit einer dementsprechend kleinen Öffnung wird ein Trichter zum Einfüllen des Zements benötigt.

Tipp!

Aus einer oben und unten abgeschnittenen PET-Flasche entsteht auf sehr einfache Weise ein Trichter, mit dessen Hilfe Zementleim auch durch kleine Öffnungen sauber eingefüllt werden kann! Der eingefüllte Zement sollte hierfür eher dünn zubereitet sein!

Nach etwa zwei bis drei Tagen sind die Kugeln so weit gehärtet, dass sie aus ihrer Gießform befreit werden können.

Dazu werden die Ballhüllen vorsichtig mit einer Schere so weit eingeschnitten, bis man sie von ihrem harten Betonkern abstreifen kann.

Um die Ballhüllen nochmals als Gießform verwenden zu können, müssen die Schnittstellen vor dem nächsten Befüllen wieder exakt aneinander gelegt und mit einem Klebeband fixiert werden.

Verwendung

Eine oder mehrere Kugeln, die man ansprechend im Garten arrangiert, ziehen schnell die Aufmerksamkeit auf sich: Kugeln erzielen ganz unterschiedliche Wirkungen, je nachdem, wo man sie aufgestellt hat. So bringt eine kleine Gruppe Kugeln Spannung in ansonsten eintönige Gartenbereiche, womit ein kurz geschorener Rasen oder eine schattige Ecke im Garten gemeint sein könnten. In bunten Blumenrabatten dagegen setzen dekorative, einfarbige Kugeln einen ruhenden Gegenpol zur lebhaften Umgebung.

Äußerst wirksam sind hier auch kleine Kugeln, die man auf einem eckigen Betonsockel gesetzt hatte. Platziert man einige Kugeln am Rand eines Weges oder kleinen Pfades, sorgen sie hier für Kurzweil und Abwechslung, sodass es niemals langweilig wird, den Weg entlang zu gehen.

Kurzanleitung: Gartenkugeln mit Relief

Nostalgisch wirken die Kugeln aus Beton, wenn ihre Oberfläche durch ein hübsches Relief verziert wird. Hierzu können entweder Blätter oder eine entsprechende Schablone dienen, die man zunächst gut einölt und dann im Inneren der Ballhüllen auslegt. Oder man modelliert die Oberfläche einer Kugel manuell, indem man eine Schicht Zementleim, dem man etwas Fliesenkleber zugegeben hatte, aufträgt. Diese Leimmischung hält besonders gut auch an senkrechten Flächen und lässt sich daher besser formen und bearbeiten als gewöhnlicher Zement. Ein feinmaschiger Draht, den man eng um die Kugel aus Beton gelegt hatte, erleichtert ebenfalls das Auftragen der weichen Zement-Modelliermasse!

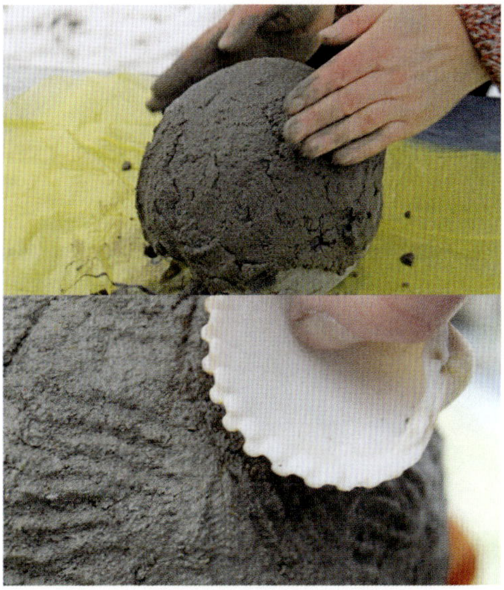

Eine große Gartenkugel wird manuell gestaltet und strukturiert.

Mit Zuschlägen den Beton „verzaubern“

Wir wissen bereits, dass Zement als Bindemittel die einzelnen Bestandteile des Betons zusammenhält. Und seine Aufgabe, dem Beton seine Festigkeit zu verleihen, erfüllt Zement so gut, dass hier durchaus weitere Zugaben beim Anmischen des Zementleims erlaubt sind, ohne dass die Stabilität des Endproduktes allzu stark darunter leiden würde.

Da unsere schönen Garten-Dekorationen aus Beton auch keinerlei Sicherheitsprüfungen absolvieren müssen, dürfen wir hier der Optik wegen ruhig ein wenig mit den Beton-Inhaltsstoffen experimentieren.

Wie wäre es also mit etwas Splitt als Zugabe oder einem Eimer voll eingeweichtes Papier, welches dem fertigen Betonprodukt gleich eine etwas „weichere“ Nuance verleiht?

Papier und Splitt als Zuschlagsstoffe

Eigenschaften und Aussehen von Betonsichtflächen werden in der Hauptsache durch die Verwendung gewisser Inhaltsstoffe bei der Herstellung bestimmt. Werden dem Zementleim zusätzliche Substanzen in nicht unerheblicher Menge zugefügt, entstehen Betone mit rundweg verändertem Charakter.

Mag sein, dass manch ein Beton-Rezept einst aus einer Zutatenknappheit heraus entstanden ist. Für unsere Betonwerkstatt bedeuten die zusätzlichen Beifügungen jedoch weitere kreative Gestaltungsmöglichkeiten.

Neben ganz „normalem“ Beton in bereits beschriebenen Mischungsverhältnissen enthält unsere „Beton-Rezeptliste“ nun schon eine beachtliche Sammlung ganz **unterschiedlicher Betonarten:**

1. **Papierbeton oder -zement**
2. **Konkretbeton (Splitt plus Sand)**
3. **Blauer Beton (viel Zement)**
4. **Holzbeton (Nisthilfenbeton, Rezept auf S. 113)**
5. **Torfbeton (Anleitung auf S. 83)**

Wie der Name schon verrät, handelt es sich beim **Papierbeton oder -zement** um Beton mit einem Anteil an Papier. Bei Papier, welches üblicherweise aus Holz hergestellt wird, handelt es sich um ein recht natürliches Material, welches dem fertigen Betonprodukt durch seine Mitverwendung immer auch einen Teil seiner guten Eigenschaften verleiht.

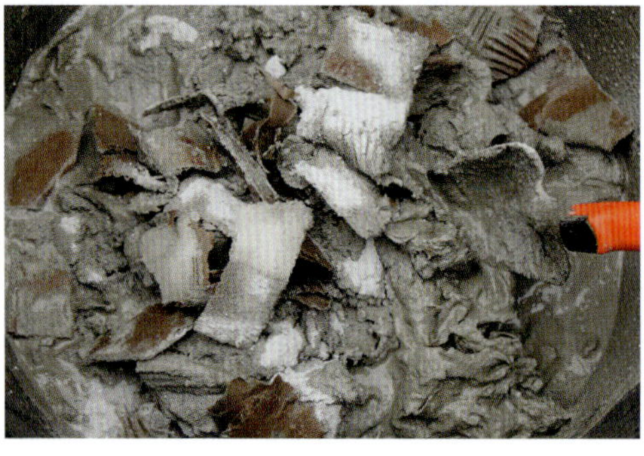

Beim Anmischen des Zements wird Papier zugegeben.

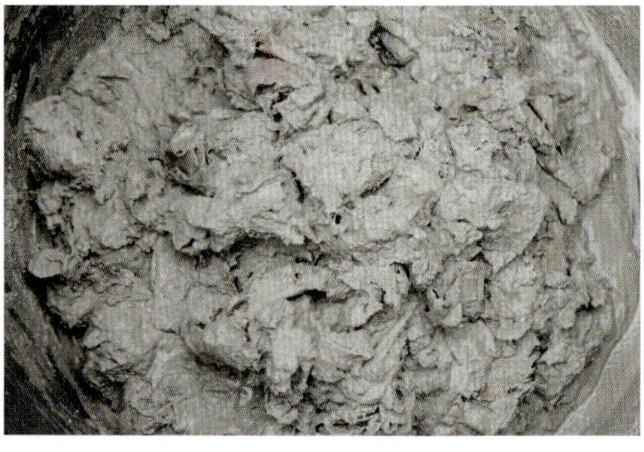

Es entsteht ein fester Leim mit groben Bestandteilen.

Papier ist leicht, locker und wärmend. Gegenstände, die aus Papierzement hergestellt wurden, wirken daher weit weniger schwer und besitzen diese gewisse Verspieltheit, die gerade in naturnahen Gärten so beliebt ist.

Schöne Schale aus „Papierzement“ – Einfach!

Benötigtes Material

- zwei ähnlich geformte Schüsseln aus Kunststoff in unterschiedlicher Größe
- ein Stapel Zeitungen und/oder Wellpappe

Arbeitsmethode

Beim Anmischen des Zementleims werden eingeweichte und zerkleinerte Zeitungen und/oder Wellpappe untergerührt. Von dieser Masse wird zwischen zwei Schüsseln eine Betonschale ausgehärtet.

Schritt für Schritt

Zunächst werden mehrere Zeitungen und/oder Pappkartons in Wasser eingeweicht. Hierzu legt man sie in einen größeren Maurerkübel, in welchem später der Zementleim angerührt werden kann.

Nach mehreren Stunden kann das Wasser aus dem Kübel abgekippt werden. Zurück bleibt das durchweichte Material, welches nun etwas zerkleinert werden muss. Es wird hierzu in etwa fünf bis zehn Zentimeter lange Stückchen zerrissen.

Zu rein dekorativen Zwecken können auch noch etwas getrocknetes Laub, einige kleine Tannenzapfen oder -nadeln und anderes natürliches Material aus dem Garten hinzugefügt werden.

Einige Schaufeln Zementmörtel, ein kleiner Anteil reiner Portland-Zement sowie nur wenig Wasser wird nun in den Mörteleimer gegeben und mit dem eingeweichten Papier gut vermengt.

Schale aus Papierzement

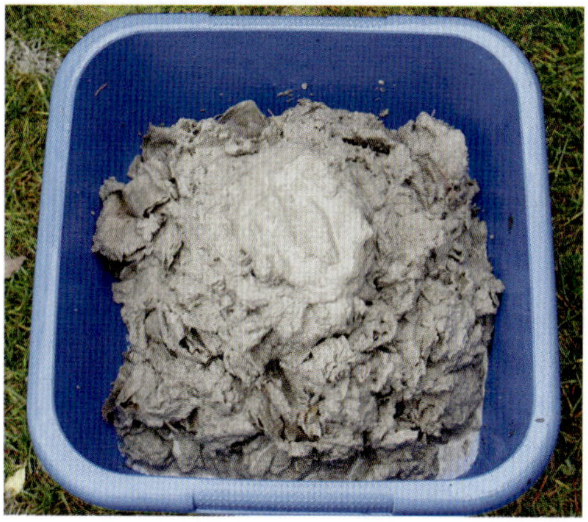

Der feste Zement wird in eine große Schale gefüllt.

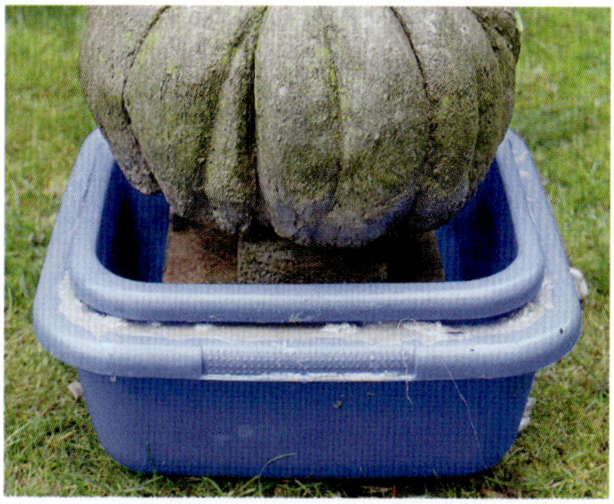

Die innere Form wird eingedrückt und mit schweren Gewichten fixiert.

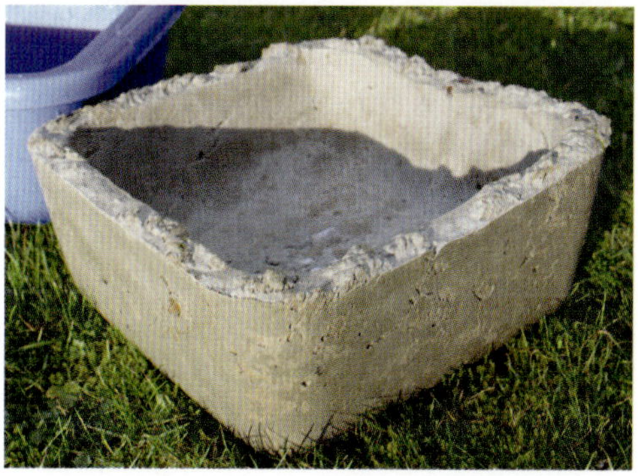

Fertige Schale aus Papierzement

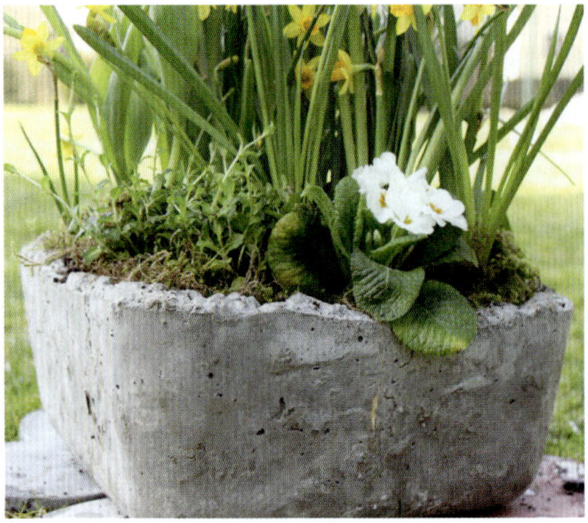

Bepflanzte Schale aus Papierzement

Es sollte eine zwar weiche, aber doch auch relativ steife Masse entstehen, die keinesfalls zu flüssig sein sollte. Ansonsten würden sich die Papierbestandteile allzu leicht vom Zementleim trennen, was ein unschönes optisches Ergebnis zur Folge hätte.

Die größere der beiden Kunststoffschüsseln wird nun auf ihrer Innenseite eingeölt, der angemachte Papierzement eingefüllt.

Nun wird die kleinere Schüssel auf ihrer Außenseite eingeölt und in den Papierzement mit einigem Kraftaufwand eingedrückt.

Die kleine innere Schüssel muss mit recht schweren Gewichten beschwert werden, damit sie an Ort und Stelle fixiert ist!

Zum Verdichten wird heftig an der Schüssel gerüttelt. Man kann sie dazu auch mehrmals auf einen harten Untergrund stoßen.

Während des Aushärtens sollten die Gießformen auf einem ebenen Untergrund stehen, damit ein symmetrisches Endprodukt entstehen kann!

Nach etwa drei bis vier Tagen sollte die Schale ausreichend gehärtet sein, um sie aus den Gießformen entnehmen zu können. Im Zweifelsfall wartet man lieber einen Tag länger, um ein Zerbrechen der Schale nicht zu riskieren.

Aufgrund des beigefügten Papiers ist die entstandene Schale weit weniger bruchsicher als es eine normale Betonschale üblicherweise wäre. Dafür schmückt sie den Garten jedoch mit ihrer einzigartigen und sehr individuellen Erscheinung und erregt mit Sicherheit einige Aufmerksamkeit.

Verwendung

Die Schale aus Papierbeton mit ihrer lebhaften Oberfläche passt besonders gut in bunte Naturgärten. Hier nimmt sie am liebsten Pflanzen mit einem leicht verspielten Charakter in sich auf, wie etwa Stiefmütterchen, Glockenblumen, Mini-Narzissen, Heidenelken, Petunien oder einen bunten Sommerblumen-Mix.

Kurzanleitung: Schwarze große Schale aus Konkretbeton – Einfach!

Durch Beifügung von Splitt zum Zementleim entsteht eine grobkörnige Schale, die farblich variiert, je nachdem, welche Farbe der zugefügte Splitt besitzt.

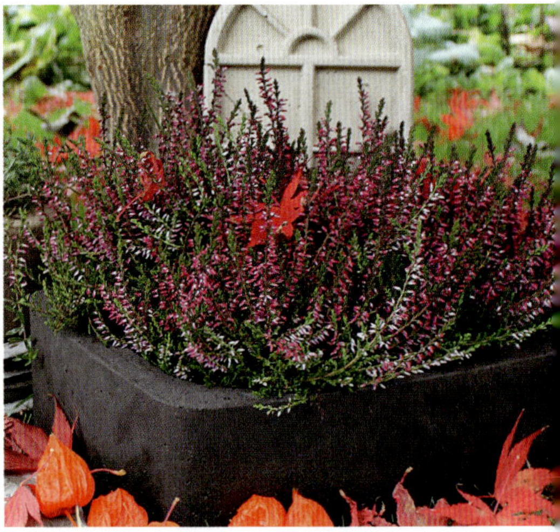

Eine mit dunklem Splitt eingefärbte Schale aus „Konkretbeton"

Beim Anmachen des Zementleims wird die entsprechende Menge Splitt untergemischt. In unserem Fall betrug der Splittanteil etwa 60 %, sodass auf sechs Teile Splitt demnach etwa drei Teile Zement sowie ein Teil Sand zugegeben wurden.

Verwendung

Eine mit dunklem Splitt eingefärbte Schale wirkt ganz wundervoll, wenn sie kontrastreich mit sehr hell blühenden Blütenpflanzen bestückt den Garten ziert.

Im Herbst in die Schale eingesetzte Zwiebeln von Schneeglöckchen blühen schon ganz früh im Jahr und sorgen daher schon recht zeitig für einen optischen Höhepunkt im Garten!

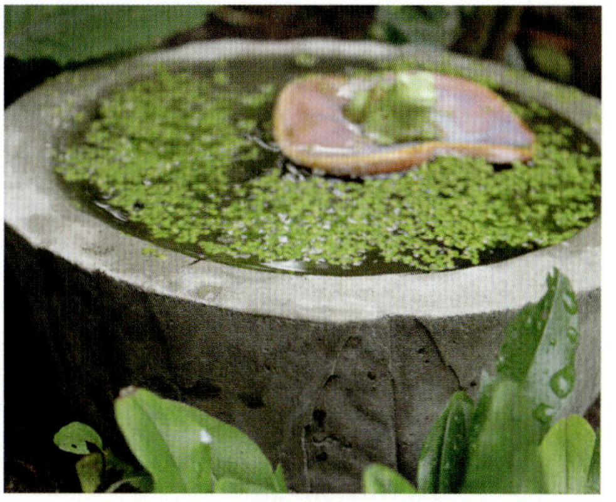

Schale mit hohem Zementanteil und Blatt-Applikationen

Blauer Beton

Wird beim Betonieren ein sehr hoher Zementanteil verarbeitet, der mindestens im Verhältnis 1 : 1 (ein Teil Zement auf einen Teil Sand) gemischt wird oder sogar darüber liegt, spricht man von „Blauem Beton“. Die gefertigten Betonobjekte aus Blauem Beton wirken sehr fest und feinporig (bei einer guten Verdichtung). Ihre Farbe tendiert ganz leicht ins Bläuliche.

Gerne kann hier auch ausprobiert werden, wie hoch der Zementanteil sein kann, ohne dass die Stabilität der Werkstücke leidet. Man beachte aber, dass ein gewisser Sandanteil unerlässlich ist, da die Gesteinskörnung dem gesamten Betonwerk auch seine Stabilität verleiht.

Motive in Beton manuell gestalten

Nun wird es mystisch im Garten!

Beim manuellen Gestalten von Dekorationen aus Beton bieten sich zahlreiche Muster und Symbole an, um sie kunstvoll in Beton zu verewigen.

Und mit „manuell“ ist nun tatsächlich auch der direkte Kontakt zum weichen Zementleim gemeint, indem hier in echter „Handarbeit“ ein Muster eingeritzt oder eingedrückt bzw. gekerbt wird. Hierbei wäre es natürlich gut zu wissen, welche Bedeutung welchem Symbol normalerweise zugeschrieben wird, damit einem mit dem selbst kreierten Kunstwerk zukünftig auch die rechte spirituelle Unterstützung bei der Gartenarbeit zur Seite steht.

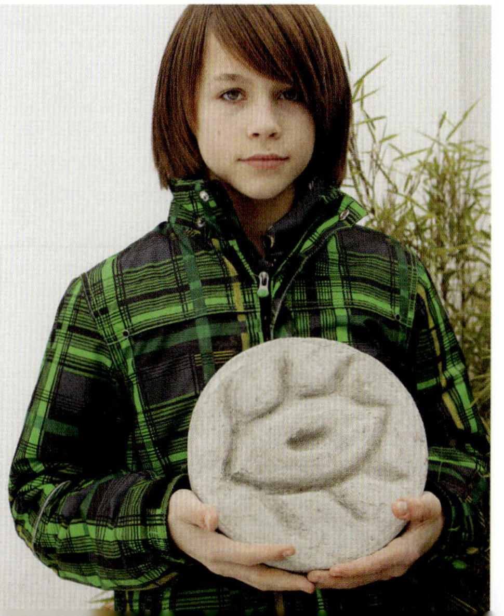

Symbole und deren Bedeutung

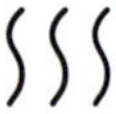	Wasser, Strom
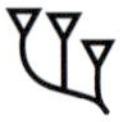	Pflanzen
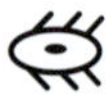	Auge
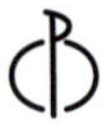	„phi et ro“: „Hier ist Vorsicht geboten“
	Sternchen: „Richtig an dieser Stelle“
	Blatt

Kurzanleitung: Runde Betonplatte mit dem Motiv einer vorchristlichen Menschengestalt (Felsritzung)

Felsritzungen oder Höhlenzeichnungen aus vorchristlicher Zeit haben eine ganz spezielle künstlerische Ausstrahlung, der man sich kaum entziehen kann. In Beton verewigt strömen die alten Symbole und Figuren etwas urtümlich Vertrautes und dabei Geheimnisvolles aus, sodass sie auch im Garten immer gern gesehene Accessoires darstellen.

Eine runde Schale aus Kunststoff – oder alternativ ein Eimer mit geraden Seitenwänden – wird zunächst eingeölt und dann etwa vier bis fünf Zentimeter hoch mit Zementleim gefüllt.

Tipp!

Dieser Leim sollte in seiner Konsistenz so fest wie möglich zubereitet werden, indem nur eine geringe Menge Wasser beim Anmachen des Leims verarbeitet wird!

Betonplatte mit Symbolen

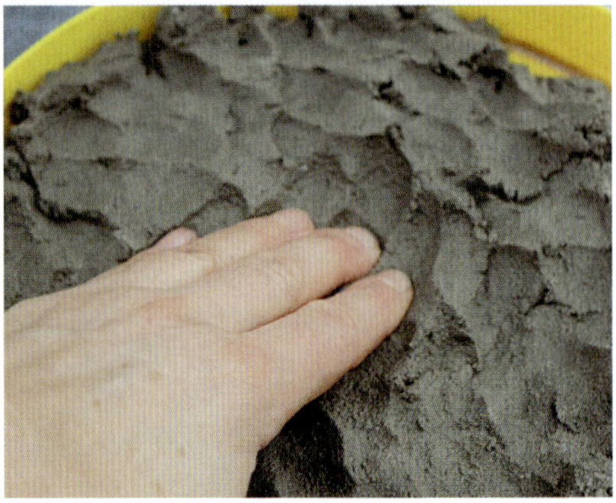

Sehr fester Zement wird in seine Form gegeben.

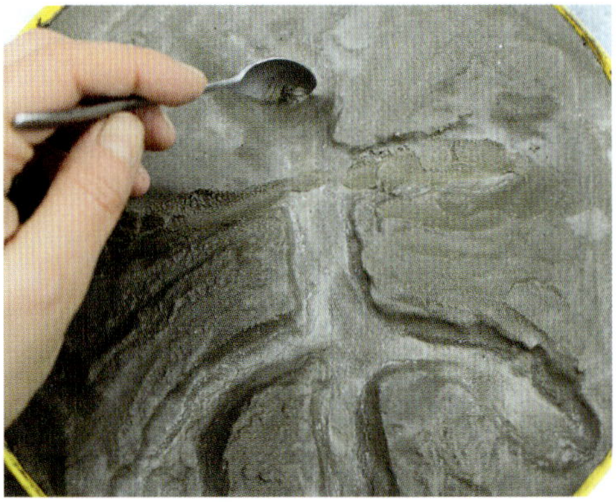

Ein Symbol wird eingedrückt oder -geritzt.

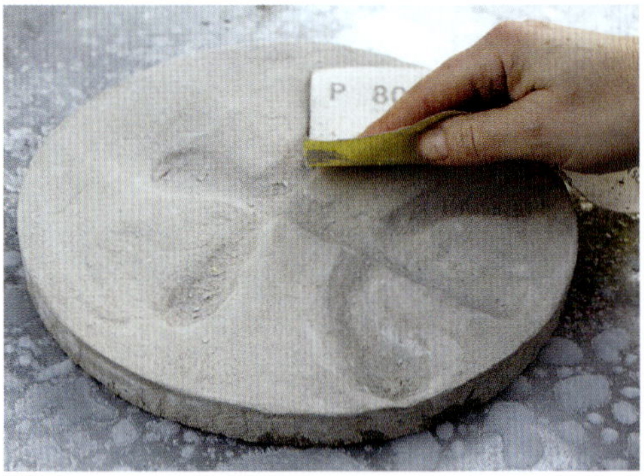

Die Oberfläche wird glattgeschliffen.

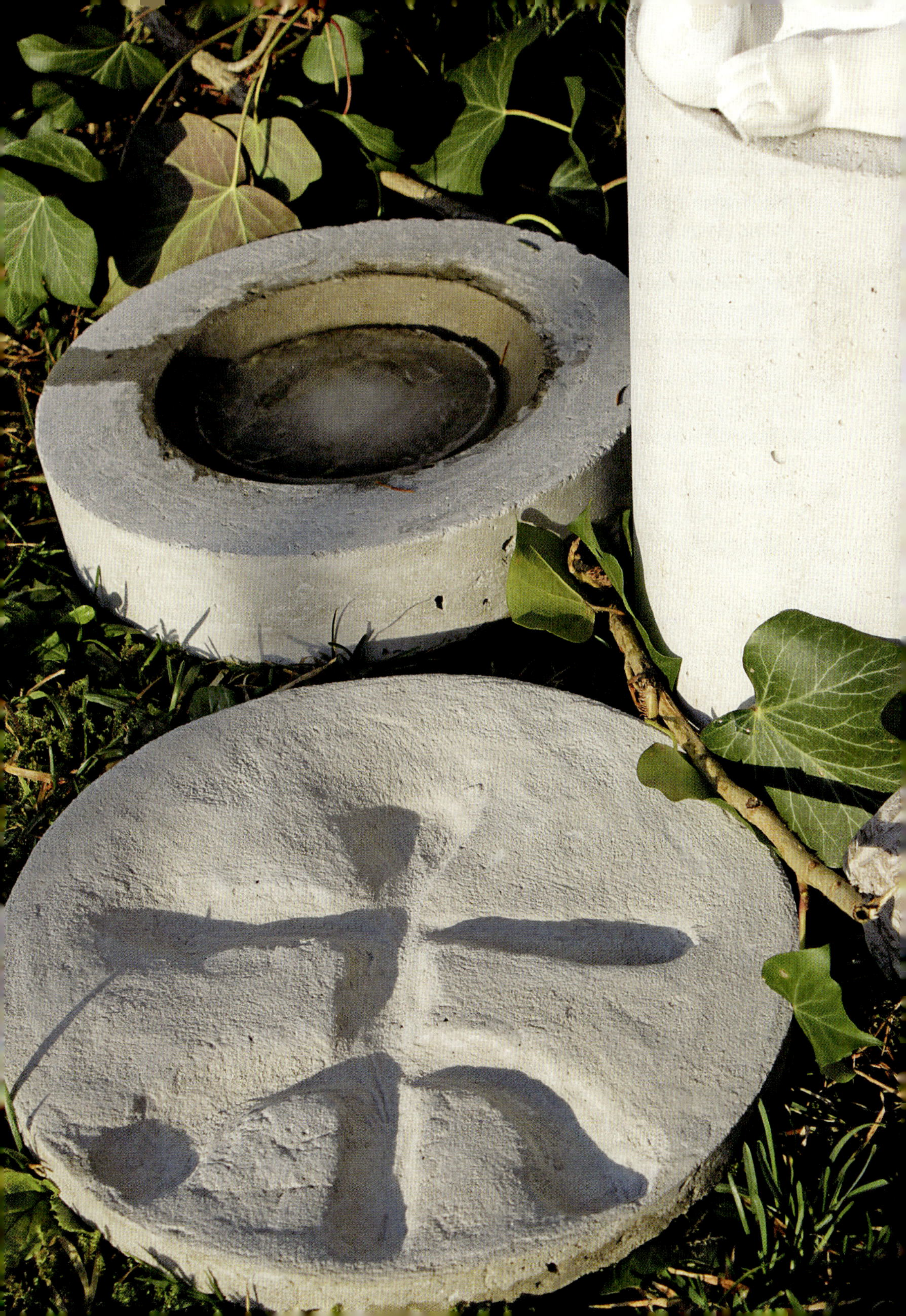

Tipp!

Indem man beim Anmischen des Zements einige Schaufeln Fliesenkleber zufügt, lässt sich der entstandene Zementleim bedeutend besser modellieren!

Nun wird das gewünschte Motiv manuell in den Zement eingedrückt und dann möglichst während der Erstarrungsphase – also innerhalb der nächsten Stunde – nicht mehr angerührt.

Meist tritt nach einiger Zeit doch wieder etwas Anmachwasser aus dem Zement heraus, sodass eine spätere Nachbearbeitung des Motivs häufig unvermeidlich ist.

Dies erfolgt bestenfalls nach einigen Stunden, wenn der Zement schon erstarrt, seine Konsistenz jedoch noch relativ weich ist.

Nun kann mit einem Schaber oder einem Löffel das Motiv ein wenig nachgezogen werden.

Nach etwa zwei Tagen sollte die Betonplatte ausreichend gefestigt sein, um sie vorsichtig aus der Form nehmen zu können.

Ein individuelles Kunstwerk schmückt von nun an recht charismatisch den Garten und sorgt mit seiner Einzigartigkeit für Aufsehen.

Rustikale Gartenbank aus Beton

Jetzt wird's lauschig! Von gemütlichen Sitzplätzen kann man gar nicht genug im Garten haben.

Stark und solide lädt die Bank aus grauem Beton den Gärtner oder die Gärtnerin zu einer kleinen Pause ein. Hier kann man – je nachdem, wo man die Sitzgelegenheit platziert hatte – von einem exponierten Hügel die Aussicht genießen oder in einem abgeschiedenen Garteneckchen der Stille lauschen.

Begeisterung löst der so bescheiden wirkende Sitzplatz auch dann aus, wenn blühende oder grünende Zweige seine säulenförmigen Beine elegant umspielen.

Wo rohe (Zug-)Kräfte sinnlos walten ...

Beton weist, im Vergleich zu seiner recht hohen Druckfestigkeit, nur eine geringe Zugfestigkeit auf. Als grober Richtwert gilt, dass die Zugfestigkeit des Betons in etwa einem Zehntel seiner Druckfestigkeit entspricht.

Vor allem biegebeanspruchte Bauteile, zu der auch die unten beschriebene Gartenbank gehört, weisen ein gehöriges Maß an Zugspannungen auf, wie die nachfolgende Skizze anschaulich dargestellt.

Eine Zugabe von Stahl erhöht ganz allgemein die Zugfestigkeit von Beton!

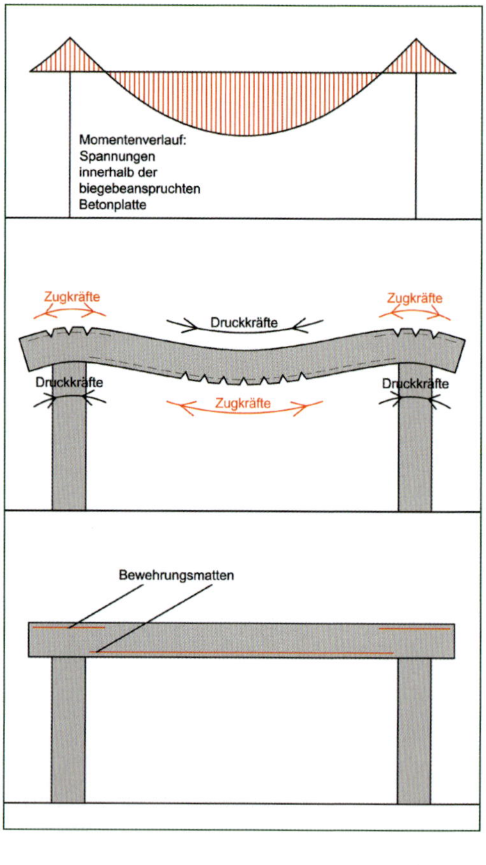

Um die Bruchsicherheit einer Gartenbank aus Beton zu gewährleisten, müssen vorhandene Zugkräfte daher durch den Einsatz von Bewehrung (Stahlgitter) abgedeckt werden!

Benötigtes Material

- 1 bis 4 kurze Abflussrohre in einer Länge von etwa 30 Zentimetern
- 1 bis 4 Schlauchschellen, die vom Umfang her zu den Abflussrohren passen
- 1 Brett mit glatter Oberfläche in der Größe von etwa 1 Meter x 50 Zentimetern
- 1 etwa 40 x 40 Zentimeter großes Stück Moosgummi (mindestens 2 Zentimeter dick)
- 4 schmale Bretter von etwa 1 Meter Länge und mindestens 8 Zentimeter Höhe
- Schnellbau- oder Spaxschrauben, 50 Millimeter
- 1 Estrichmatte, 1 x 1 Meter
- 4 Stahlrohre, 30 Zentimeter lang

Benötigtes Werkzeug

- Bohrmaschine, inkl. Holzbohrer der Stärke 3
- Kreuzschraubendreher (ev. als Aufsatz für die Bohrmaschine)
- Lochsäge als Aufsatz für die Bohrmaschine
- Stichsäge
- ev. Winkelschleifer
- Seitenschneider (oder jede andere Kneifzange/Beißzange)

Arbeitsmethode

Mit Hilfe der Abflussrohre werden vier säulenförmige „Beine" aus Beton erstellt. Die Sitzfläche aus Beton wird mit Hilfe eines verschraubten, flachen Holzkastens und unter Zugabe einer Estrichmatte (Bewehrung) gegossen.

Schritt für Schritt

Zunächst besorgt man sich bis zu vier etwa 30 Zentimeter hohe, runde Gießformen aus

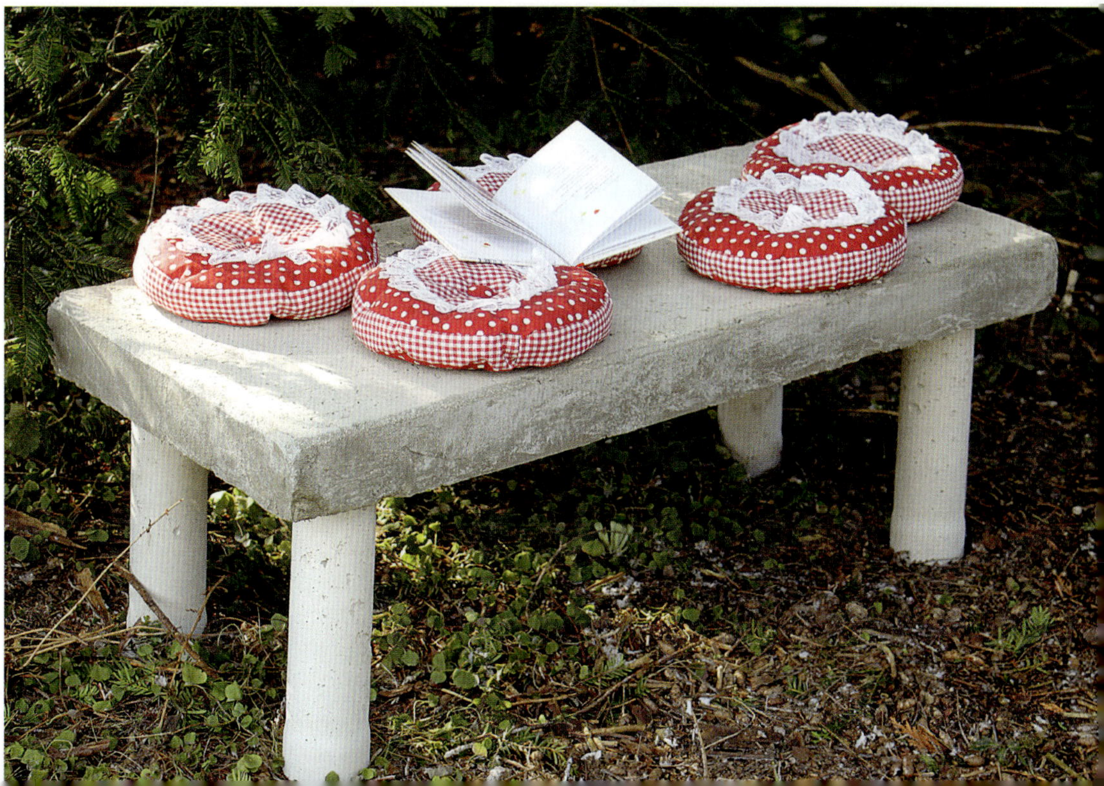

Kunststoff von exakt gleicher Größe und Form. In unserem Beispiel diente als Gießform ein Abflussrohr-Teilstück mit einem Durchmesser von 7 Zentimetern. Da auch in den Beinen der Bank Zugkräfte auftreten, können zur Sicherheit 4 Stahlrohre mit einbetoniert werden. Bei sehr dicken Säulen ab ca. 10 Zentimetern Durchmesser kann auf die Stahlrohre verzichtet werden.

Das Kunststoffrohr wird zunächst mit einer Stichsäge (alternativ mit einem Fuchsschwanz) seitlich aufgesägt, um das spätere Herauslösen des gehärteten Betons zu erleichtern.

Auf der Innenseite des Rohrs wird ein Trennmittel (Speiseöl) aufgesprüht. Anschließend wird eine Schlauchschelle um das untere Ende des Rohrs gelegt und festgeschraubt. Der im Rohr enthaltene Dichtungsgummi wird um das andere Ende des Rohrs gelegt.

Man stellt das Rohr nun auf eine glatte Fläche und befüllt es mit dem angemachten Zement.

Wichig!

Da eine insgesamt hohe Belastbarkeit der Bank notwendig ist, wird in diesem Fall ausschließlich Estrich-Beton (Fertigmörtel) verarbeitet. Dieser enthält Zuschläge mit einer Korngröße von bis zu 0,8 Zentimetern. Durch die größeren Körner (Kies) erhält das Betonwerk ein insgesamt festeres Gefüge und damit eine wesentlich höhere Bruchsicherheit!

Tipp!

Ein entsprechender Quirl-Aufsatz für die Bohrmaschine kann das Anrühren solch großer Zementmengen doch sehr erleichtern.

Um den Zement zu verdichten, wird mit einem Stab darin gestochert. Ein Stahlrohr wird in den weichen Zement eingesetzt und fixiert. Nach etwa zwei bis drei Tagen ist die kleine Säule ausreichend gefestigt, um sie aus ihrer Gießform zu entnehmen. Dazu wird zunächst die Schlauchschelle gelöst und der Gummi entfernt. Die Betonsäule kann nun vorsichtig aus ihrer Kunststoffhülle herausgedrückt werden.

Der ganze Vorgang wird nun viermal hintereinander durchgeführt, wobei auf eine gleichmäßige Einfüllhöhe des Zementes geachtet werden muss, damit die Betonsäulen später auch exakt die gleiche Länge haben.

Oder man hatte sich gleich alle vier Abflussrohre samt passender Schlauchschelle besorgt und stellt daher alle vier Beine der Bank in einem Arbeitsgang her.

Nun geht es an die Gestaltung der Sitzfläche!

Hierzu wird zunächst ein etwa acht Zentimeter hoher Rahmen aus Brettern gebildet, der auf das Brett mit glatter Oberfläche in der Größe von 90 x 40 Zentimetern aufgeschraubt wird.

Um sich diese Arbeit zu erleichtern, zeichnet man sich die spätere Sitzfläche der Bank (90 x 40 Zentimeter) zunächst auf das Brett auf und bohrt in Abständen von etwa 15 Zentimetern Löcher vor. Die mit einer Stichsäge auf Länge gebrachten Bretter werden nun gut auf dem glatten Brett verschraubt.

Mit einer Lochsäge werden acht kreisrunde Scheiben aus der Moosgummiplatte herausgesägt. Sie sollten exakt den Durchmesser der säulenförmigen Beine der Bank haben (in unserem Beispiel also sieben Zentimeter).

Anschließend werden zwei weitere schmale Brettstücke benötigt. Sie sollen mindestens 44 Zentimeter lang sein.

Jeweils zwei der runden Scheiben werden übereinandergelegt und etwa fünf Zentimeter vom Rand der Bretter mit Schrauben dort befestigt.

Sitzbank aus Beton

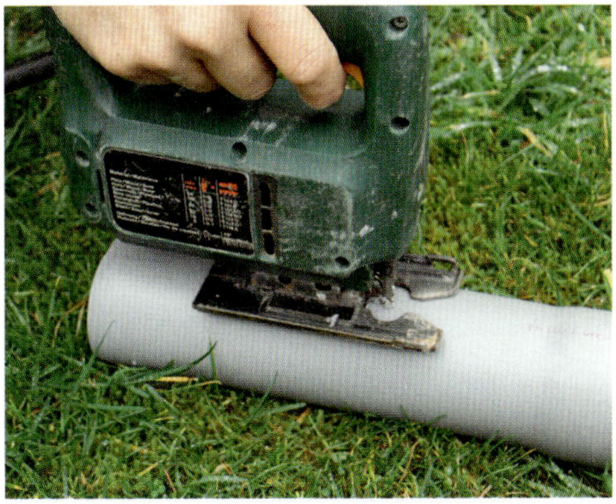

Die Rohre werden seitlich aufgesägt.

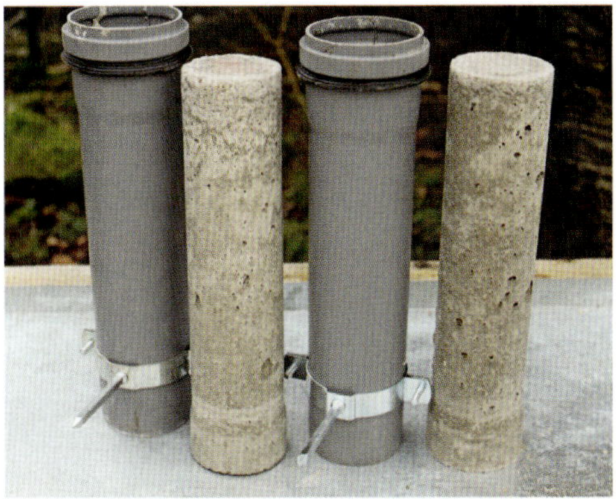

Die Beine der Bank werden in Plastikrohren gegossen.

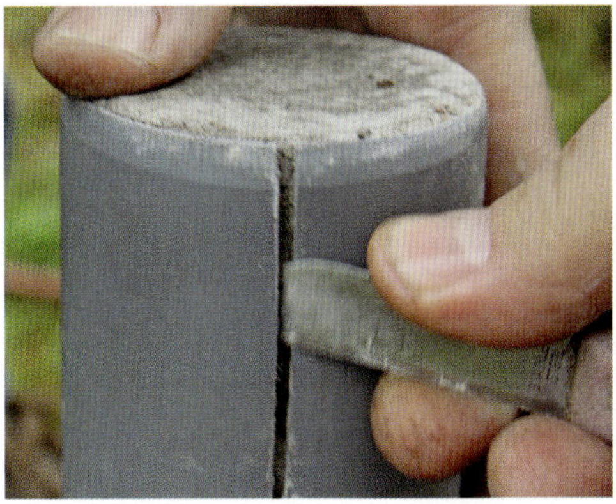

Entnahme des Betons aus seiner Form

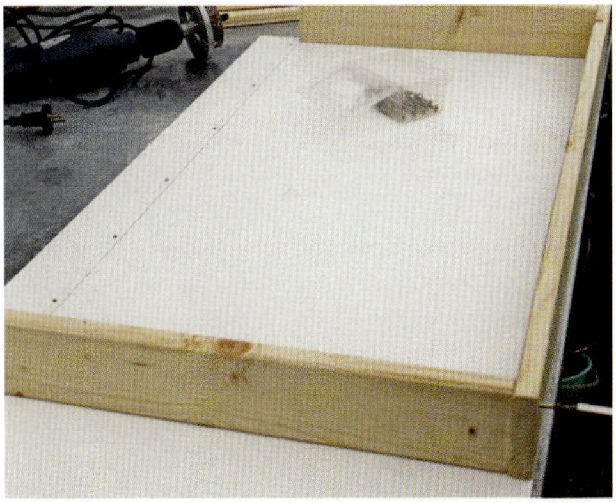

Ein aufgeschraubter Kasten dient als Gießform für die Sitzfläche der Bank.

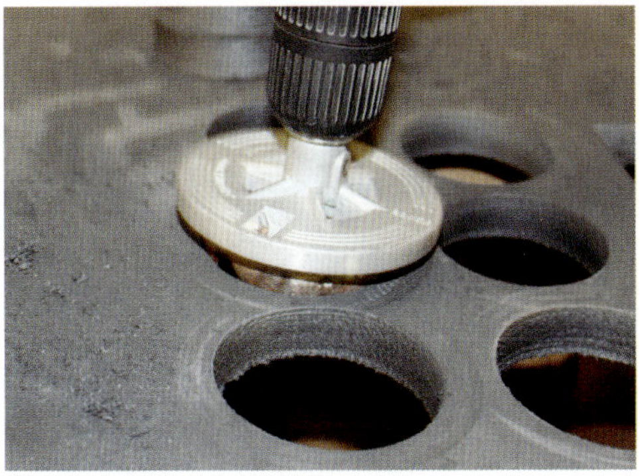

Scheiben aus Moosgummi werden ausgestanzt.

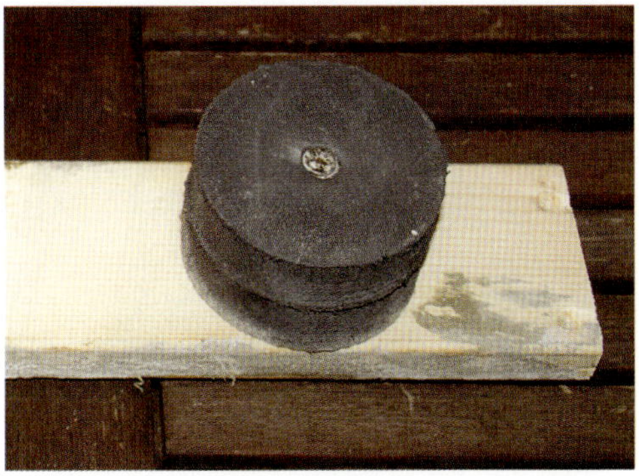

Jeweils 2 Moogummischeiben werden auf ein Brett geschraubt.

Sitzbank aus Beton (Fortsetzung)

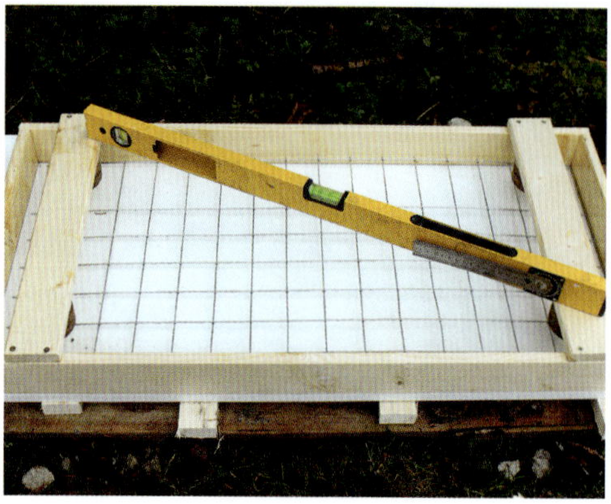

Die Gießform wird zum Befüllen auf eine ebene Fläche gestellt.

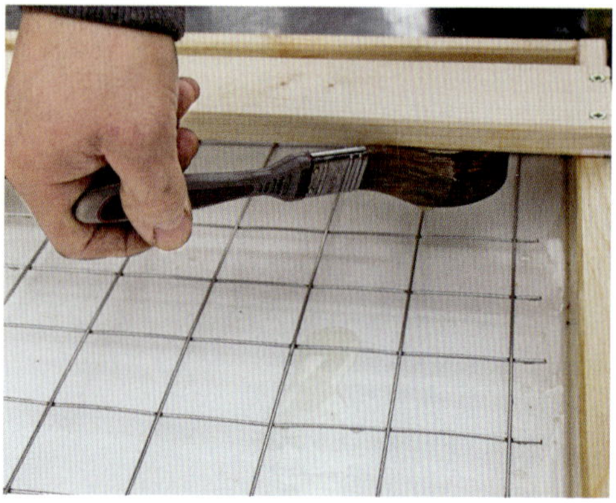

Die Innenseite der Gießform wird eingeölt.

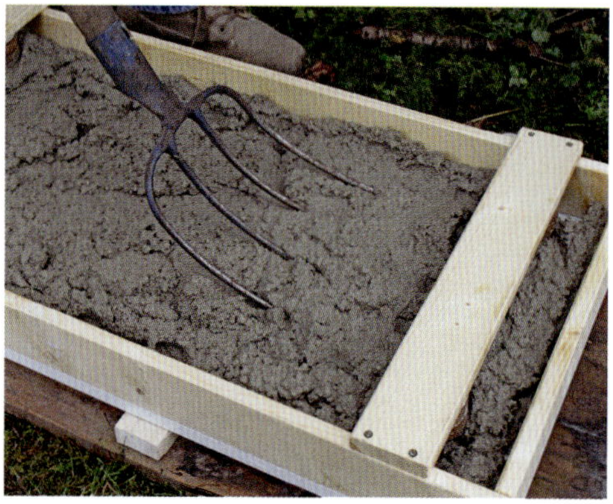

Zement wird eingefüllt und die Estrichmatte etwas angehoben.

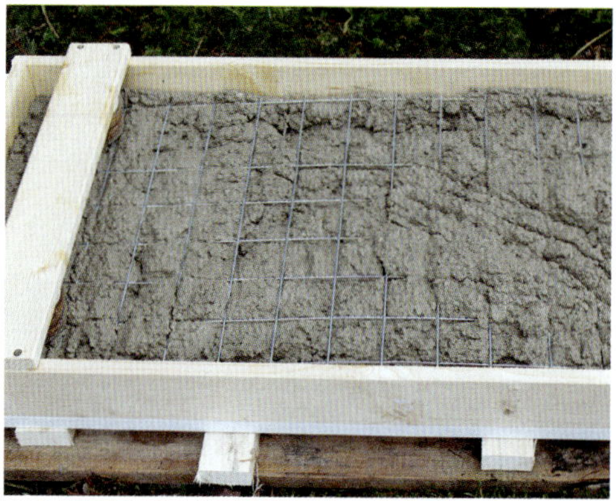

Die zweite Estrichmatte wird aufgelegt.

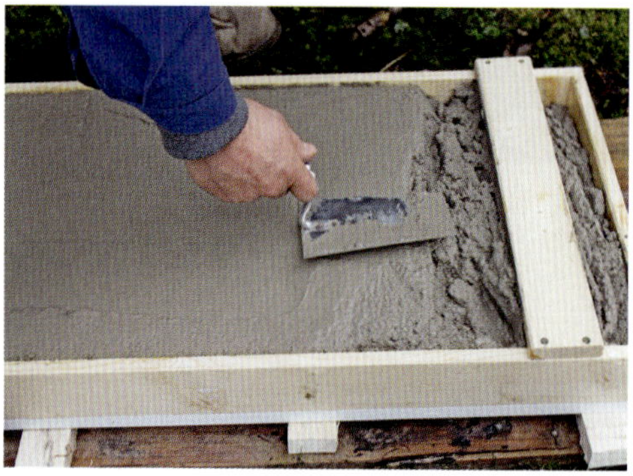

Die Oberfläche wird glattgestrichen.

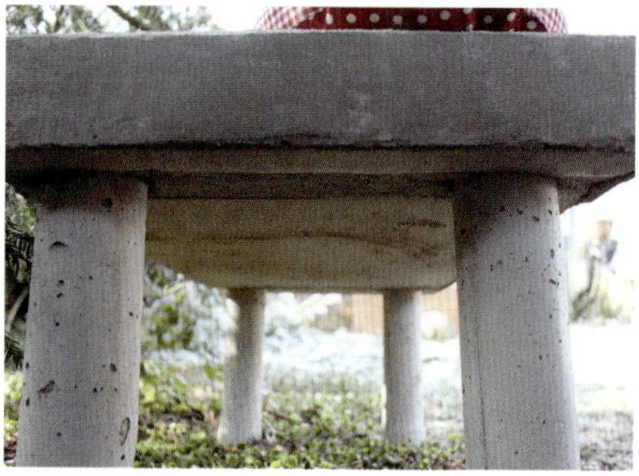

Ansicht der Bank von unten.

Die Bretter werden nun mit den Scheiben nach unten auf den Rahmen geschraubt.

Die ins Innere der Gießform ragenden Scheiben ergeben später die Vertiefungen für die säulenförmigen Beine der Bank und sorgen dafür, dass die schwere Sitzfläche aus Beton nicht verrutschen kann.

Durch das Einlegen von zwei Estrichmatten erhöhen wir die Zugfestigkeit der Bank!

Wir schneiden die Estrichmatte mit einem Seitenschneider (oder einer anderen Kneifzange) in Form, um sie daraufhin in die Schalungsform einzulegen.

Nachdem die Schalung von innen gut eingeölt wurde, stellt man sie zunächst auf eine ebene Fläche, die man mit einer Wasserwaage exakt ausgerichtet hatte.

Nun wird der Zementleim einige Zentimeter hoch eingefüllt.

Die vom Zementleim bedeckte Estrichmatte wird etwas angehoben, damit Teile von ihr später auf keinen Fall aus der Sitzfläche herausragen können.

Es wird weiterer Zement eingefüllt und die zweite Estrichmatte daraufgelegt. Die Schalform wird anschließend bis zu ihrem oberen Rand mit Zement aufgefüllt. Die eingelegte Estrichmatte sollte komplett vom Beton bedeckt werden.

Die Oberfläche wird nach Belieben noch schön glatt gezogen.

Nach etwa fünf Tagen sollte die etwa acht Zentimeter dicke Sitzfläche der Bank ausreichend gefestigt sein, um sie vorsichtig aus ihrer Form befreien zu können.

Dazu müssen die zwei Querbalken zunächst abgeschraubt werden. Sie sollten sich mitsamt den Moosgummischeiben aus dem Zement lösen und vier runde Vertiefungen darin hinterlassen haben. Falls die Scheiben jedoch im Zement stecken geblieben sein sollten, können diese mit Hilfe eines spitzen Gegenstandes meist problemlos aus dem gehärteten Zement herausgehoben werden.

Die etwa 50 Kilogramm schwere Sitzfläche der Bank wird von zwei kräftigen Personen samt ihrer Gießform sehr vorsichtig auf den Kopf gestellt und sollte sich dann alsbald aus ihrer Schalung herauslösen. Sollte es hierbei Probleme geben, können zusätzlich auch die Schrauben des Holzrahmens gelöst werden.

Nach Belieben werden die Kanten der rechteckigen Sitzfläche mit einer Feile oder mit Schmirgelpapier (alternativ mit einem Winkelschleifer) noch etwas abgerundet.

Die vier säulenförmigen Beine werden nun an einem für die Bank als Standort ausgewählten Ort aufgestellt und die Sitzfläche von zwei kräftigen Personen vorsichtig aufgelegt, sodass die runden Säulenbeine exakt in die Vertiefungen auf der Unterseite der Sitzfläche passen. Es ist sinnvoll, wenn eine dritte Person bei dieser Aufgabe helfen kann.

Verwendung

Eine selbst gegossene Bank aus Beton bereichert den Garten auf sehr eigenwillige Art und Weise. Man sieht ihr auf den ersten Blick ihre hohe Widerstandsfähigkeit an und nimmt gerne Platz auf ihrer ebenmäßigen, glatten Sitzfläche.

Selbst genähte, bunte Sitzkissen bilden immer einen schönen Kontrast zum bescheidenen Grau der Bank.

Doch täuscht die kühle Sachlichkeit darüber hinweg, dass Beton auch ein guter Wärmeleiter sowie -speicher ist. Ein sonniger Standort heizt die Bank an heißen Sommertagen gehörig auf, was das Sitzen auf ihr auch noch kurz nach Sonnenuntergang so angenehm macht.

Eine Bank aus schwerem Material, wie es Beton ist, sollte immer einen bedeutenden Platz im Garten erhalten. Man stellt sie daher nicht an engen Durchgängen oder in einer unübersichtlichen Gartenecke auf.

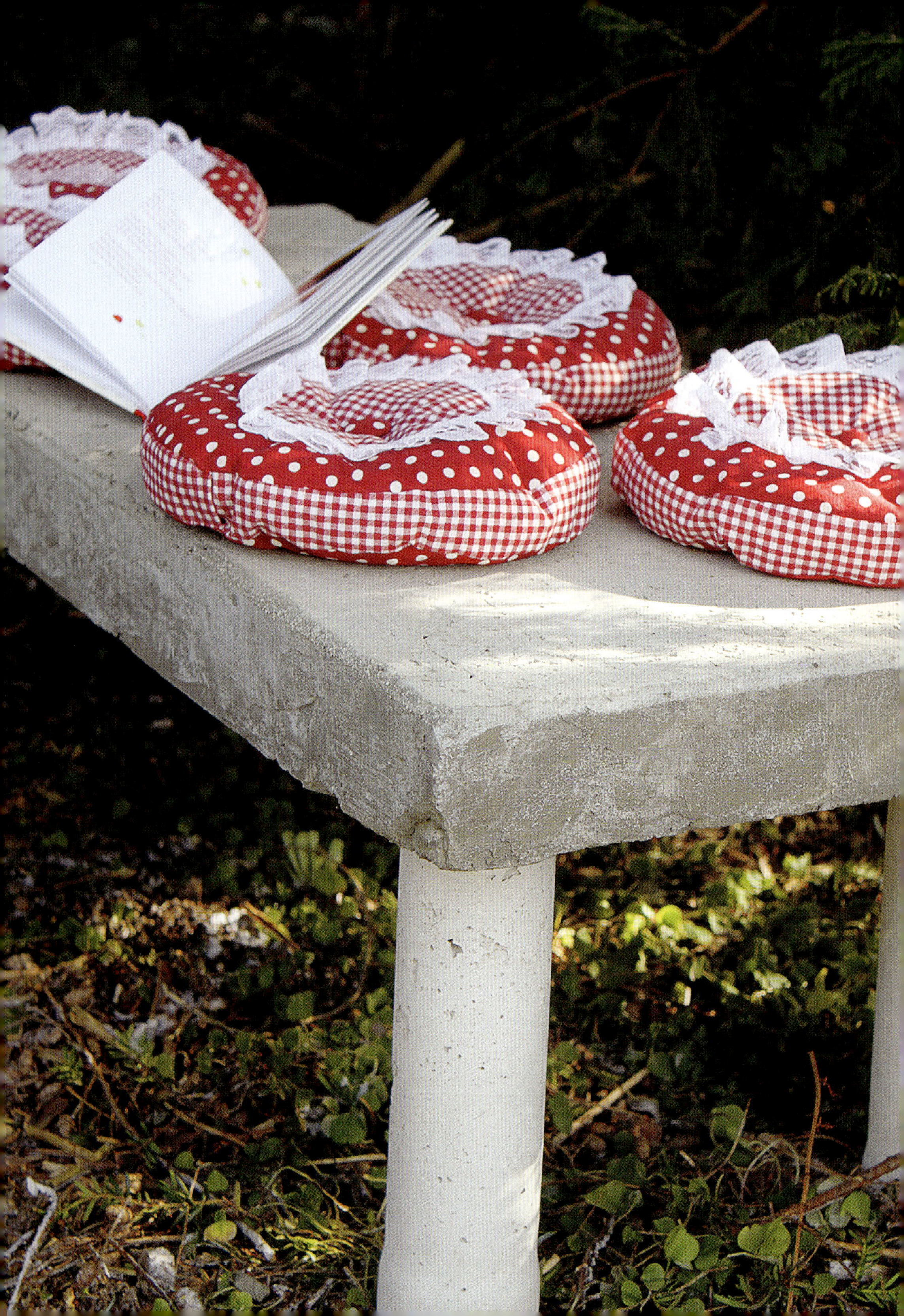

Die Betonbank möchte ihre Stärke auch zeigen!

Sie gehört daher als Mittelpunkt entweder an das Ende eines langen Ganges, zwischen die schönsten Blüten und Zweige des Gartens oder auf einen Hügel in die Nähe von Bäumen, einem Gewässer oder irgendeinem anderen „Highlight" des Gartens.

Material-Kombinationen mit Beton

Beton in seiner grauen Ursprungs-„Farbe" liebt den Kontrast! Eine beabsichtigte Gegensätzlichkeit muss dabei nicht immer durch einen farbigen Unterschied zum Ausdruck kommen.

Auch mit unterschiedlichem Material, welches man geschickt miteinander kombiniert, können kontrastreiche Ergebnisse erzielt werden:

So wirkt ein silberfarbener Teller gleich doppelt so edel, wenn er mit Beton kombiniert zu einer Vogeltränke oder einem eleganten Kerzenhalter für die abendliche Gartentafel wird.

Altmodische Teller von „anno dazumal" oder nicht mehr benötigte Schalen aus Glas erblühen in neuem Glanz, wenn man sie als Einsatz einer urigen Betonschale wählt.

Der Fantasie sollen in diesem Abschnitt des Buches keinerlei Grenzen auferlegt werden, denn nun wird kombiniert, „was das Zeug hält".

Am besten stöbert man im Keller, auf dem Dachboden oder auf einem Flohmarkt, um dort geeignetes Material für die Kombinationstechniken mit Beton zu finden.

Schale mit Applikationen und einem Einsatz aus Keramik

Bei dieser Schale aus Beton mit einem Einsatz aus Keramik kommen zwei Arbeitstechniken zum Einsatz: Außen erhält die Schale ein schönes Relief, für welches man zuvor Motive aus Moosgummi ausgeschnitten hatte, in ihrem Inneren glänzt sie durch einen eingesetzten dekorativen Keramikteller.

Benötigtes Material

- Behältnis aus Kunststoff als Gießform für die äußere Formgebung (Schale, Schüssel, Eimer)
- als passender Einsatz wird gewählt, was gefällt: alte Porzellanschüssel oder Teller, Schale aus Metall, Glas, Porzellan oder Keramik
- eine dünne Moosgummiplatte in der Mindestgröße 25 x 30 Zentimeter
- ein für Kunststoff und Moosgummi geeigneter Allzweckklebstoff

Arbeitsmethode

Der als Einsatz gewählte Gegenstand wird als Vertiefung in den weichen Zement der äußeren Gießform eingesetzt und dauerhaft dort belassen. In die Gießform wurden zuvor aus Moosgummi ausgeschnittene Motive eingeklebt.

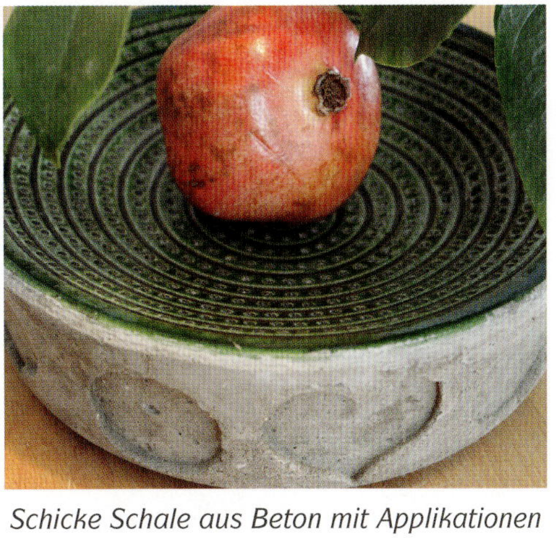

Schicke Schale aus Beton mit Applikationen und Keramik-Einsatz

Schritt für Schritt

Zunächst wird eine Gießform aus Kunststoff mit relativ geraden Außenwänden ausgewählt.

Aus einer dünnen Platte Moosgummi werden nun beliebige Motive ausgeschnitten, die man zuvor auf einem Blatt Papier vorgezeichnet hatte.

Die einzelnen Motive werden nun rundum im Inneren der Schüssel angeklebt. Hierfür soll jedoch nur wenig Klebstoff verwendet werden, da sich die Motive beim späteren Entnehmen des Betons wieder mit herauslösen sollen. Die Moosgummimotive dürfen daher keinesfalls zu gründlich in die Schüssel eingeklebt werden!

Ein einfacher Allzweckkleber reicht also für diesen Zweck aus. Durch das Ankleben soll lediglich ein Verrutschen der Motive während des Einfüllens von Zementleim verhindert werden.

Die Schüssel wird von innen nur vorsichtig mit Öl eingesprüht.

Nun kann der angemachte Zementleim etwa sechs bis acht Zentimeter hoch in die Schüssel eingefüllt werden. Ein von der Größe her passender Keramikteller wird nun in den weichen

Betonschale mit Moosgummi-Applikationen

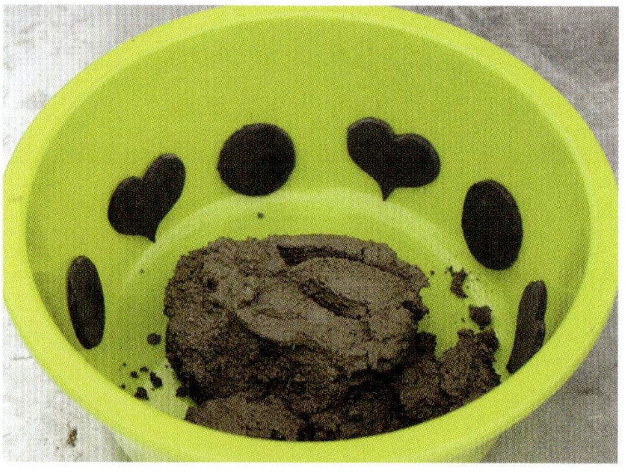

Herzen und Kreise aus Moosgummi werden an den Schüsselrand geklebt, Zement eingefüllt.

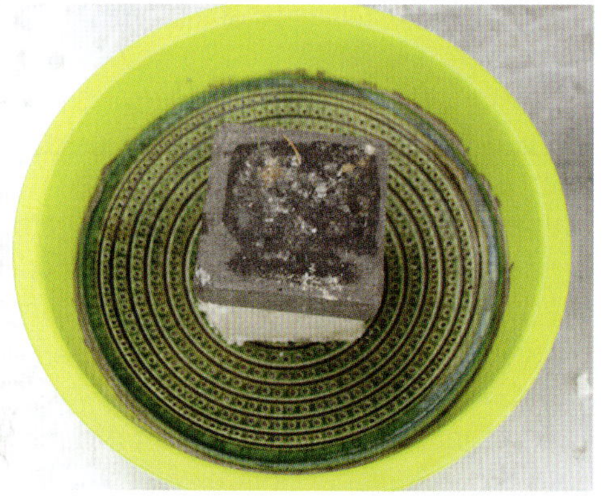

Die Keramikschale wird aufgelegt und mit Gewichten beschwert.

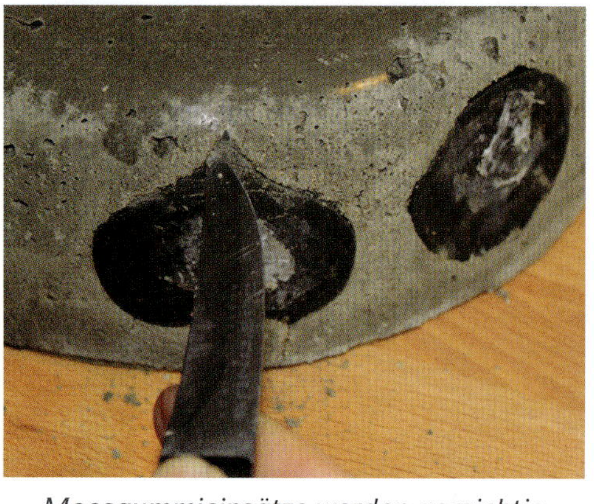

Moosgummieinsätze werden vorsichtig herausgelöst.

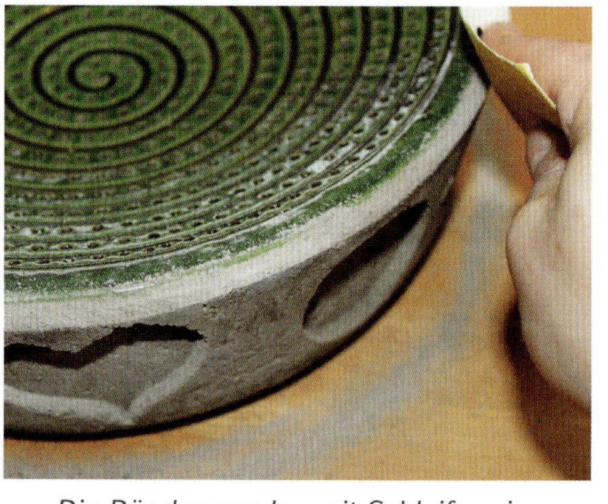

Die Ränder werden mit Schleifpapier nachbehandelt.

Zement hineingelegt und leicht eingedrückt. Er wird mit Gewichten beschwert, um an seinem Platz fixiert zu werden.

Nach etwa zwei bis drei Tagen kann die fertige Betonschale aus ihrer Form genommen werden. Die eingelegten Motive aus Moosgummi werden mit einem spitzen Messerchen ganz vorsichtig aus dem gehärteten Zement entfernt. Die Ränder rund um den Keramikeinsatz werden eventuell noch ein wenig nachgearbeitet.

Die Schale im Inneren bleibt nun dauerhaft in der gestalteten Schale aus Beton und sorgt neben ihrem unverwechselbaren „Look" auch dafür, dass das entstandene Werk absolut wasserdicht ist!

Verwendung

Durch Einsätze aus Porzellan, Glas oder Metall werden völlig wasserdichte Gegenstände gestaltet, die entweder als schöne Vogeltränke oder Miniteich den Garten zieren, als standsichere Schüssel den Gartentisch schmücken oder in vielen weiteren Varianten zur individuellen Nutzung herangezogen werden können.

Denkbar sind auch durchgefärbte Beton-Objekte sowie Einsätze aus Holz, Kunststoff und vielen anderen Materialien.

Kurzanleitung: Schale mit Fisch-Applikationen und einem Einsatz aus Glas

Zunächst wählt man eine Gießform mit geraden Seitenwänden. Dies könnte beispielsweise ein Eimer aus Kunststoff sein.

Im Inneren der Form wird eine dekorative, selbstklebende Schablone angebracht.

Am besten zerschneidet man die Schablone in einzelne Teilstücke und klebt diese einzeln auf.

Nun wird die Innenseite des Eimers samt Applikationen mit einem Trennmittel (Speiseöl) behandelt.

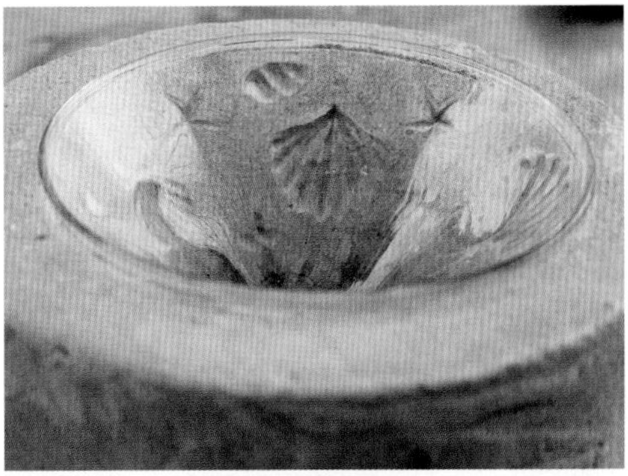

Beton und Glas: Eine reizvolle Kombi!

Zementleim wird etwa zehn Zentimeter hoch in die Gießform gegeben.

Eine nicht mehr benötigte Schale aus Glas wird nun vorsichtig in den weichen Zement hineingedrückt und leicht beschwert.

Nach rund zwei bis drei Tagen kann die fertige Schale aus der Gießform genommen werden.

Wichig!

Die verwendete Folie darf nicht dicker als etwa einen Millimeter sein, damit der gehärtete Beton nicht daran „hängen" bleiben kann. Heißes Wasser, welches man von außen über die Gießform laufen lässt, erleichtert das Herauslösen der gehärteten Betonschale aus ihrer Form.

Verwendung

Durch eingeprägte Muscheln und Seesterne auf der Oberfläche der kleinen Glasschüssel im Inneren der Schale wiederholt sich das Thema „Meer" der Fisch-Applikation auf ihrer Außenseite. Das entstandene Betonwerk ergibt daher ein durch und durch stimmiges Deko-Objekt für Haus oder Garten.

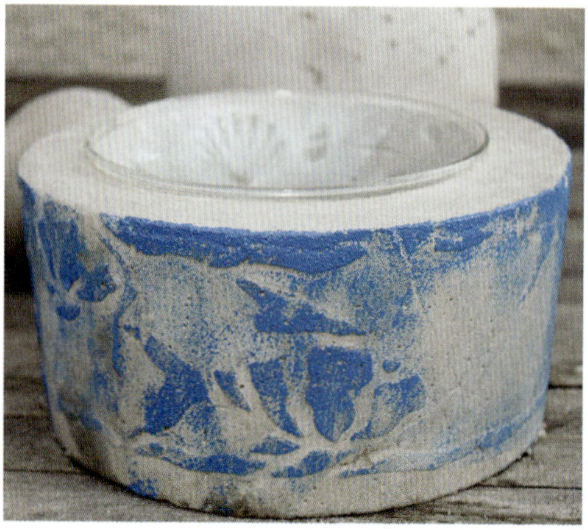

Beton mit dezenter Farbgebung

Schale einfärben

Ganz nach Gutdünken und Geschmack kann das zarte Relief auf der Außenseite der Schale auch dezent mit Acrylfarben oder alternativ mit einer wetterfesten Abtönfarbe eingefärbt werden.

Hohe Säule mit Elfe und Blüte aus Kunststein

Ein hoher Betonsockel lässt sich wunderbar auch mit hübschen Gegenständen aus anderem Material dekorieren.

Entweder man betoniert den Gegenstand gleich in den Betonsockel ein oder man stellt oder klebt ihn hinterher einfach darauf.

Im nachfolgenden Beispiel wurden gleich zwei dekorative Elemente aus Kunststein auf einen hohen Betonsockel gesetzt, wobei die schöne Blüte einbetoniert, die zierliche Elfe hinterher einfach auf dem Sockel dazugestellt wurde.

Benötigtes Material

- hohe Gießform aus Kunststoff
- dekorative Elemente zum Eingießen oder Aufkleben, wie Elfen, Engel, Blüten u. v. m.
- Styroporreste und Klebeband zum Fixieren

Arbeitsmethode

Ein dekoratives Element wird in einen Sockel einbetoniert, ein weiteres später dazugestellt.

Schritt für Schritt

Eine hohe, schmale Gießform wird mit Zementleim aufgefüllt. Die Blüte aus Kunststein wird nun in den weichen Zement gesteckt und mit Styropor und Klebeband in ihrer Position fixiert.

Sobald der Zement ausreichend erhärtet ist, also nach etwa zwei bis drei Tagen, kann der Betonsockel vorsichtig aus der Form herausgelöst werden.

Am leichtesten geschieht dies, indem man heißes Wasser von außen über die Gießform laufen lässt!

Die kleine Elfe wird nun einfach auf dem Sockel dazugestellt, sodass eine reizvolle Gartenszene entstehen kann.

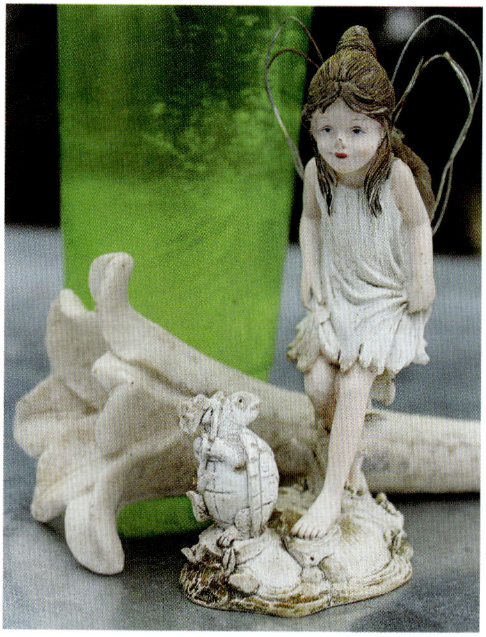

Zusammenstellung des benötigten Zubehörs

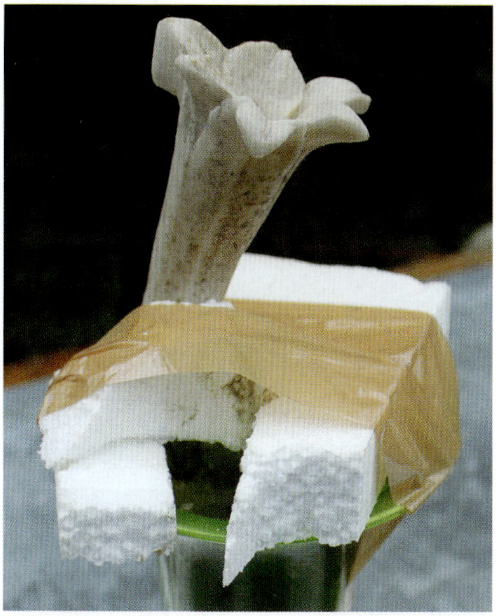

Die Blüte muss während der Härtephase gut stabilisiert werden.

Verwendung

Kleine, in Beton eingelassene Skulpturen verbreiten überall, wo man sie aufstellt, Freude.

Der Sockel aus Beton tritt optisch immer vornehm zurück, sodass es fast so aussieht, als schwebe der Engel, die Elfe oder das zarte Reh inmitten von Blüten oder Zweigen.

Sockel und Säulen

Märchenhaft schwebt der Engel aus Keramik über den Blüten unserer Lieblingsrabatte. Galant thront Beethoven am Heckenrand. Skulpturen kommen am besten zur Geltung, wenn man sie leicht erhöht im Garten platzieren kann.

Auch hierbei ist der Werkstoff Beton gerne behilflich. Schnell und einfach ist ein Sockel gegossen, der sich – mal als zylindrische Säule, mal als Pyramide oder als flacher, rechteckiger Sockel – individuell an Form und Größe der Skulptur anpasst.

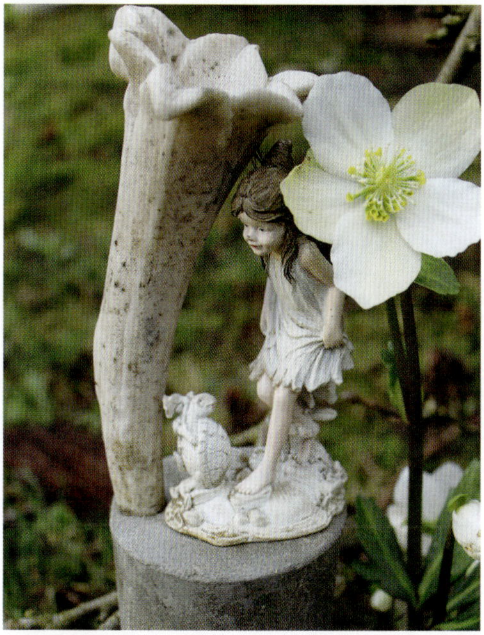

Die kleine Elfe wird einfach dazu gestellt.

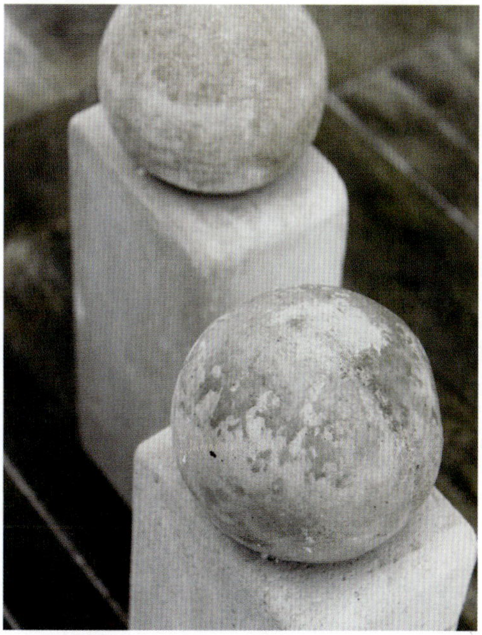

Eine klassische Kombination aus eckigen Säulen und runden Kugeln.

Runde Säule mit Applikation – Einfach!

Durch eine Applikation auf ihrer Oberfläche kann die gefertigte Säule etwas Bestimmtes aussagen, in diesem Fall spiegelt sie ein Winterthema wider, indem eine riesige Schneeflocke in ihren Beton eingeprägt wurde.

Benötigtes Material

- rundes, hohes Gefäß aus Kunststoff
- Schablone aus Schaumstoff oder Moosgummi

Arbeitsmethode

Eine Schablone wird an den inneren Rand eines Kunststoffbehälters gelegt, der anschließend mit Zementleim gefüllt wird.

Schritt für Schritt

Wir wählen ein rundes, hohes Gefäß aus Kunststoff und ölen dieses von innen gut ein.

Eine beliebige Schablone aus Schaumstoff wird ebenfalls eingeölt und an den inneren Rand der Form gelegt. Die Schablone sollte gut an den Rand angedrückt werden.

Runde Säule mit Applikationen

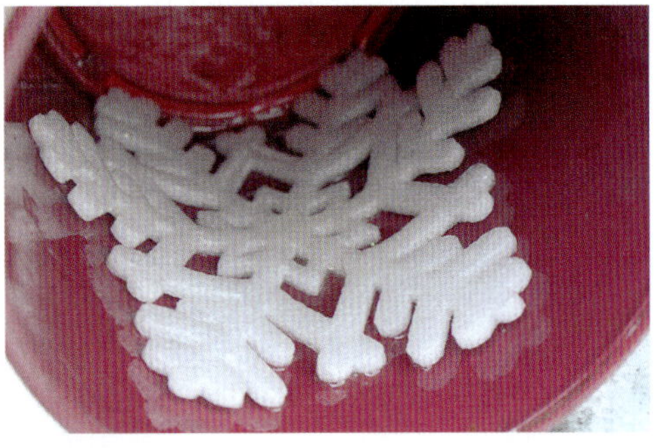

Die Schneeflocke aus Schaumstoff wird vor dem Befüllen an die Innenwand der Form gelegt.

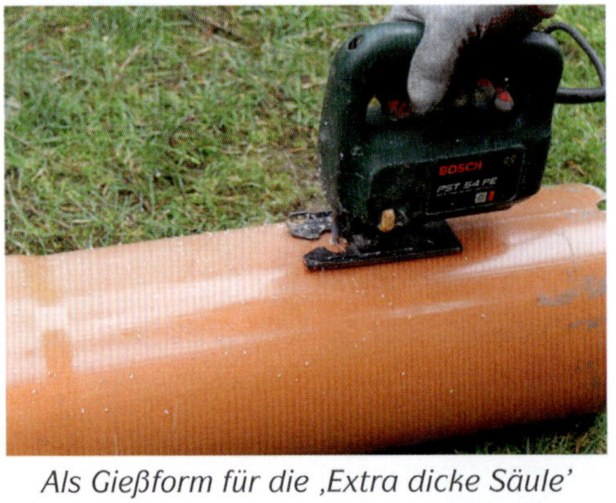

Als Gießform für die ‚Extra dicke Säule' wurde ein dickes Ablussrohr verwendet, welches seitlich aufgesägt wurde. Siehe Anleitung S. 143.

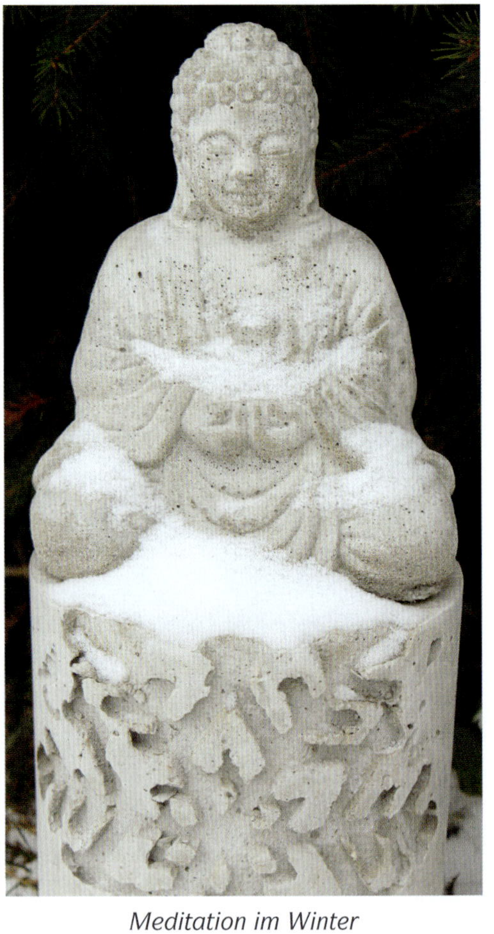

Meditation im Winter

Zementleim von relativ fester Konsistenz wird nun vorsichtig in das Gefäß gefüllt, die Schablone sollte man dabei gut im Auge behalten. Sie sollte auf keinen Fall nach oben rutschen, daher drückt man sie während des Einfüllens beständig in das Gefäß hinein oder befestigt sie gar mit ein wenig Klebstoff.

Die Gießform wird nun auf eine ebene Unterlage gestellt. Der Zement in ihrem Inneren muss nun etwa zwei bis drei Tage lang aushärten.

Zum Herauslösen hält man die Gießform unter einen Wasserhahn und lässt kurz sehr heißes Wasser darüberlaufen. Dadurch löst sich die Betonsäule samt der an ihr haftenden Applikation sehr schnell aus ihrer Form. Die Schablone wird nun vorsichtig von der Betonsäule entfernt.

Nach Belieben schleift man die Oberfläche der Säule mit einer Feile oder Schmirgelpapier schön glatt.

Verwendung

Die dekorative Säule setzt vor allem im winterlichen Garten hübsche Akzente. Die recht deutlich eingeprägte Schneeflocke verströmt eine dezente Kühle und unterstreicht die strukturelle Schönheit sowie die Schlichtheit des Gartens im Winter auf sehr geschmackvolle Weise.

Kurzanleitung: Extra dicke Säule – Einfach!

Engel sind für viele gern gesehene Besucher des Gartens, besonders, wenn sie wie zufällig zwischen Blüten erscheinen oder im Winter mit Schneehäubchen ein wenig Leben und Wärme verströmen.

Die dicke, runde Säule passt in Größe und Form hervorragend zu kompakten Figuren, wie dem kleinen Engel aus Keramik, der allerdings nur bedingt frostfest ist und im Winter in eine frostfreie Umgebung gebracht werden sollte. Um die dekorative Rundsäule herzustellen, wird ein Abwasserrohr (HT-Rohr) aus Kunststoff mit einem Durchmesser von 120 bis 200 Millimeter und einer Länge von mindestens 30 Zentimetern zunächst mit einer Stichsäge (oder alternativ mit einem Fuchsschwanz) auf der gesamten Länge aufgesägt.

Nun wird das Rohr mit zwei Kabelbindern oder wahlweise mit einer Rohrschelle eingefasst und der Länge nach auf einen waagerechten Untergrund gestellt.

Zementleim wird etwa 30 Zentimeter hoch in das Rohr eingefüllt und muss nun etwa drei Tage lang aushärten.

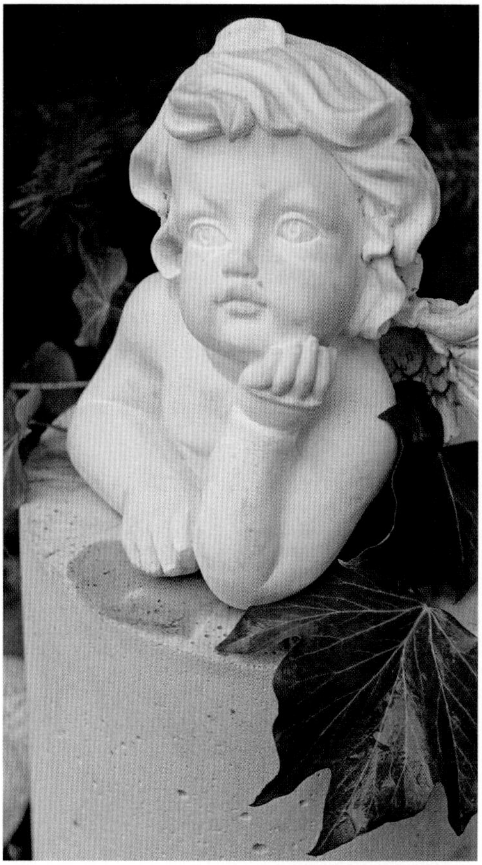

Auf der dicken Beton-Säule kommt der Keramik-Engel besonders gut zur Geltung.

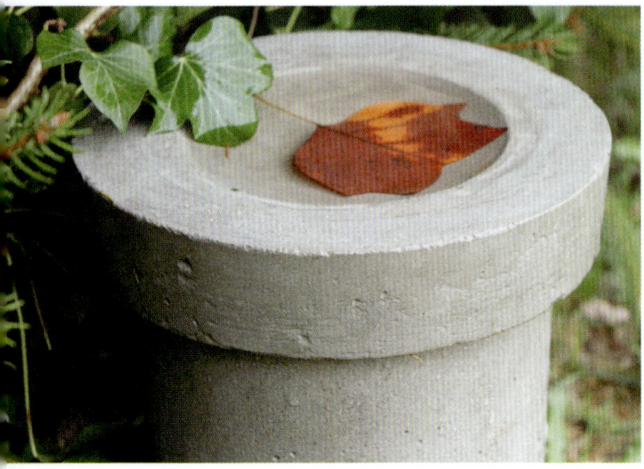

Zum Entnehmen der fertigen Betonsäule werden die Kabelbinder bzw. die Rohrschelle entfernt. Die Oberfläche der Säule kann ggf. mit einer Feile oder grobem Schmirgelpapier schön glatt gefeilt werden.

Säulen und flache Schalen können immer wieder neu miteinander kombiniert werden.

Vogel- oder Insektentränken

In felsiger Landschaft sammelt sich das Wasser nach einem Regenschauer häufig in den Vertiefungen des Gesteins. Die gebildeten kleinen Pfützen stellen daher für allerhand Getier beliebte Plätze dar, um dort ihren Durst zu stillen. Ganz flache Kuhlen laden auch Insekten zum Saugen minimaler Flüssigkeitsmengen ein, tiefere Wasserlachen dienen Vögeln auch schon einmal als Swimmingpool.

Im Garten ahmen wir besonders gerne natürliche Szenen idyllischer Landschaften nach, sodass wir mit selbst gegossenen Tränken aus Beton auf jeden Fall immer richtig liegen.

Kurzanleitung: Tränke „Mühlstein" – Einfach!

Äußerst schlicht und dennoch aussagekräftig ist diese schöne Vogel- oder Insektentränke, die durch die Auswahl ihrer Gießformen die Form eines kleinen Mühlsteines aufweist und daher von einer beinahe schon historischen Aura umgeben wird.

Trotz der spannenden Form ist die Herstellung der Tränke einfach!

In einen von innen eingeölten Kunststoffeimer mit geraden Außenwänden wird bis zu einer Höhe von etwa fünf Zentimetern Zementleim eingefüllt.

Ein auf der Unterseite abgerundeter Einsatz aus Metall wird genau mittig auf den Zement gelegt und nur leicht angedrückt. Einige Kieselsteine fixieren den Einsatz aus Metall an seinem Ort.

Nach etwa zwei Tagen kann der gehärtete Zement aus dem Eimer geholt werden. Der Metalleinsatz wird mit einem spitzen Messerchen

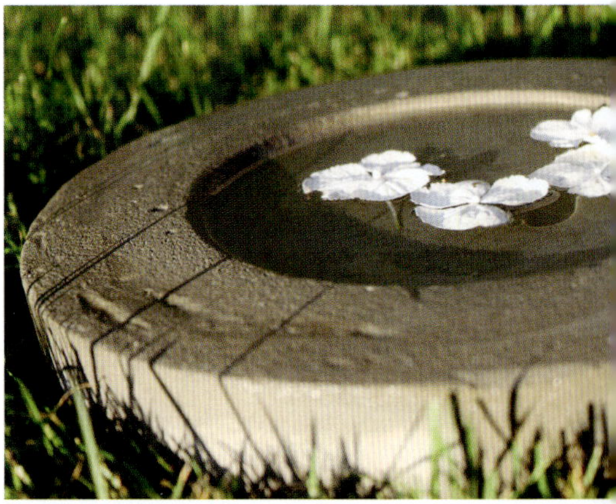

Vogeltränke in schlichtem aber effektvollem Stil.

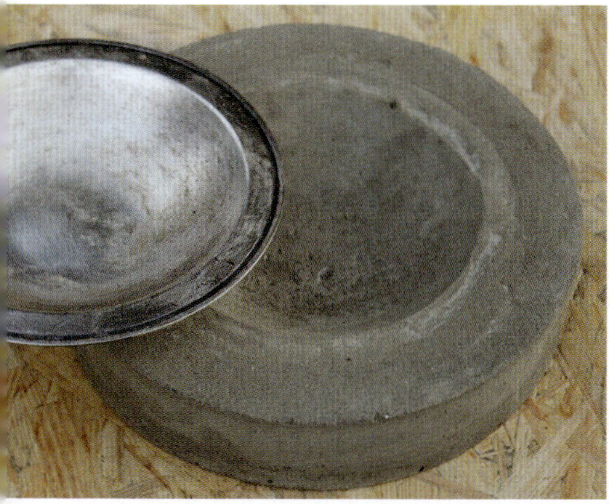

Besonders schlichte, flache Schale, die als Vogeltränke genutzt werden kann.

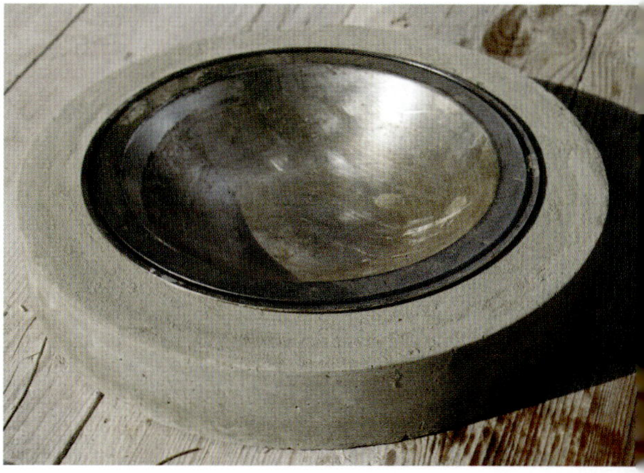

Metalleinsätze harmonieren mit schlichtem Beton.

vorsichtig abgehoben, ohne hierbei den noch weichen Zement der Tränke zu beschädigen.

Tipp!

Wer keine passende Metallschale als Einsatz zur Verfügung hat, behilft sich mit einem alten Kunststoffball, der ebenfalls mittig in den weichen Beton eingedrückt werden kann, um dort eine runde Vertiefung zu hinterlassen. Der Ball muss während des Aushärtens der Tränke ggf. mit einem Stück Styropor und starkem Klebeband in seiner Position fixiert werden.

Verwendung

Die wunderschöne Tränke erinnert tatsächlich an einen alten Mühlstein im Miniaturformat. Vögel nehmen hier mit Sicherheit im Hochsommer gerne ein Bad. Legt man dagegen einige Steine in die Vertiefung und füllt so viel Wasser hinein, dass die Steine nur zum Teil davon bedeckt werden, finden auch durstige Insekten ein sicheres Plätzchen zur Aufnahme von Flüssigkeit.

Was nämlich die wenigsten wissen, ist, dass auch emsige Hummeln, Bienen oder Wespen gerade an sehr heißen Tagen einen relativ hohen Flüssigkeitsbedarf haben. Wassermangel kann die Tiere schnell aggressiv machen. Ansonsten friedfertige Hummelvölker etwa stürzten sich schon auf im Garten arbeitende Menschen, weil es wochenlang nicht geregnet hatte und das gesamte Volk unter Flüssigkeitsmangel litt. Eine in der Nähe des Nestes aufgestellte Insektentränke trägt in diesem Falle zum Wohlbefinden der Hautflügler und somit auch zum Frieden unter allen Gartenbewohnern bei.

Kurzanleitung: Tränke im Antik-Look

Durch die Verwendung einer Metallschale mit durchbrochener Struktur sowie einem großen, bauchigen Keramikteller entstand eine sehr flache und dabei doch noch recht große Vogeltränke mit einem unverwechselbaren „Antik-Look"!

In einen großen, von innen gut eingeölten Keramikteller oder alternativ in eine flache Schale aus Kunststoff wird Zement mit einem etwas höheren Sandanteil gefüllt >> (1 : 3 bis 1 : 5 >> auf eine Schaufel Portland-Zement kommen drei bis fünf Schaufeln Gesteinskörnung oder man verwendet ausschließlich Zementmörtel).

Der Zement wird verdichtet, indem man die Form kräftig rüttelt und/oder mit einem langen Stab oder Stock im weichen Leim herumstochert.

Auf den weichen Zement wird nun die flache – ebenfalls gut eingeölte – Metallschale mit ihrer gebrochenen Oberflächenstruktur gelegt und leicht angedrückt, bis der Zementleim so eben beginnt, durch die Lücken der Metallschale auszutreten.

Mit einigen Kieselsteinen oder einem einzelnen größeren Stein wird die Metallschale nun beschwert, um sie an ihrem Platz zu fixieren.

Nach ein bis zwei Tagen ist die Schale so weit ausgehärtet, dass man sie vorsichtig aus ihrer Gießform entnehmen kann. Die aufgesetzte Metallschale wird mit einem spitzen Messer vorsichtig abgehoben.

Durch den erhöhten Sandanteil im Zement wirkt die Schale sehr rustikal, durch ihre unregelmäßige Oberfläche macht sie gleich von Anfang an den Eindruck, als hätte sie bereits ein recht hohes Alter erreicht.

Kurzanleitung: Tränke mit wasserdichtem Einsatz – Einfach!

Um eine absolut wasserundurchlässige Tränke für Vögel oder Insekten anzufertigen, werden wiederum zwei Formen benötigt, wobei jedoch nur eine von ihnen als Gießform dient. Die zweite (kleinere) Form dagegen verbleibt als dekorative Vertiefung im Beton, um hier besonders kunstvoll das Wasser in sich aufzunehmen.

Alte, nostalgische Schalen aus Keramik eignen sich hervorragend für diesen Zweck, aber auch Metall wirkt sehr edel in Verbindung mit Wasser. Da diese innere Form nicht mehr vom Beton abgelöst werden muss, darf nun auch ansonsten nicht so geeignetes Material wie Glas oder (glasierte) Terrakotta zum Einsatz kommen.

Tipp!

Eine gute Beschaffungsquelle für alte Schalen und Schüsseln aller Arten sind Floh- und Antikmärkte. Hier findet man Haushaltsgegenstände aus allen Epochen zu recht günstigen Preisen.

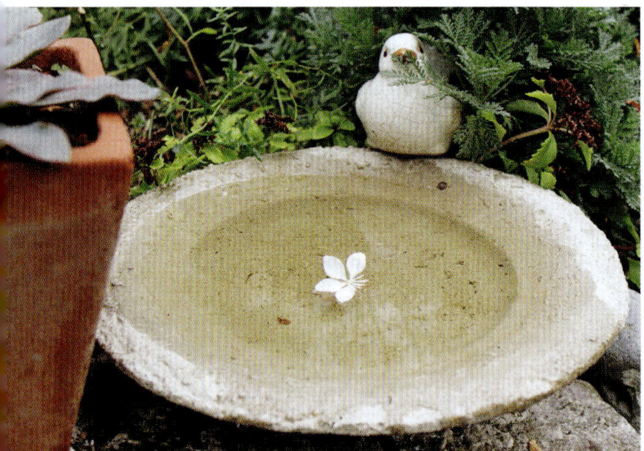

Flache Vogeltränke mit rustikaler Optik

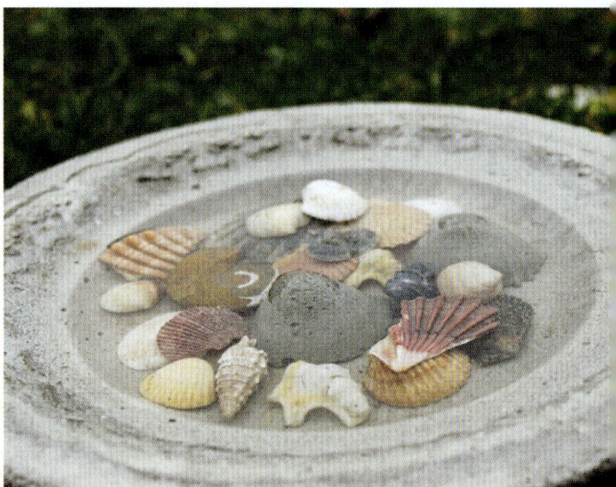

Durch Einlegen von Steinen, Muscheln u. a. entsteht eine Insektentränke.

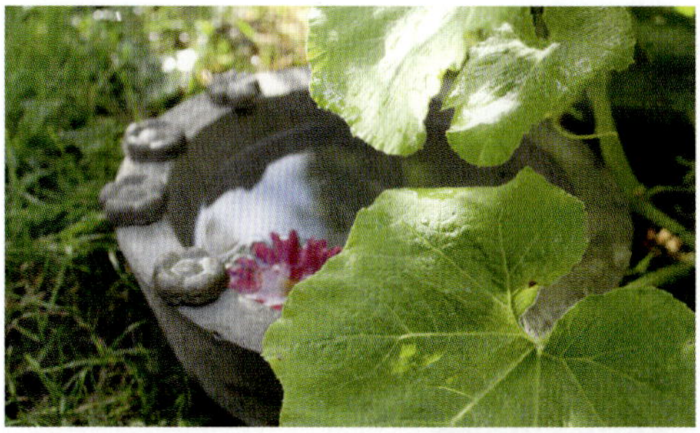

Schalen ohne Abzugsloch ergeben schöne Miniteiche oder Vogeltränken.

Als äußere Gießform eignen sich flache Schalen aus Kunststoff, die man zunächst einölt und anschließend mit Zementleim befüllt.

Der schmückende Einsatz aus Keramik, Metall oder einem anderen Material wird nun einfach so weit in den weichen Zement eingedrückt, bis ein schöner, fließender Übergang von der Schale zum Zement entsteht.

Nach ein bis zwei Tagen kann die fertige Tränke aus der Gießform herausgelöst werden.

Verwendung

Die wasserdichte Tränke lässt sich vielfältig im Garten einsetzen. An gut einsehbaren Plätzen wird sie schnell zum sicheren Trink- oder Badeplatz für die im Garten heimische Vogelwelt.

Legt man einen größeren Stein ins Wasser, der etwas über die Wasseroberfläche hinausragt, werden sich immer auch einige Insekten einfinden, um hier an heißen Sommertagen ihren Durst zu stillen.

Ausbesserungsarbeiten an fehlerhaften Oberflächen

Immer wieder kann es vorkommen, dass selbst gefertigte Kunstwerke aus Beton in ihrer Struktur nicht so fein und ebenmäßig gelingen, wie man es sich erhofft hatte.

Doch muss ein ansonsten schönes Werkstück mit kleineren Mängeln nicht gleich aufgegeben werden, da man eine Oberfläche aus Beton jederzeit noch nacharbeiten kann.

Übermäßig große Verdichtungsporen oder kleine Beschädigungen an Ecken oder Kanten, können mit ein wenig Zementleim ausgebessert werden.

Der angerührte Zementleim wird einfach auf die kleinen Unebenheiten im Beton aufgepinselt, das so behandelte Werkstück dann für etwa einen Tag ruhen gelassen. Anschließend wird die Oberfläche mit grobem Schmirgelpapier noch ein wenig glattgeschliffen.

Ausbesserungsarbeiten mit Zementleim

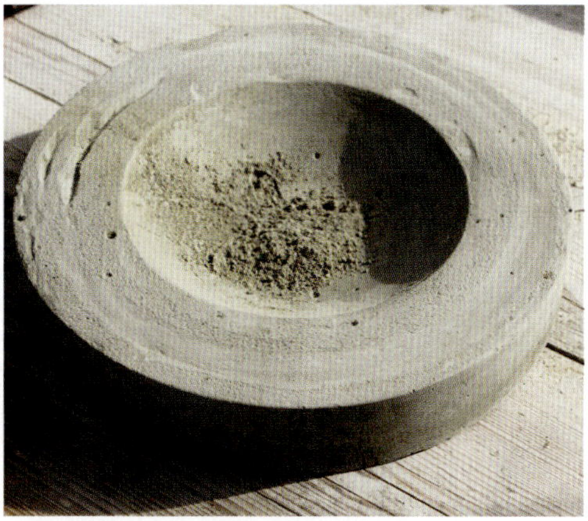

Zement wird trocken eingestreut ...

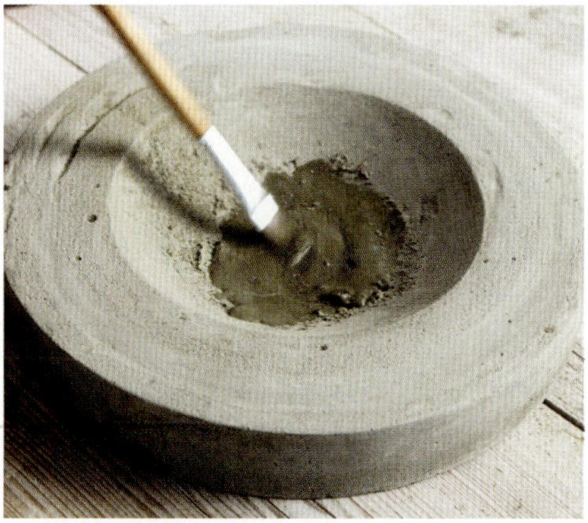

... und mit Wasser zu einem Brei verrührt.

Frostfeste Advents-Deko für draußen

Auch oder gerade in der kalten Jahreszeit erfreuen uns frostfeste Dekorationen aus Beton!

Wenn es auf Balkonen, in Hauseingängen oder Terrassen weihnachtlich wird, setzen aus Beton gegossene Teelichter, Untersetzer oder Schalen ganz wunderbare Akzente und begeistern uns durch ihre Schlichtheit und Dauerhaftigkeit.

Auch das garstigste Winterwetter macht einer Schale oder einem Teelicht aus Beton nicht das Geringste aus.

Selbst in der dunkelsten Winternacht geht uns hier noch äußerst dekorativ ein Licht auf, denn: „Beton ist einfach zu jeder Jahreszeit eine Klasse für sich!"

Vier Stern-Teelichter in unterschiedlichen Größen – Einfach!

Benötigtes Material

- vier runde Plastikschälchen
- vier silberfarbene, sternförmige Kerzenhalter

Arbeitsmethode

Kleine Kerzenhalter werden in mit Zement gefüllte Schalen eingesetzt.

Schritt für Schritt

Die vier unterschiedlich großen, runden Schälchen aus Kunststoff werden mit einem Trennmittel eingepinselt und mit weichem Zementleim gefüllt.

Weihnachtliche, flache Kerzenhalter in Sternform werden vorsichtig in den Zement eingedrückt, sodass diese gleichmäßig und etwa noch einen Millimeter weit aus dem Zement herausschauen.

Der Zement darf auf keinen Fall zu flüssig sein, damit die Kerzenhalter nicht darin versinken können.

Gegebenenfalls wird die Position der kleinen Kerzenhalter innerhalb der nächsten ein bis zwei Minuten nochmals nachkorrigiert, falls sie etwa nach oben aus dem Zement herausrutschen („aufschwimmen") sollten.

> **Achtung!**
>
> **Man darf die Kerzenhalter auf keinen Fall zu tief in den Zement hineindrücken!**

Verwendung

Adventsdekorationen aus Beton sind für eine Verwendung im Freien ideal!

Selbst an ungeschützten Orten, die Wind und Wetter ausgesetzt sind, erweisen sich größere Schalen aus Beton als äußerst robust. Dekorationen, die mit offenem Feuer einhergehen, wie etwa Teelichter aus Beton, sollten allerdings immer einen vor Regen geschützten Ort erhalten. Ein überdachter Hauseingang ist auch für ein Adventsarrangement aus Beton der ideale Platz.

Kurzanleitung: Sternteller für den Advent – Einfach!

Aus Schalen und Schüsseln mit eingeprägten weihnachtlichen Motiven werden schöne Betondekorationen für die Adventszeit, wenn man sie als Gießformen nutzt und entsprechend kombiniert.

Im hier gezeigten Beispiel wurden ein flacher Weihnachtsteller aus Blech sowie eine bunte, kleine Holzschale in Sternform zu einem imposanten Kerzenteller mit sternförmigem Abdruck auf seiner Innenseite.

Wichtig bei der Auswahl der Gefäße ist vor allem die Unterseite der oberen, kleine-

Adventsdekoration 1: Stern-Kerzenhalter

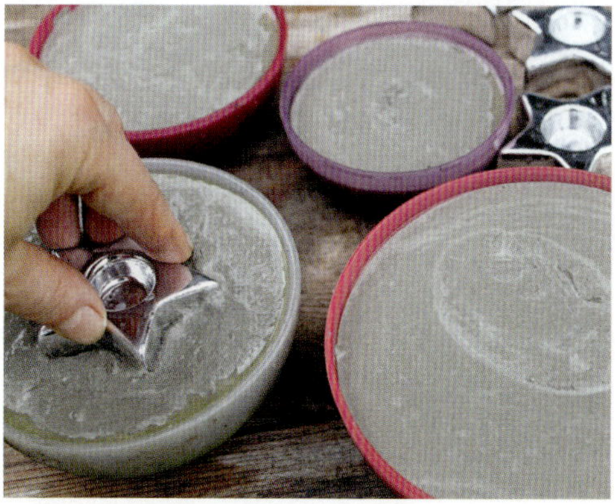

Beliebige Kerzenhalter werden in den weichen Zement gesetzt.

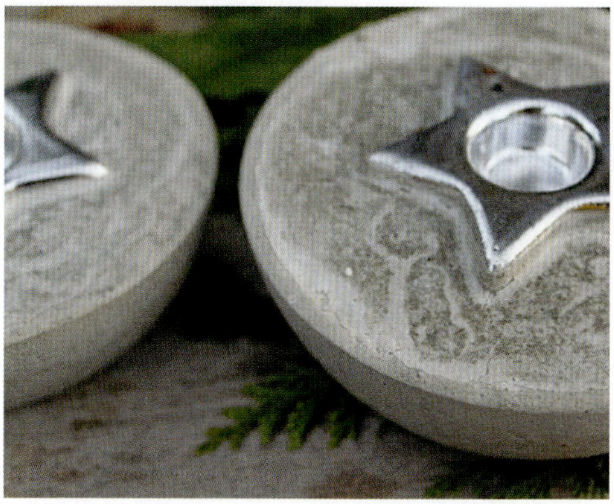

Schlicht und elegant wirken die silberfarbenen Kerzenhalter im Beton.

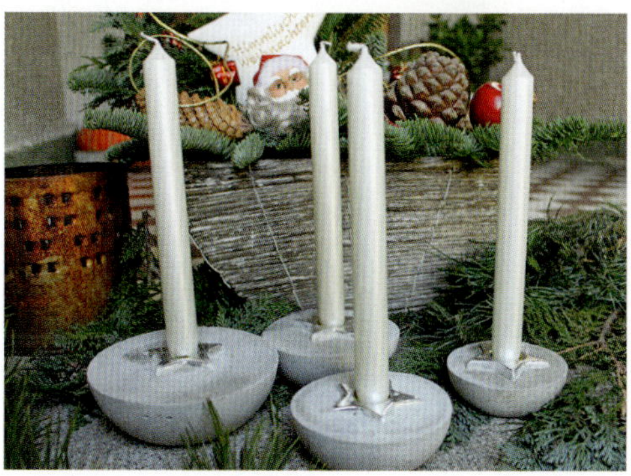

Schönes Advents-Ensemble für draußen.

Adventsdekoration 2: Stern-Teller

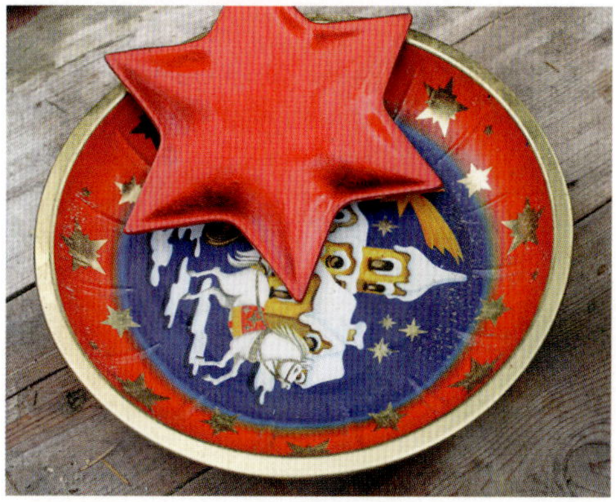

Ausgangsmaterial für einen schweren Sternteller

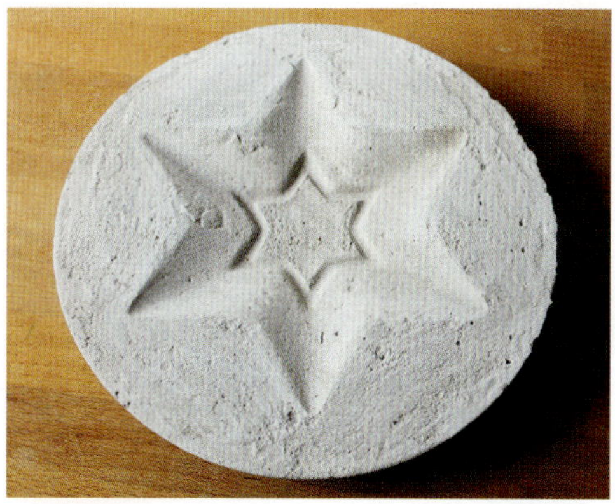

Imposanter Teller aus schlichtem Beton

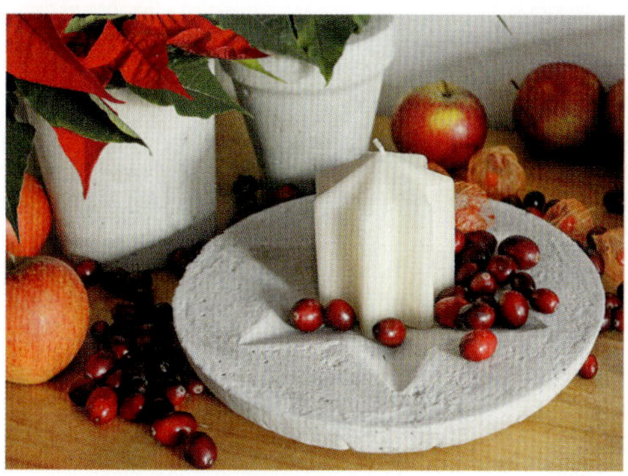

Beton schmückt auch Innenräume mit kühler Eleganz.

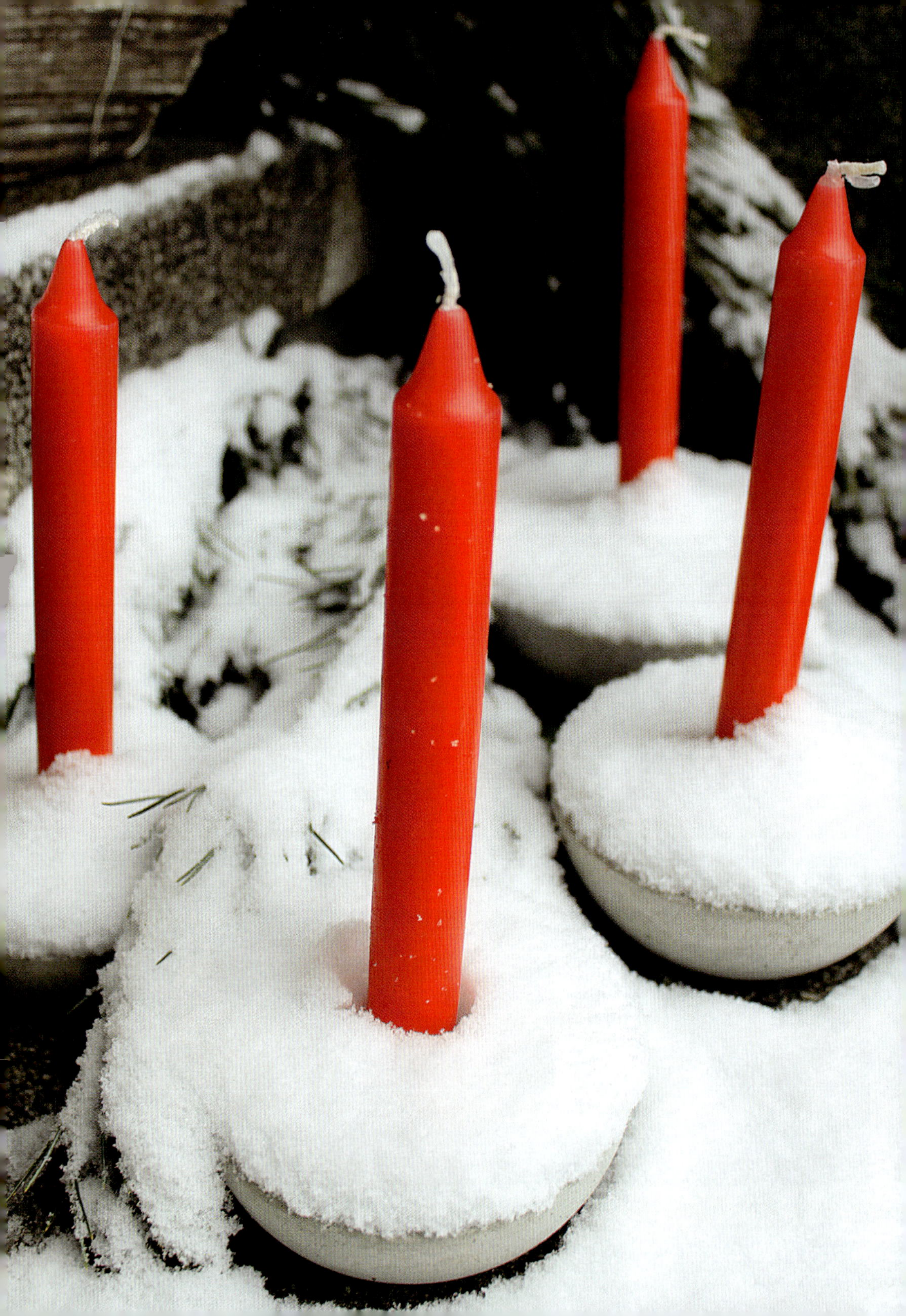

ren Form. Diese sollte nach Möglichkeit keine Standrillen besitzen, damit ihr später hinterlassener Abdruck im Zement auch künstlerisch vollendet ist.

Der Blechteller wird gut eingeölt und mit weichem Zementleim gefüllt. Man verdichtet den Zement, indem man den gefüllten Teller mehrmals anhebt und leicht auf einen harten Untergrund stößt. Dadurch lösen sich Lufteinschlüsse aus dem Zement.

Anschließend wird die kleine, sternförmige Schale auf ihrer Unterseite eingeölt, vorsichtig in den Zement gedrückt und mit einigen Kieseln beschwert. Sie sollte genau mittig auf dem Zement platziert werden und wird gerade so tief hineingedrückt, dass sie einen schönen Abdruck hinterlassen kann.

Nach etwa zwei Tagen ist der Zement ausreichend gefestigt und kann aus den Formen herausgelöst werden.

Die entstandene Schale ist nicht nur im Advent hübsch anzusehen und kann unter anderem als Kerzenuntersetzer für sternförmige Kerzen verwendet werden.

Beton bemalen – nicht nur im Advent!

Wenn es draußen grau, kalt und regnerisch ist, sehnt man sich umso mehr nach ein wenig Farbe in Haus, Garten oder auf dem Balkon.

Betonkunstwerke in schlichtem Grau, die uns im Sommer noch so begeistert haben, reichen nun plötzlich nicht mehr aus, um unsere Laune zu steigern.

Es ist daher mehr als naheliegend, einige der Betonwerke in Acrylfarben anzumalen.

Acryl eignet sich optimal zur Verschönerung von Gegenständen aus Beton, da es relativ witterungsbeständig und daher auch für den Außenbereich geeignet ist ...

Beton bemalen

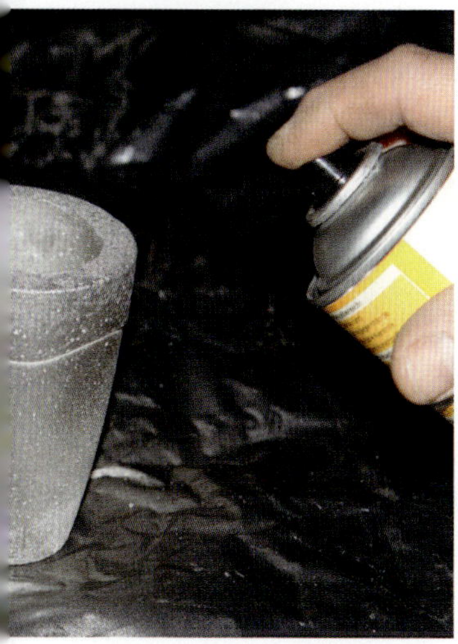

Zunächst wird der Becher mit einer Farbe besprüht.

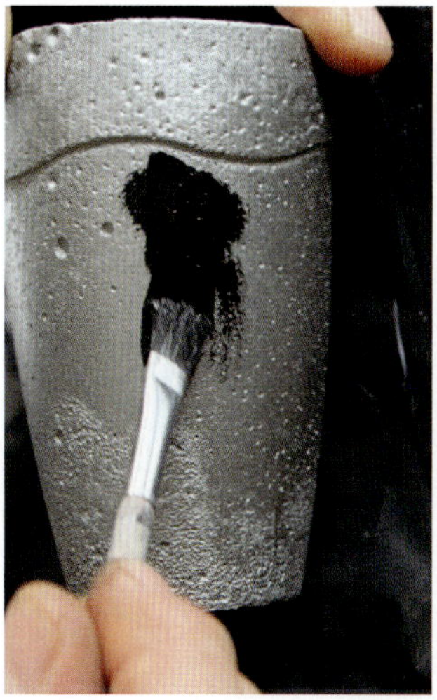

Teilflächen werden farbig abgesetzt.

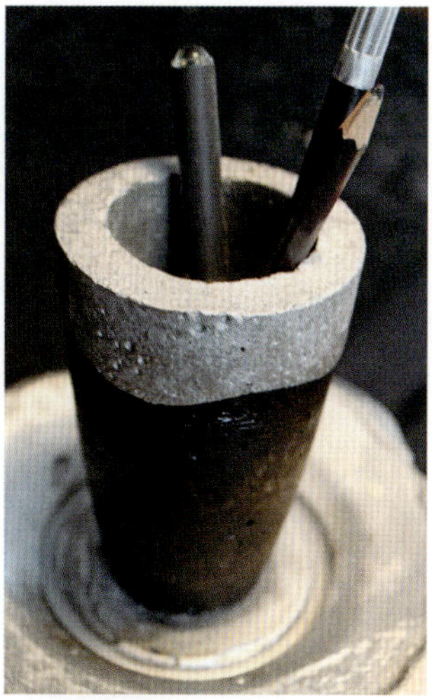

Beton-Deko ist auch im Haus vielseitig einsetzbar.

Beton-Projekte mit Kindern

Mit Kindern betonieren macht allen Beteiligten Freude!

Die Kinder lieben den Umgang mit dem Werkstoff Zement, die Erwachsenen müssen nur wenig erklären, da man beim Betonieren nicht viel falsch machen kann.

Schon am nächsten Tag dürfen die kleinen Beton-Artisten die ersten Werkstücke vorsichtig aus den Gießformen entnehmen, sodass auch die Geduld der „Kleinen" nicht allzu sehr strapaziert wird.

Lustige (Tier-)Figuren aus Kuchenbackformen – Einfach!

3D-Backformen eignen sich hervorragend, um mit ihrer Hilfe lustige Beton-Tierfiguren herzustellen.

Die meist zweiteiligen Formen aus Metall werden normalerweise mit Teig gefüllt, um aus ihnen zu Ostern Lämmer oder Hasen, zu Weihnachten Nikoläuse, Tannenbäume oder andere Figuren zu backen.

Schon etwas härter, aber nicht weniger nett sind die Hasen, Schafe oder Weihnachtsmänner, wenn sie – gemeinsam mit Kindern – aus Beton gegossen wurden!

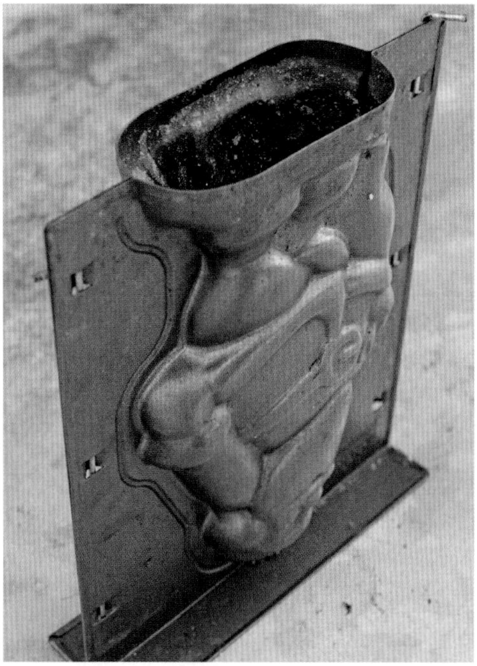

Benötigtes Material

- mehrere 3D-Kuchenbackformen

Arbeitsmethode

3D-Backformen werden mit zähflüssigem Zementleim gefüllt.

Schritt für Schritt

Die beiden Hälften einer 3D-Kuchenbackform werden mit Hilfe von Haken oder Schienen zusammengesteckt und von innen gründlich eingeölt.

Die Form wird nun auf einen ebenen Untergrund gestellt und mit Zementleim gefüllt. Es kommt manchmal vor, dass ein Teil des Anmachwassers durch in der Form vorhandene Ritzen herausläuft. Daher stellt man die Formen besser nicht auf einen empfindlichen Untergrund. Auch sollte der verarbeitete Zementleim nicht von allzu dünner Konsistenz sein.

Nach etwa zwei Tagen kann die Form vorsichtig geöffnet und die fertige Tierskulptur entnommen werden. Vorhandene „Nähte" werden mit einer Feile glattgeschmirgelt.

Nach Wunsch können die Figuren auch noch angemalt werden. Hierzu eignet sich Acrylfarbe am besten, da sie relativ witterungsbeständig ist.

Verwendung

Alle Kinder freuen sich über Kunstwerke, die sie selbst gestaltet haben. Beim Arbeiten mit

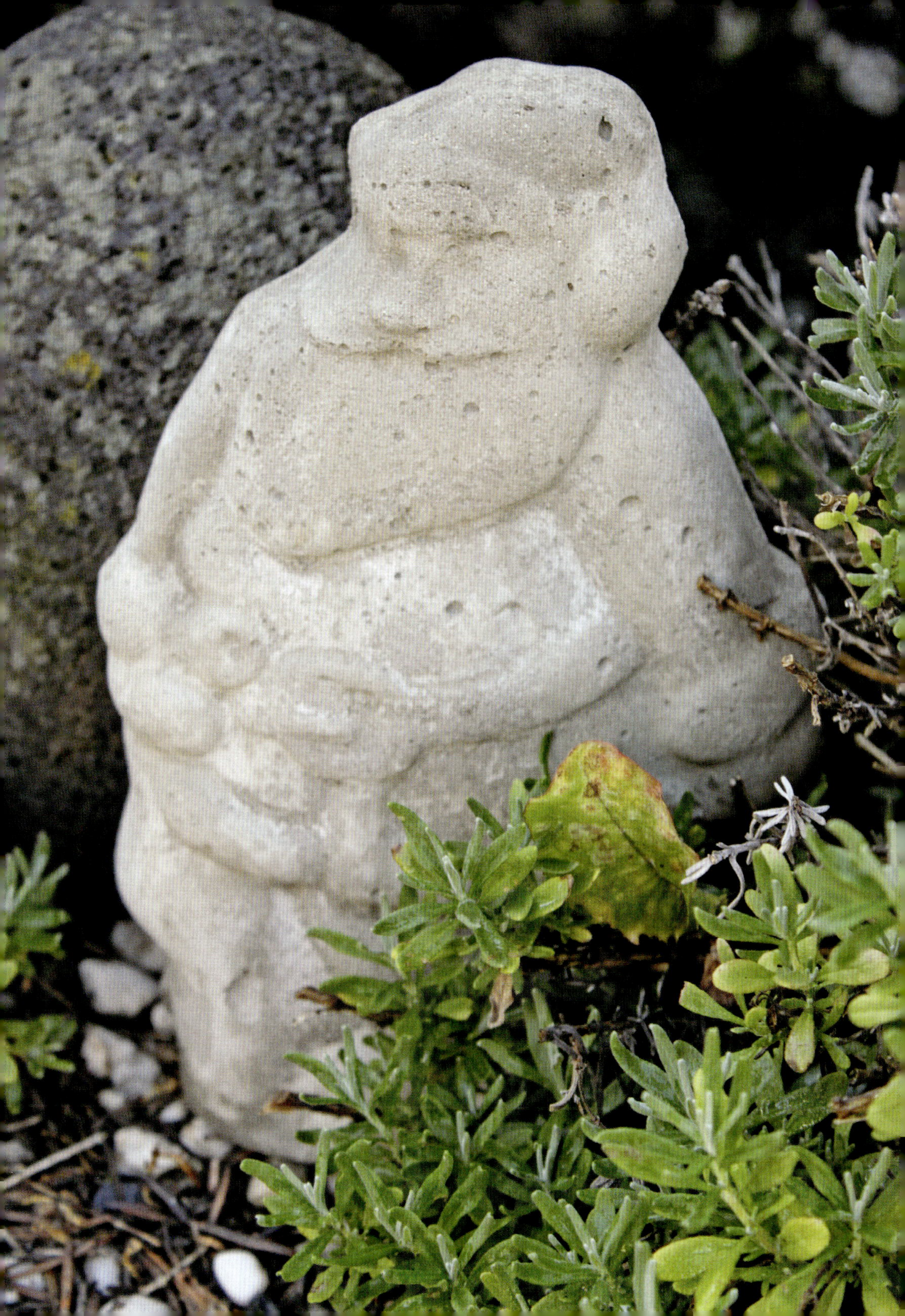

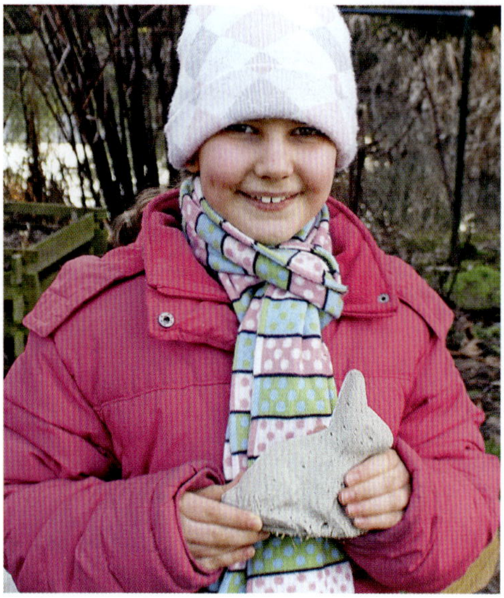

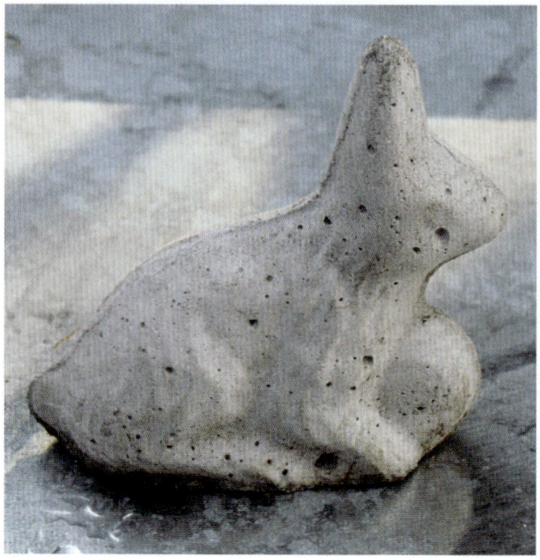

Bei Kindern besonders beliebt sind Tierfiguren aus Beton.

Beton wird das handwerkliche Geschick schon bei den Jüngsten gefördert. Der Stolz auf die eigenen Fähigkeiten führt außerdem zu mehr Selbstbewusstsein.

Neben den lustigen Tierfiguren können selbstverständlich auch alle anderen hier vorgestellten Projekte mit der Bezeichnung „Einfach" von und mit Kindern nachgearbeitet werden.

Besonders talentierte Nachwuchs-Künstler wagen sich vielleicht auch schon an kompliziertere Objekte oder gar an eigene Entwürfe heran.

Mosaike

Eine einzigartige Augenweide sind Gegenstände, die aus einer Kombination von Beton und Mosaik entstanden sind.

Keramikfliesen in attraktiven Farben werden zu Mosaiksteinchen, diese wiederum werden aussagekräftig zu einem Motiv zusammengefügt. Beton bildet hierfür einen interessanten Rahmen ...

Fisch-Mosaik auf einem runden Trittstein

Benötigtes Material

- Eimer aus Kunststoff mit geraden Außenwänden
- Form zum Eindrücken eines Motivs (Kunststoff oder Holz)
- Keramikfliesen (Reste)
- Fugenmasse für Fliesen

Arbeitsmethode

In eine etwa vier Zentimeter dicke Zementschicht wird ein Motiv aus Holz oder Kunststoff eingedrückt und später mit einem Mosaikbild ausgefüllt.

Schritt für Schritt

Ein Kunststoffeimer mit geraden Außenwänden wird gut eingeölt und anschließend etwa vier Zentimeter hoch mit Zementleim gefüllt. Nach

Fisch-Mosaik

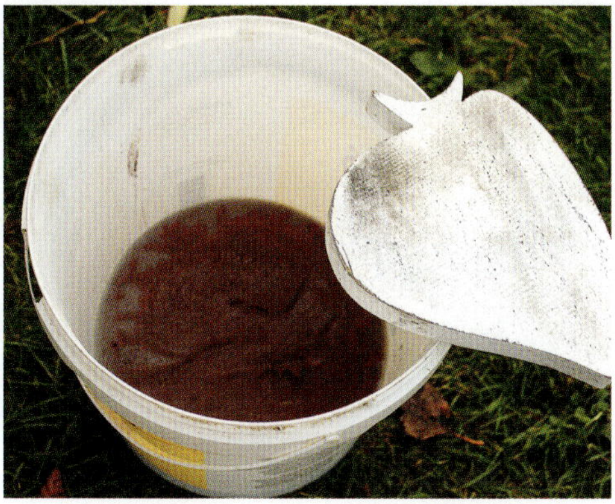

Ausgangsmaterial sind ein Eimer sowie ein Einsatz aus Holz.

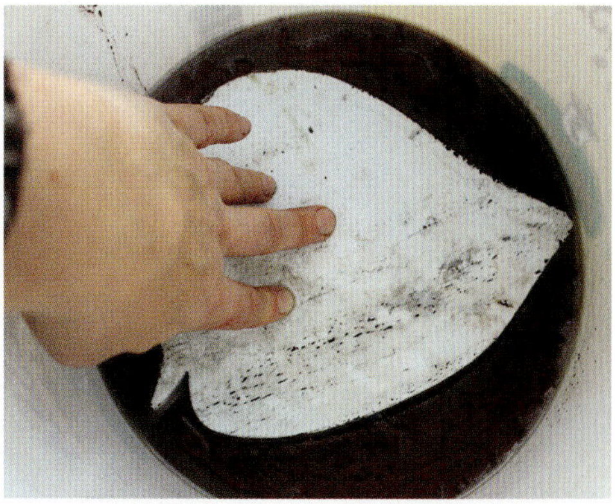

Der Holzfisch wird in den Zement eingepresst und mit einem Gewicht beschwert.

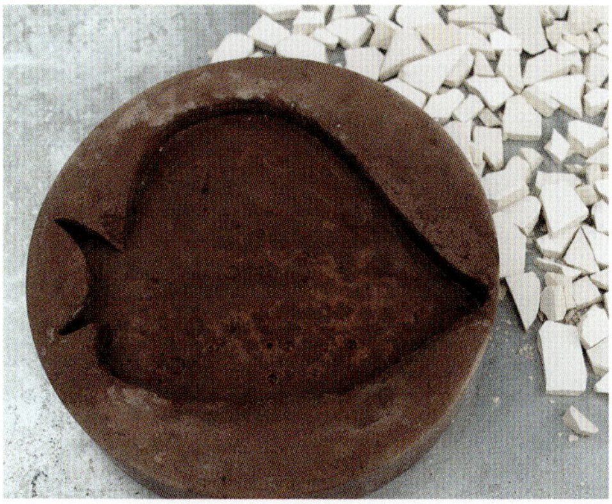

Der Holzeinsatz wird aus dem gehärteten Beton entfernt.

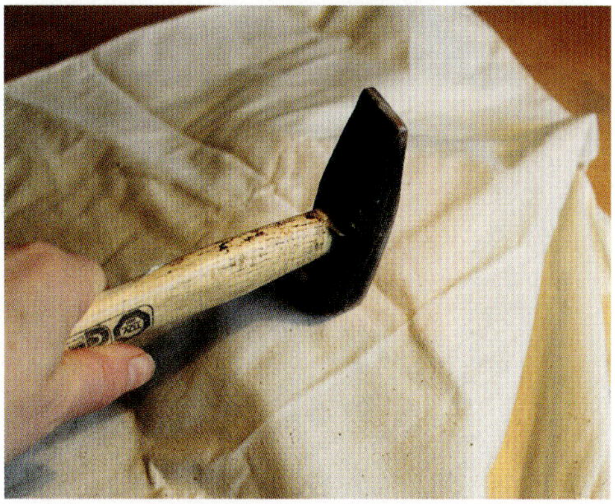

Fliesenreste werden mit einem Hammer zerkleinert.

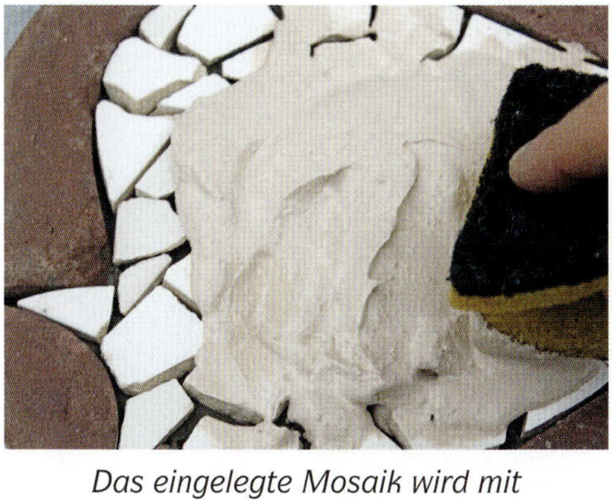

Das eingelegte Mosaik wird mit Fugenmasse bestrichen.

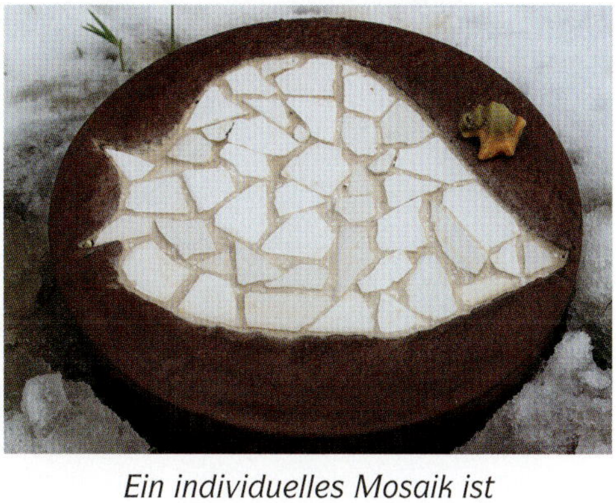

Ein individuelles Mosaik ist entstanden.

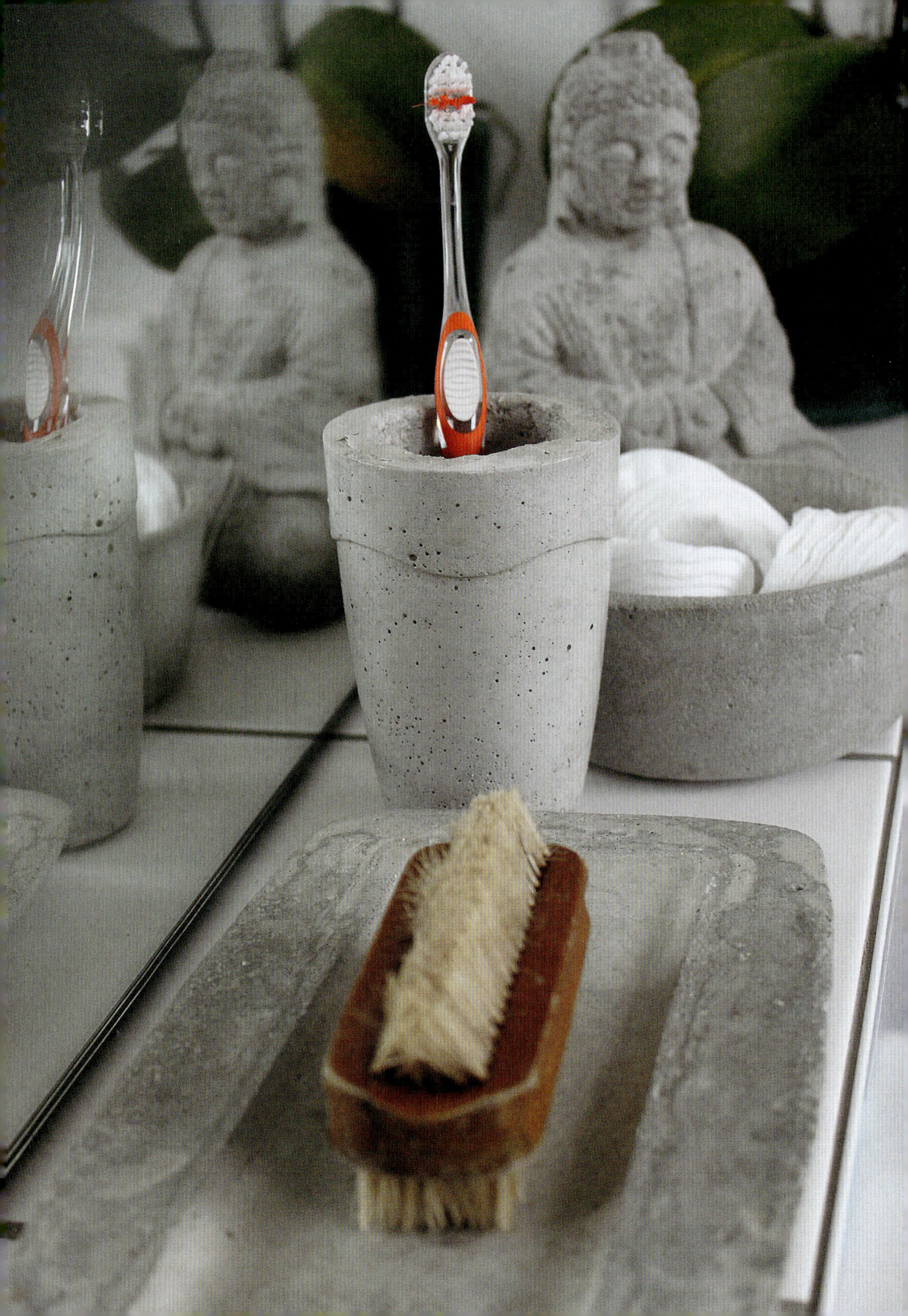

Belieben kann der Zement zusätzlich mit Pigmentfarben eingefärbt werden.

Ein beliebiges Motiv wird in den Zement eingedrückt. Im vorliegenden Beispiel wurde ein Holzfisch verwendet, der zuvor eingeölt wurde.

Die Form wird zum Aushärten auf eine ebene Fläche gestellt. Nach etwa zwei Tagen kann der gehärtete Zement aus seiner Form herausgelöst werden. Der Holzfisch wird ebenfalls entfernt, sodass an seiner Stelle eine Vertiefung entsteht.

Fliesenreste in einer beliebigen Farbe werden in einen Stoffbeutel gesteckt. Mit einem Hammer wird nun von außen auf den Beutel geschlagen, bis die Fliesen in etwa zwei bis drei Zentimeter große Stücke zerbrochen sind.

Die erhaltenen Mosaiksteinchen werden mit ihrer Keramik-Seite nach oben zeigend auf den Arbeitstisch gelegt, um beim Legen des Mosaiks schnell griffbereit zu sein.

In die Vertiefung der Betonscheibe hinein wird nun etwas dünnflüssiger Zementleim gegeben (etwa einen Zentimeter hoch) und glattgestrichen. Nun werden die Fliesenscherben akkurat zu einem dekorativen Mosaik verlegt. Dies sollte recht zügig geschehen, damit der Zementleim währenddessen noch weich und aufnahmefähig ist.

Wer mehr Zeit zum Verlegen des Mosaiks benötigt, der verwendet hier anstelle des Zementleims besser Fugenkleber. Dieser wird nach Bedarf immer nur in kleinen Portionen angerührt und auf einen Teilbereich der Mosaikfläche gestrichen. Abschnittweise werden nun die Mosaiksteinchen auf den Kleber gelegt, zwischendurch weiterer Fliesenkleber angerührt und aufgetragen, bis schließlich das gesamte Mosaik fertig eingesetzt worden ist.

Verwendung

Mosaike sind schmückende Elemente für den Garten, die man überall dort platzieren kann, wo die Aufmerksamkeit des Betrachters erwünscht ist, also entweder in Sitzplatznähe, an einem Teich, am Wegesrand oder inmitten der schönsten Gartenpflanzen.

Beton-Objekte für das schöne Heim

Der Garten ist inzwischen ganz wundervoll dekoriert mit allerhand Nützlichem und Schönem aus Beton. Wir haben den Werk- und Baustoff Beton zu schätzen gelernt und für nichts in der Welt möchten wir auf die zauberhaften Kunstwerke verzichten, die sich so harmonisch in unsere Gartenwelt integrieren ließen.

Was liegt also näher, als ein wenig formschöne Betonkunst auch ins Haus hinein zu holen.

Beton in der Inneneinrichtung ist zurzeit ein echter Trend!

Auf kostenintensive Designerstücke können wir dabei getrost verzichten. Stattdessen gestalten wir unsere eigenen Stücke aus Beton mit dem individuellen Charme, den nur Werke aus eigener Produktion besitzen können.

In Schönheit und Ausstrahlung stehen die selbst gefertigten Einrichtungsaccessoires ihren teuren Vorbildern mit Sicherheit in nichts nach.

Vasen, Kerzenteller und Deko-Schalen

Einfache Vasen und flache Unterteller oder Schalen, wie sie ab S. 50 detailliert beschrieben sind, eignen sich selbstverständlich auch für den Gebrauch im Hausinneren. Zum Schutz der Möbel befestigt man runde Filzaufkleber auf der Unterseite der Betonteile und trägt überall dort einen Klarlack auf, wo Wasser im Spiel ist, also vor allem auf der Innenseite von Vasen oder bei flachen Schalen, die man als Untersetzer für Blumenübertöpfe verwenden möchte.

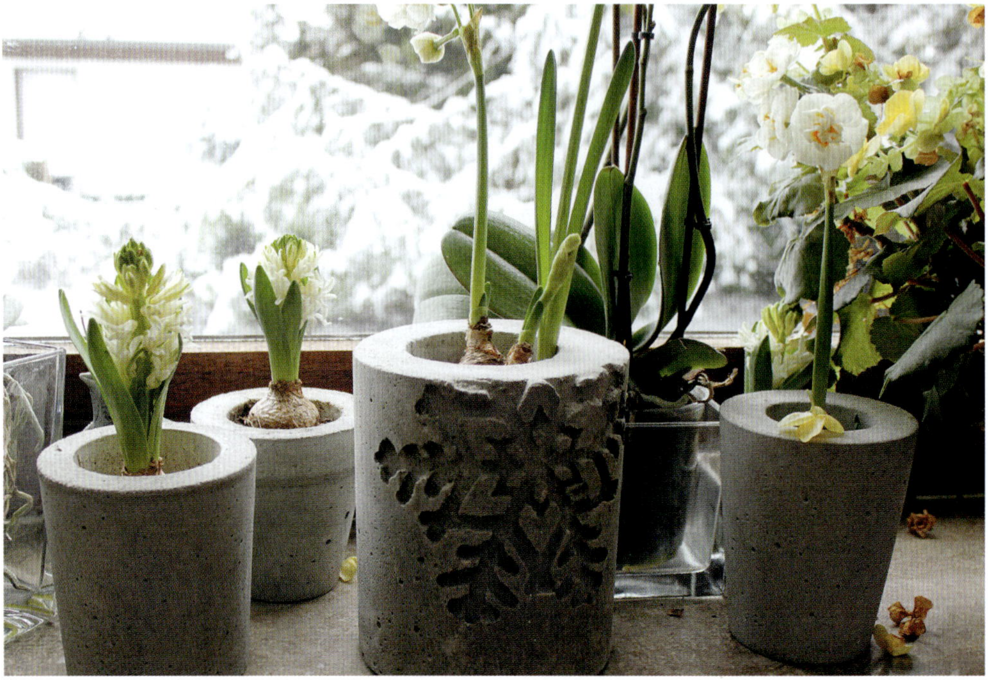

Schlichte Beton-Eleganz auch auf der winterlichen Fensterbank

Kurzanleitung: Dekorativer Ast als Ständer für Schmuck

Bei dem hier beschriebenen Accessoire handelt es sich um einen Material-Mix aus Holz und Beton.

Ein schönes Treibholzfundstück vom Ufer eines Flusses oder einige Aststücke aus dem Garten werden hierbei in einen Standfuß aus Beton eingegossen und anschließend farblich gestaltet.

Um den Standfuß herzustellen, können hier beliebige Gießformen zum Einsatz kommen, ob es sich dabei nun um ein Abflussrohr, eine kleine, eckige Vorratsdose oder ein hohes rundliches Gefäß handelt.

Die gewählte Gießform wird zunächst eingeölt und dann mit Zementleim gefüllt. Mit einem Stab wird im Zement gestochert (= verdichtet), damit sich Lufteinschlüsse lösen können.

Nun werden die Äste einige Zentimeter tief in den weichen Zement gesteckt.

Der angemachte Leim sollte keinesfalls zu flüssig sein, damit die Äste in ihm nicht zu leicht versinken oder umkippen können. Wurden die Holzstücke kunstvoll arrangiert, müssen sie in ihrer Position gegebenenfalls etwas fixiert werden, wozu Wäscheklammern, etwas Styropor und/oder Klebeband dienen können.

Man stellt das Gefäß nun so auf, dass es – waagerecht ausgerichtet – aushärten kann, damit es eine ebene Standfläche erhält.

Nach etwa zwei Tagen kann der gehärtete Betonsockel aus der Form genommen werden.

Am leichtesten löst sich der Betonblock aus seiner Form, wenn man etwas heißes Wasser von außen über die Gießform laufen lässt.

Der Ast wird nun nach Wunsch noch in einer beliebigen Farbe mit Lack oder Acrylfarbe angemalt, sodass ein sehr ausgefallenes und individuelles Accessoire entsteht, über das sich vor allem auch heranwachsende Mädchen mit Sicherheit freuen werden.

Bad-Deko aus Beton: Schlicht und zeitgemäß!

Das Herz eines jeden Anhängers schlichter und dabei außergewöhnlicher Einrichtungsstile schlägt höher beim Anblick von Accessoires für das Bad, wie sie einfacher und dabei eindrucksvoller kaum sein könnten. Aus hellgrauem Beton in feiner Oberflächenstruktur hergestellt und dabei überaus kühl und sachlich in ihrer Ausstrahlung. So passen die ansprechenden Bad-Utensilien vor allem in sehr moderne Bäder, in denen auf eine hochwertige und dabei eher spartanische Einrichtung Wert gelegt wird.

Die Schwierigkeit bei der Gestaltung von ansprechendem Badzubehör aus Beton besteht in der relativ geringen Größe der gewünschten Objekte.

Da ein Zahnbecher etwa auf keinen Fall die Größe einer mittelgroßen Vase haben sollte,

Schmuckständer

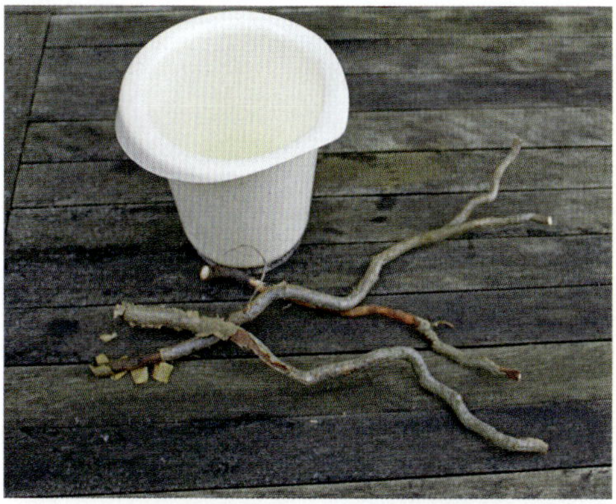

Ausgangsmaterial für den Schmuckständer

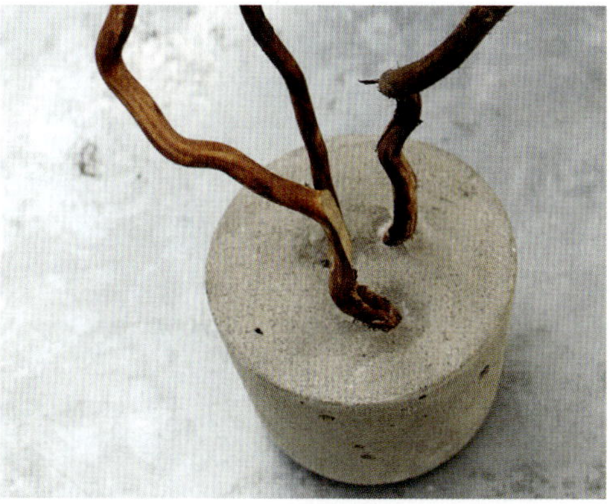

Die Äste wurden kunstvoll im Beton arrangiert.

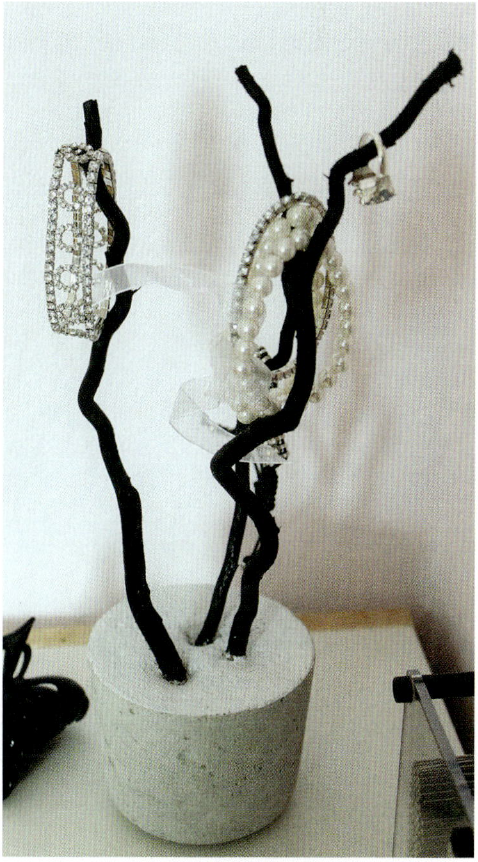

In Schwarz-Weiß-Grau gestalteter Schmuckständer

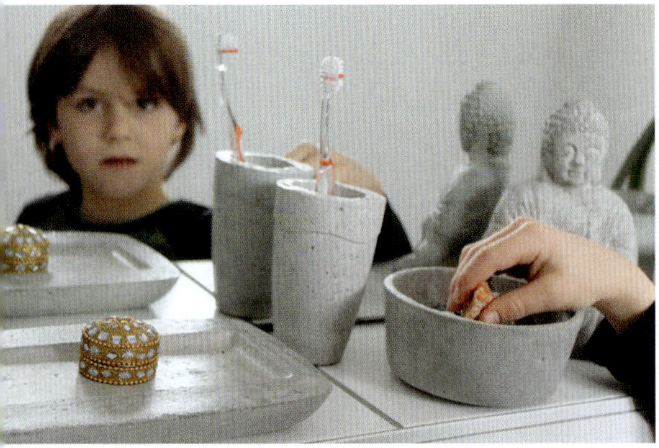

Selbst gestaltete Bad-Deko aus Beton ist bei Groß und Klein beliebt.

wähle man die passenden Gießformen zunächst sorgsam aus. Das könnten Kunststoff-Trinkbecher in verschiedenen Größen sein oder – für flache Seifenschalen – kleine Ablageschalen aus Plastik, wie man sie etwa in vielen Arztpraxen sieht. Auch so manche Kunststoffverpackung ergibt hier eine schöne, flache Gießform, die ebenfalls zu einer hübschen Seifenschale werden könnte.

Benötigtes Material

- zueinander passende Gießformen-Paare in verschiedenen Größen und Formen, sodass aus ihnen Becher und Schalen entstehen können
- Filzaufkleber für die Unterseite der fertigen Objekte

Arbeitsmethode

Die jeweils größere der zueinander passenden Gießformen wird mit Zementleim gefüllt, die kleinere Form in den Zement gedrückt und fixiert.

Schritt für Schritt

Die größere von zwei zueinander passenden Formen wird auf ihrer Innenseite eingeölt und

Beton im Bad

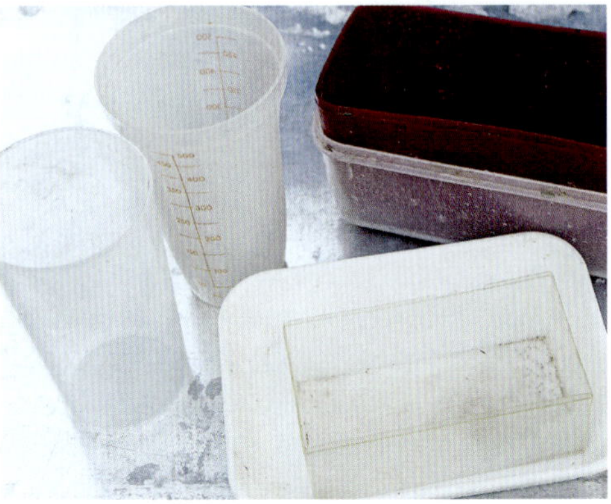

Ausgangsmaterial für Bad-Deko

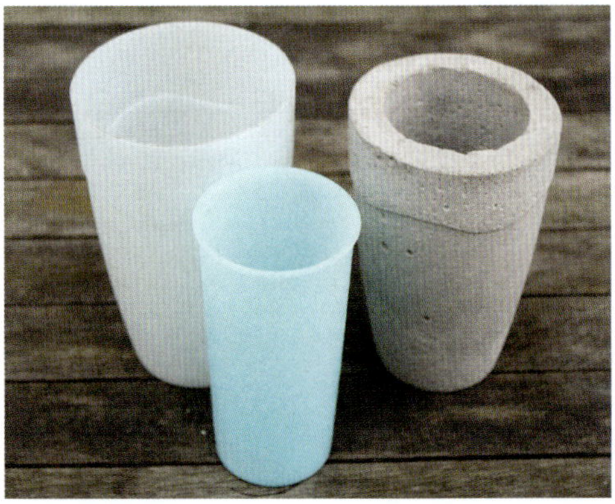

Ausgangsmaterial für einen Becher

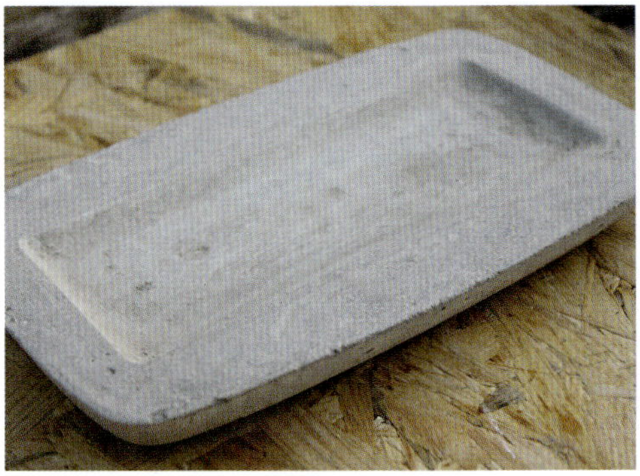

Schlichte, flache Seifenschale für das moderne Bad

mit zähflüssigem Zementleim gut zur Hälfte gefüllt.

Um die Masse zu verdichten, wird an der Form gerüttelt oder man stößt die Form sachte mehrmals auf einen harten Untergrund.

Nun wird die kleinere Form von außen eingeölt und in den weichen Zement gedrückt, um hier später den Innenraum der Schale oder des Bechers auszubilden. Der Abstand der Formen zueinander sollte nicht weniger als mindestens einen Zentimeter betragen, damit eine gewisse Wanddicke des fertigen Gegenstandes gegeben ist. Kieselsteine zum Beschweren der Form verhindern ein „Aufschwimmen" und fixieren die Form in ihrer korrekten Position. Mit kleinen, gleichmäßig dicken Korkenstückchen als Abstandshalter zwischen äußerer und innerer Form wird zusätzlich dafür gesorgt, dass die Abstände der Formen zueinander rundum gleichmäßig sind.

Nach ein bis zwei Tagen können die fertigen Teile vorsichtig aus ihren Formen entnommen werden.

Verwendung

Bad-Utensilien aus Beton nehmen allerhand Gebrauchsgegenstände, wie Zahnbürsten, Seife, Kosmetik, und vieles mehr auf. Sie sorgen daher für Ordnung im Bad und vertreten geradlinig einen besonders schlichten, aber beeindruckenden Einrichtungsstil, der seinesgleichen sucht!

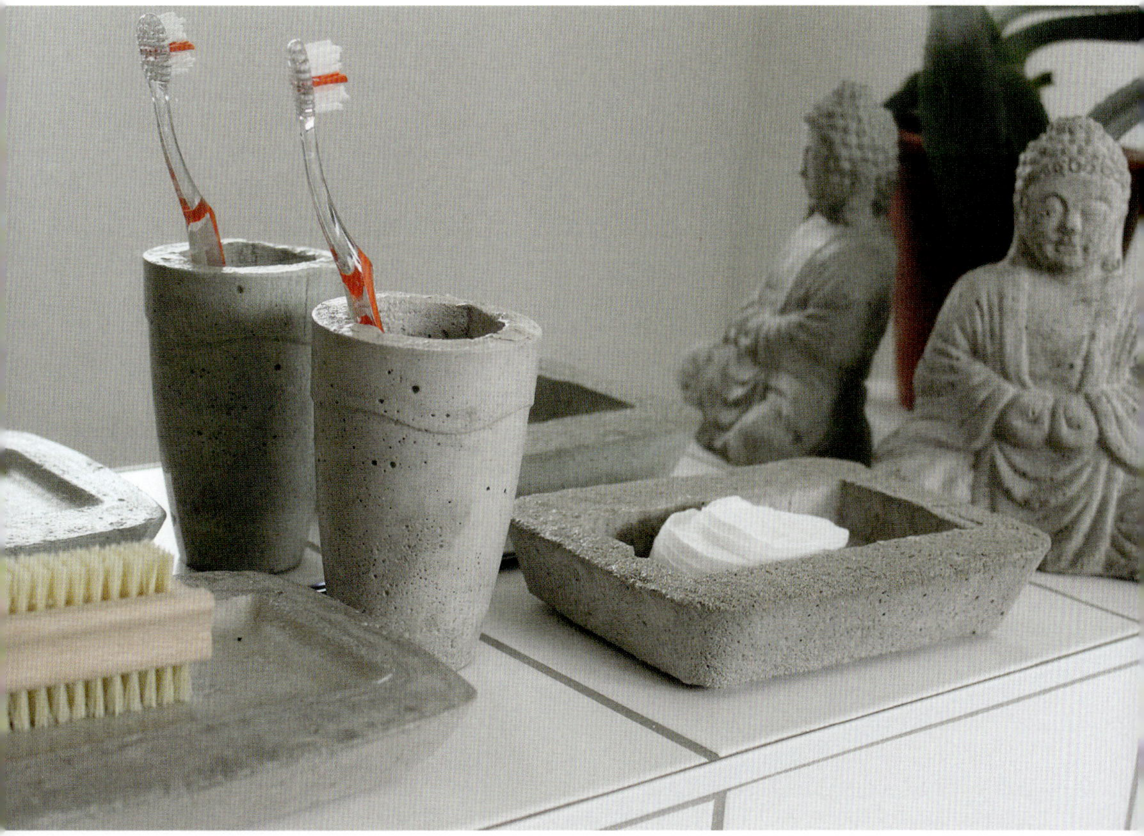

Gartengestaltung mit Beton

Wer vom Betonvirus befallen wurde und nun schon wochen- oder gar monatelang die schönsten Dekorationen aus dem beständigen Material kreiert hatte, der sucht mit Sicherheit nach weiteren attraktiven Möglichkeiten, Beton im Garten kunstvoll zu arrangieren.

Skulpturen wurden bereits an einer bedeutenden Stelle einzeln oder in Gruppen aufgestellt, Schalen mit den schönsten Blumen der Saison bepflanzt, die festliche Gartentafel mit Accessoires aus Beton geschmückt und sogar unser Bad wurde inzwischen mit grauer Sachlichkeit in Beton ansprechend ausgestattet.

Neben diesen und unzähligen anderen Gelegenheiten, Beton in Haus und Garten einzusetzen, gibt es noch die Möglichkeit, dekorative Betonschalen mit einer etwas dauerhafteren Bepflanzung zu bestücken.

Im Folgenden zeigen wir einige schöne Beispiele, wie Beton fernerhin im Garten eingesetzt werden kann.

Betonschalen mit Frühblühern

Die strahlenden Farben der Frühblüher ergänzen sich äußerst reizvoll mit den eher schlichten Farbtönen von Schalen aus Beton.

Damit wir uns bereits im zeitigen Frühjahr über bunt blühende Farbkleckser im Garten und auf der Terrasse freuen können, liegt unsere Pflanzzeit der Zwiebeln schon im Herbst des Vorjahres.

Wir bereiten die zu bepflanzenden Gefäße wie folgt vor:

Falls noch nicht geschehen, werden zunächst ausreichend große Abzugslöcher in den Boden der Schalen gebohrt, da Staunässe unbedingt vermieden werden muss!

Nun wird eine dünne Schicht Pflanzsubstrat eingefüllt und die Zwiebeln in regelmäßigen Abständen darauf gelegt.

Zum **Bepflanzen von Schalen** eignen sich in erster Linie **niedrig bleibende Frühblüher**:

- Schneeglöckchen
- Krokus-Arten
- Blausternchen
- Botanische Tulpen
- Wildtulpen
- Niedrige Narzissen, z. B. Tête-à-Tête
- Hyazinthen
- Traubenhyazinthen
- Waldhyazinthen (Hasenglöckchen)
- Märzenbecher
- Einige Laucharten, z. B. Goldlauch
- Zwerg-Iris

Es können mehrere Arten miteinander kombiniert werden, wobei die spätere Wuchshöhe den Standort in der Schale bestimmt: Die niedrigsten Pflanzen sollen am Rand der Schale wachsen, die höchsten in ihrer Mitte.

Sind alle Zwiebeln eingesetzt worden, wird mit nährstoffreichem Pflanzsubstrat aufgefüllt. Die Zwiebeln sollten gut mit Erde bedeckt werden.

Die Schalen werden nun im Garten aufgestellt, bis die ersten Fröste ins Land gezogen sind.

Wichtig!

Um im nächsten Jahr zu blühen, müssen Zwiebelpflanzen für eine gewisse Zeit dem Frost ausgesetzt werden!

Damit die Zwiebeln jedoch bei allzu niedrigen Temperaturen keinen Schaden nehmen, sollte man die Schalen dick mit Laub einpacken.

Wer möchte, kann die Schalen auch nach den ersten Frösten an einem etwas wärmeren

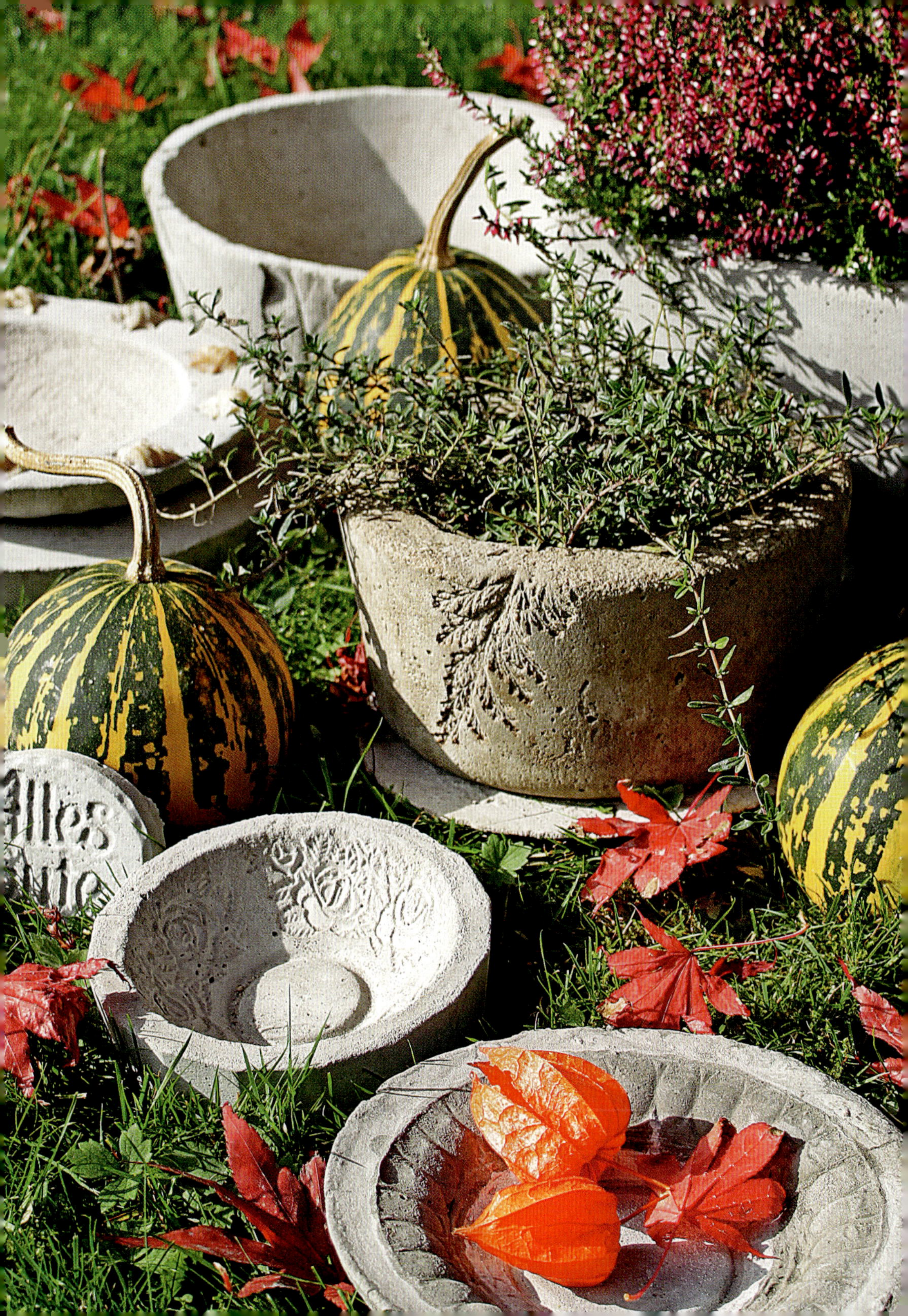

Bepflanzen von Betonschalen

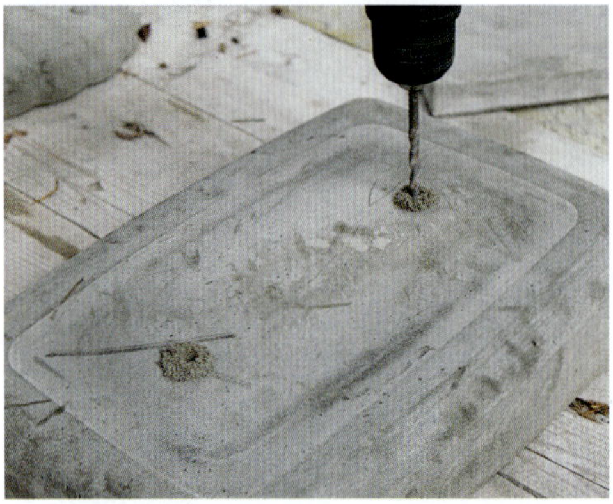

Abzugslöcher können nachträglich in die Schalen gebohrt werden.

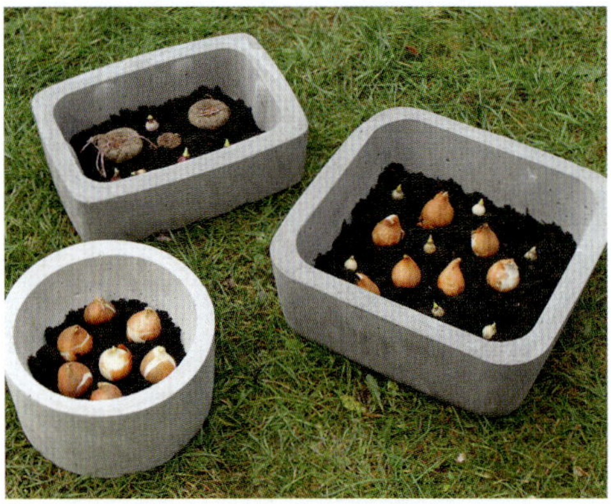

Die Zwiebeln werden auf eine dünne Schicht Erde gesetzt.

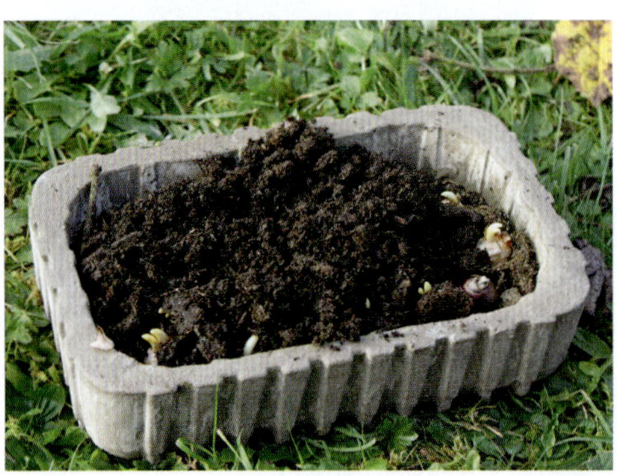

Es wird mit Erde aufgefüllt.

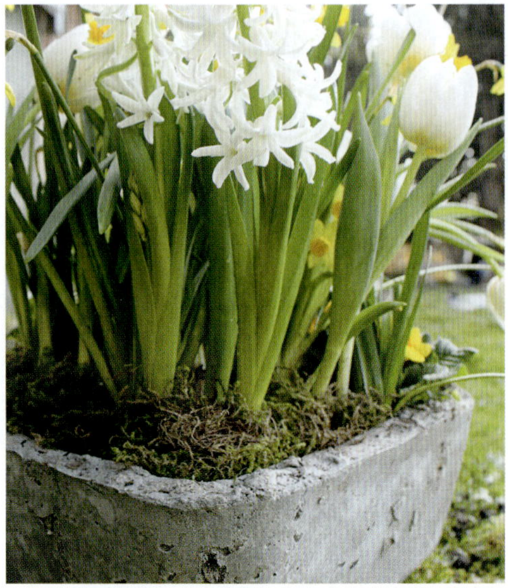

Schon im zeitigen Frühjahr blüht es in den Schalen.

Ort aufstellen, um so den Blütezeitpunkt nach vorne zu verschieben. An diesem Ort sollte es jedoch nur geringfügig wärmer als draußen sein, damit sich die Pflanzen auch gut und ohne Eile entwickeln können. In diesem Fall darf natürlich ein gelegentliches (vorsichtiges) Wässern der bepflanzten Schalen nicht vergessen werden.

Erscheinen die jungen Triebe, können die Schalen bei milder Witterung wieder ins Freie gestellt werden. Bei frostigem Wetter müssen diese vorgetriebenen Schalen jedoch wieder einen leichten Frostschutz in Form von Laub und/oder ein wärmendes Vlies erhalten.

Eine flache Schale mit Abzugslöchern wird mit Hauswurz bepflanzt

Jede flachere, aus Beton gegossene Schale eignet sich hervorragend, um attraktiv mit Hauswurzarten (Sempervivum) bepflanzt zu werden, insofern sie über ausreichend große Abzugslöcher verfügt.

Das schlichte Grau der Schale wetteifert mit dem graugrünen „Laub“ der fleischigen Rosetten des Hauswurz um den Preis der größtmöglichen Kargheit auf Terrasse oder Garten. Sie bilden daher das perfekte Duo und ergänzen sich optisch aufs Allerfeinste.

Schritt für Schritt

Zunächst werden einige Abzugslöcher in den Boden der Schale gebohrt. Hierzu verwendet man die Bohrerstärke 10.

Eine dünne Steinschicht dient als Drainage für die nässeempfindlichen Gewächse. Nun folgt das Pflanzsubstrat, welches aus Lehm, Sand und etwas reifem Kompost bestehen sollte.

Die Rosetten werden nun in das Substrat gesetzt und leicht angedrückt.

Einige dekorative Kieselsteine zwischen den Pflanzen geben den Rosetten Halt und bieten zudem einen schönen Anblick. Einmal überbrausen reicht vollkommen aus. Die Schale wird an einen sonnigen Platz gestellt und benötigt nun so gut wie keine Pflege mehr.

Hauswurz > > Dachwurz

Hauswurz wurde in früheren Zeiten häufig als Schutz vor Blitz, Feuer und Unwetter auf Dächern und Mauerkronen gepflanzt. Dass dieser alte Glaube auch tatsächlich half, lässt sich inzwischen sogar wissenschaftlich erklären:

Einerseits verhinderten die dicht gewachsenen Polster aus zahlreichen fleischigen Rosetten, dass mit Schilf gedeckte Dächer durch Funkenflug in Brand gerieten, andererseits belegen neuere Untersuchungen, dass die feinen Blattspitzen von Hauswurzgewächsen für einen leichten Spannungsausgleich zwischen Luft und Erde sorgen und somit tatsächlich eine Art Blitzableiter darstellen.

Bepflanzen mit Hauswurz

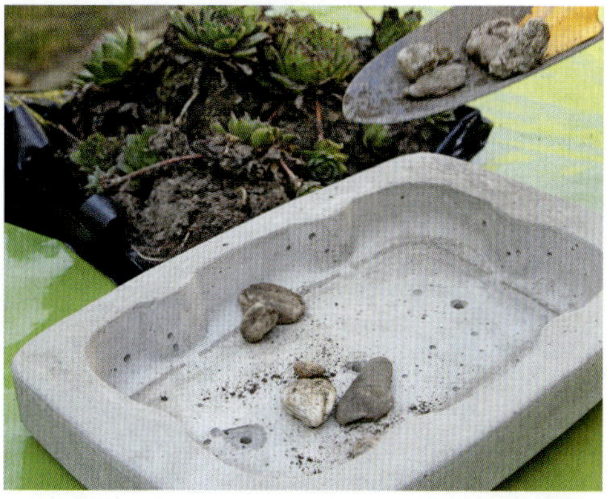

In eine Betonschale mit Abzugslöchern werden einige Steine gelegt.

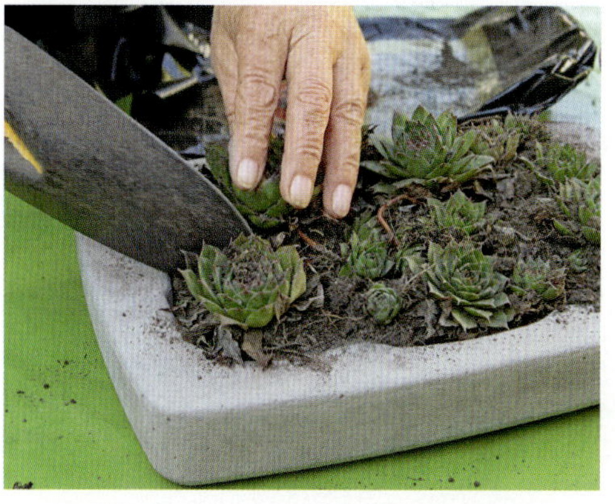

Rosetten des Hauwurz werden in lehmig-sandige Erde gesetzt.

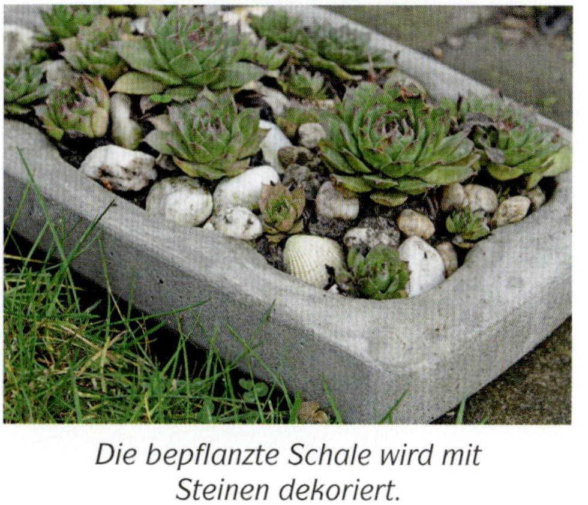

Die bepflanzte Schale wird mit Steinen dekoriert.

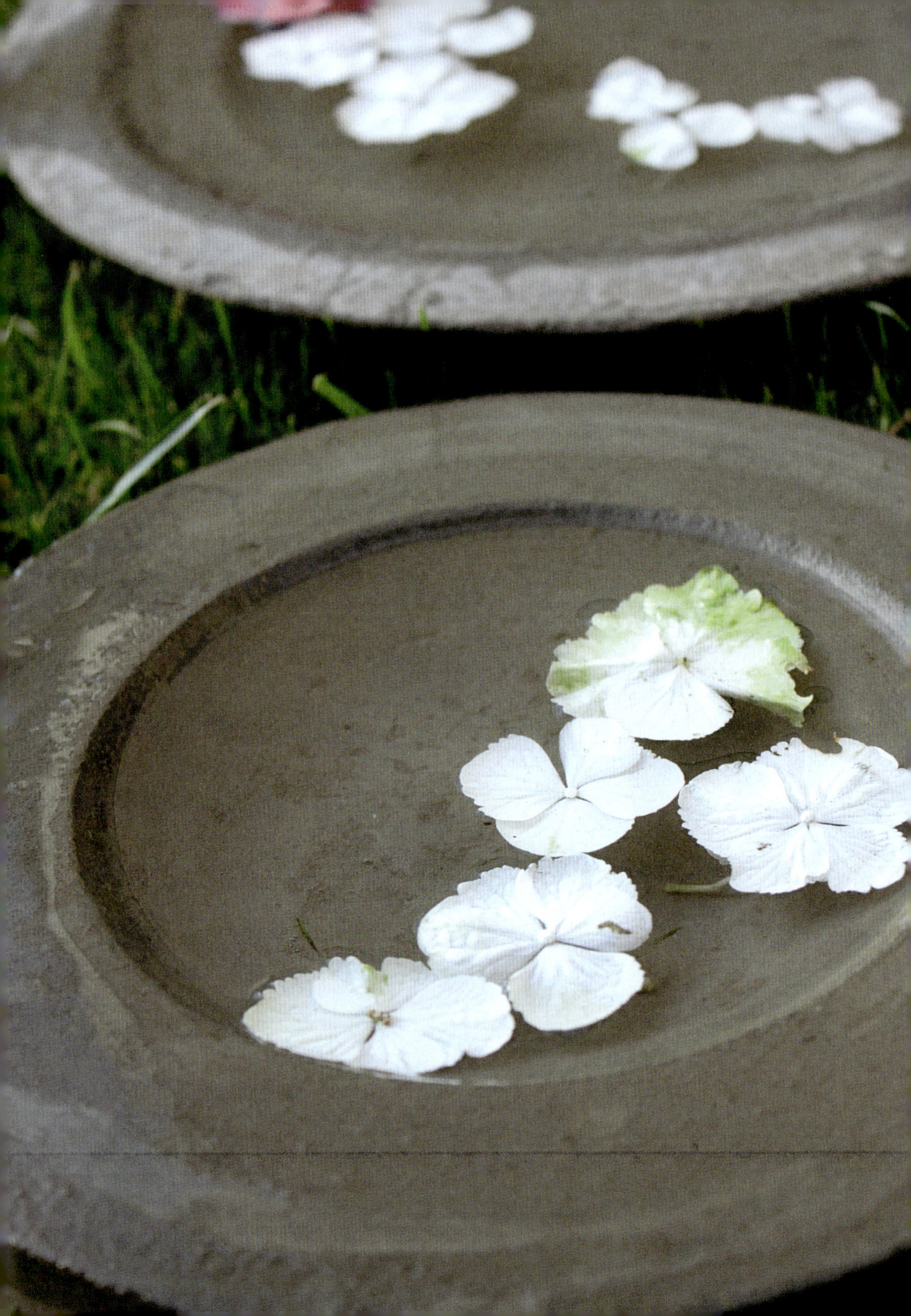

Pflege der Beton-Kunstwerke

Objekte aus Beton benötigen so gut wie keine Pflege. Hat man sie einmal im Garten aufgestellt, können sie dort das ganze Jahr über verbleiben.

Lediglich im Winter sei darauf zu achten, dass sich kein Wasser in Vertiefungen und/oder Hohlräumen der Betonobjekte sammeln kann, wodurch bei sehr tiefen Temperaturen leicht ein Frostschaden am Beton entstehen könnte.

Mit der Zeit bildet sich auf der Betonoberfläche eine dekorative Patina in Form von Moosen oder Flechten, was meist auch so gewollt ist.

Möchte man die Oberflächen jedoch frei von Moos und Flechten haben, so helfen hier heißes Wasser und eine Bürste, um das Betonwerk wieder in neuem Glanz erstrahlen zu lassen.

Da Frostschäden zwar selten vorkommen, aber natürlich niemals gänzlich auszuschließen sind, haben selbst gestaltete Kunstwerke mit einem sehr hohen ideellen Wert mit Sicherheit auch nichts dagegen, wenn man sie den Winter über in eine frostfreie Garage stellt.

Zwingend notwendig ist dies jedoch nicht.

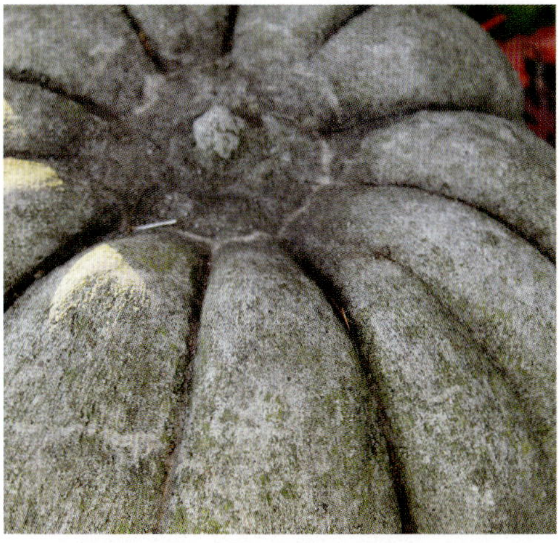

Mit den Jahren entsteht eine Patina.

Haltbarkeit der Betonobjekte

Zwar wäre es etwas übertrieben zu behaupten, dass Objekte aus Beton endlos lange haltbar sind, da auch sie irgendwann vom Zahn der Zeit angenagt oder gar zerstört werden. Dennoch hat Beton schon eine recht lange Lebensdauer, die meist auch von der Zusammensetzung seiner Inhaltsstoffe abhängig ist.

Da wir hier jedoch von recht langen Zeitspannen von bis zu 50 oder mehr Jahren sprechen, bis Beton merklich in seiner Substanz zu leiden beginnt, dürfen wir dennoch behaupten, dass Beton im Garten eine recht sichere und dauerhafte Dekoration abgibt.

Die Lebensdauer von Beton ist meist auch abhängig von seinem Standort, der im Garten jedoch als exponiert und somit als relativ ungeschützt zu bezeichnen ist.

In den meisten Fällen ist ein leichtes Verwittern der Kunstwerke aus Beton durchaus erwünscht, sodass wir im Falle von Gegenständen aus Beton nichts weiter tun müssen, als diese stillschweigend zu beobachten und zu sehen, wie sie mit den Jahren erst ihren ganz unverwechselbaren Charakter und anziehenden Charme entwickeln.

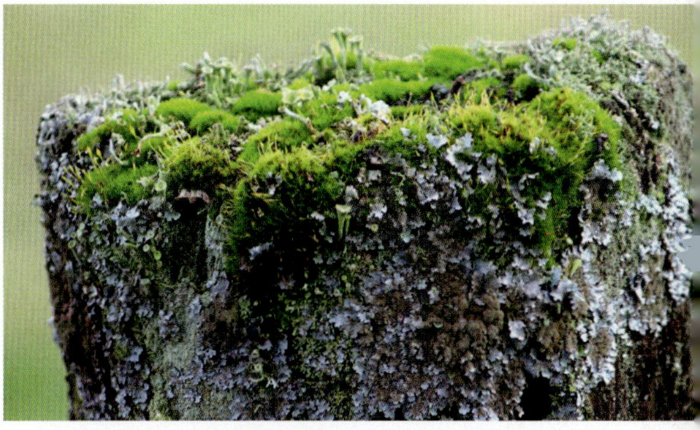

Manchmal siedeln sich auch Flechten und Moose an.

Weiterführende Literatur

„Die Heiligen Pflanzen unserer Ahnen“, von Norbert Griebl, Leopold Stocker Verlag

„Das Insektenhotel“, von Wolf Richard Günzel, Pala-Verlag

„Das Wildpflanzen Topfbuch – ausdauernde Arten für Balkon, Terrasse und Garten: Lebendig, pflegeleicht, nachhaltig“, von Dr. Reinhard Witt, Verlag: Reinhard Witt

„Das Buch der Zeichen und Symbole“, von Schwarz-Winklhofer/Biedermann, Verlag: V.F. Sammler

Schriften der Abtei Fulda

„Blumen im Nutzgarten“, Broschüre, 48 Seiten, 3 Euro

„Pflanzensaft gibt Pflanzen Kraft“, Broschüre, 56 Seiten, 3,50 Euro

„Heil- und Würzkräuter, naturgemäßer Anbau und Verwendung“, Broschüre, 56 Seiten, 4,50 Euro

„Pflanzen duften den Garten gesund“, 16 Seiten, 2,50 Euro

„Geheimnisse aus dem Klostergarten“, 256 Seiten, 14,95 Euro

„Ein Garten liegt verschwiegen...“, von Mely Kiyak, 117 Seiten, 12 Euro

Bezugsquellen

Gummi-Grün-Köln
Richmodstr. 3-7
D-50667 Köln
0049(0)221-253046
http://gummi-gruen.de

Abformen * Gießen * Gestalten
www.trollfactory.de

Kreatives für Haus und Garten
Jane's Zuhause – http://janeszuhause.blogspot.de

„Dinkelspelzkissen“,
verschiedene Größen, Abtei Fulda